日本共産党の百年

1922－2022

日本共産党中央委員会

新日本出版社

目次

第一章　日本共産党の創立と戦前の不屈の活動（一九二二〜四五年）……13
（1）党創立と初期の活動（一九二二〜二七年）　15
党創立の歴史的、国民的な意義　15
一九二三年の党弾圧と再建への努力　18
治安維持法（一九二五年）、無産政党の結成　20
一九二六年の党大会と運動の広がり　22
中国侵略に反対して　24
（2）〝ここに日本共産党あり〟の旗を掲げて（一九二七〜三五年）　25
「二七年テーゼ」と「赤旗」の創刊　26
日本共産党とコミンテルン　28
普通選挙法による最初の総選挙（一九二八年）　29
三月十五日の大弾圧に抗して　30
一九二九年の「四・一六事件」。大恐慌下の闘争　34
中国侵略の開始と日本の政党　37

「三二年テーゼ」——侵略反対と人民革命の旗　40
野蛮さをくわえた残虐な弾圧　44
日本共産党に参加した女性たちの不屈の青春　46
中国侵略の拡大に反対して　50
市川正一らの獄中・法廷闘争と党中央への弾圧　52
（3）次の時代を準備する不屈のたたかい（一九三五～四五年）　56
党建設の努力と人民戦線運動　57
中国全面侵略と思想統制の強まり　58
政党の解散と「大政翼賛会」　60
一九四一年十二月。アジア・太平洋への侵略　61
コミンテルンの変質と解散　64
日本軍国主義の敗北とポツダム宣言　65
次の時代の活動を準備する営み——宮本顕治・百合子の十二年　67
（4）国民的な苦難の経験と党の不屈のたたかいの意義　70
歴史に刻まれた日本共産党の戦前史　72

第二章　戦後の十数年と日本共産党（一九四五～六一年）……75

（1）敗戦後の政治体制の変化と党の発展（一九四五～四九年）　76

連合国による占領とアメリカ　77

第四回大会での党再建（一九四五年十二月）、第五回大会（四六年二月）　78

労働組合、農民組合などの組織化と再建　80

政党の再結成（一九四五～四六年）と憲法試案　81

戦後初の総選挙と民主戦線結成への努力　83

憲法制定議会と日本共産党　84

「二・一ゼネスト」の準備と禁止命令（一九四七年）　86

アメリカの対日占領政策の転換　89

「民族独立」をかかげた第六回大会（一九四七年）　91

極東国際軍事裁判、コミンフォルムの結成　92

一九四九年一月の総選挙での躍進と党の弱点　94

（2）スターリンの干渉と「五〇年問題」（一九五〇～五五年）　96

スターリンの干渉作戦　97

「論評」にたいする当初の対応（一九五〇年一～三月）　98

分派の組織と党中央の解体（一九五〇年四～六月） 99
党の分裂と「北京機関」 101
党中央の解体と武装闘争論に反対して 102
スターリンの準備した「五一年文書」 104
朝鮮戦争と日本 106
独立と平和のための活動 108
サンフランシスコ平和条約と日米安保条約 109
沖縄、奄美などでの復帰運動の展開 111
（3）六一年綱領の決定と自主独立の立場の確立
――「五〇年問題」の教訓（一九五五～六一年） 113
党史上のきわめて重要な時期 114
「五〇年問題」の歴史的教訓 116
一九五〇年代後半の内外情勢のなかで 119
「党章草案」の発表と綱領討議 122
第七回大会（一九五八年） 124
「日曜版」の創刊。党勢倍加運動 126

「安保共闘」の結成へ　129
安保反対闘争の大きな広がり　131
安保・三池闘争の意義　133
八十一カ国共産党・労働者党代表者会議（一九六〇年）　135
綱領問題での民主的な討論　137
第八回大会――党綱領の決定（一九六一年）　138

第三章　綱領路線の確立以後（一）――一九六〇～七〇年代……143

（1）綱領路線にもとづく各分野での開拓的な努力　144
統一戦線の旗をかかげて　145
革新都政の実現へ（一九六七年）　148
本格的な政策活動への道をひらく　150
住民運動と力をあわせて　152
党建設の開拓的な努力　154

（2）ソ連、中国・毛沢東派の干渉とのたたかい　157

ケネディ政権と各個撃破政策　157
ソ連共産党の干渉とたたかって　158
国際統一戦線をめぐって。ベトナム労働党との会談（一九六六年）　163
毛沢東との会談とコミュニケの破棄　165
毛沢東派の干渉攻撃をうちやぶって　168
一九六八年の北朝鮮訪問――「南進」問題の誤りをただす　170
チェコスロバキア侵略へのきびしい批判（一九六八年）　171

（3）日本共産党の「第一の躍進」――一九六〇年代末～七〇年代　173

第十一回大会。発達した資本主義国での革命（一九七〇年）　174
一九七二年総選挙での党の躍進　177
沖縄人民党の日本共産党への合流　178
第十二回大会と民主連合政府綱領の提案（一九七三年）　180
反共戦略とのたたかい　183
第十三回臨時大会。「自由と民主主義の宣言」（一九七六年）　186
革新自治体の広がりと共・社両党首間の三度の合意　188

公明党右傾化の新段階と福田・大平内閣　192
一九七〇年代の世界と日本共産党　196
干渉の誤りをみとめさせた日ソ両党首脳会談（一九七九年）　198
第四章　綱領路線の確立以後（二）――一九八〇～九〇年代……201
（1）「オール与党」体制とのたたかい――一九八〇年代　202
「社公合意」と革新懇運動の提唱　202
臨調「行革」、新自由主義路線と対決して　205
「戦後政治の総決算」路線とのたたかい　208
消費税導入をめぐる攻防　210
「一進一退」となった国政選挙と党づくりの努力　213
（2）覇権主義とのたたかいとソ連・東欧の支配体制の解体　216
ソ連のアフガニスタン侵略と大国主義・覇権主義への批判　216
世界平和と核兵器廃絶をめぐる国際論争　218
「新しい思考」路線と干渉主義に抗して　221

北朝鮮の国際的無法、中国・天安門事件と党の立場　223
東欧諸国の激動にさいして　225
歴史的巨悪の党、ソ連共産党の解体を歓迎　228
（3）一九九〇年代の政治状況と日本共産党の「第二の躍進」　230
湾岸戦争と自衛隊の海外派兵　231
ゼネコン汚職、金権腐敗政治追及の先頭にたって　233
自民党政治の継承者――「非自民」政権との対決　235
自社さ連立政権と国民負担増・大銀行救済への怒り　237
日米安保の地球的規模への拡大、海外派兵立法とのたたかい　242
日本共産党の「第二の躍進」のはじまり　244
一九九八年参院選での歴史的躍進と「総与党化」体制の崩れ　246
（4）世界の平和秩序をきずく課題と野党外交のはじまり　249
ソ連解体後の世界とアメリカの「一国覇権主義」　250
中国共産党との関係正常化（一九九八年）　253
アジア外交の積極的展開　254

第五章　綱領路線の確立以後（三）——二〇〇〇年代〜今日……257
（1）「二大政党づくり」とのたたかい——二〇〇〇年代　258
二〇〇〇年総選挙と謀略的な反共攻撃　259
第二十二回大会——党の新しい発展段階と規約改定　260
小泉「構造改革」と本格的な「二大政党づくり」のはじまり　263
「国連憲章を守れ」の国際世論と党の平和外交の発展　265
第二十三回大会——二十一世紀の社会進歩の事業の道しるべとなった綱領改定　268
自民党政治の「三つの異常」をただすたたかい　271
自公政治に代わる新しい政治の中身の探求にこたえて　274
世界資本主義の矛盾と党綱領の生命力　277
（2）「第三の躍進」とかつてない統一戦線の発展——二〇一〇年代　279
「過渡的情勢」のもと、建設的野党として　280
東日本大震災・福島原発事故——「苦難軽減」の立党の精神で奮闘　282
政治の閉塞打開の展望をかかげて　283
世界のすべての国ぐにが世界政治の主人公に　286
安倍暴走政治と日本共産党「第三の躍進」　288

戦争法（安保法制）反対の国民的闘争と市民と野党の共闘の発展　292
野党共闘発展への献身的奮闘——逆流と分断に抗して　295
党活動・党建設——世代的継承が緊急で死活的な課題に　301
核兵器廃絶への働きかけと新しい大国主義・覇権主義とのたたかい　303
激動するアジア情勢と野党外交　306
『新版　資本論』の刊行　307
（3）世界と日本の激動のなかで——二〇二〇年代　308
第二十八回大会——新しい視野を開いた綱領一部改定　308
新型コロナ・パンデミックと日本共産党の活動　313
政権協力の合意と野党連合政権をめざす挑戦——支配勢力との激しい攻防に　316
ロシアのウクライナ侵略と軍事ブロック強化に反対するたたかい　318
（4）むすび——党創立百周年を迎えて　321

第一章　日本共産党の創立と戦前の不屈の活動（一九二二～四五年）

日本共産党は、自由と民主主義、平和と生活向上を求めるわが国の社会運動の流れを受けつぎ、世界と日本の人民の解放闘争の高まりのなかで、一九二二年七月十五日、科学的社会主義を理論的な基礎とする政党として、東京・渋谷で創立されました。この会合には、八人が出席したといわれます。

創立の準備は、前年四月からはじまり、共産主義者のグループや個人がこれに参加します。準備にあたった人びとは、民主的な政治活動の条件が存在しないもとで弾圧と破壊に抗して活動をつづけるため、非公然の政党として日本共産党を組織しました。

当時の日本は、天皇が内政、外交の全体にわたる絶対的な権限をもち、アジア諸国にたいする侵略と植民地支配を拡大する道をすすんでいました。人権を抑圧された国民の生活は貧しく不安定で、多くの農民はなかば封建的な地主制度におさえつけられ、女性は参政権をふくむ政治的な権利をいっさいもたず、家父長的な重圧に苦しんでいました。

こうしたもとで創立された党は、天皇絶対の専制政治に反対して国民主権の民主政治の実現、人権の保障と生活向上を求め、対外的には、侵略戦争とアジア諸民族にたいする植民地支配反対の旗をかかげ、国際的な運動とも連携しながら活動を開始しました。

第一章では、日本共産党の創立と戦前の不屈の活動を、「党創立と初期の活動」（一九二二～二七年）、「〝ここに日本共産党あり〟の旗を掲げて」（一九二七～三五年）、「次の時代を準備する不屈のたたかい」（一九三五～四五年）の三つの時期にわけて述べます。党の戦前の歴史は、党創立のはじめから天皇制権力によるくりかえしの苛烈な迫害や弾圧をうけ、これに命がけで抗しながら、道をきりひらき、自らの路線、理論、運動、組織を発展させていった開拓と苦闘の歴史であり、次の時代を準備する歴史的意義をもつものでした。

(1) 党創立と初期の活動（一九二二〜二七年）

創立初期の党活動は、党員グループを中心におこなわれ、国民の多くも党の存在を知りませんでした。創立翌年の大規模な弾圧で、一部の人びとのあいだで〝解党〟を決める誤りがうまれましたが、党に参加した人びとは、くじけることなく党を再建し、党は、労働運動をはじめ各分野の運動に積極的に参加するとともに、「無産者新聞」などを発行し、平和・民主の世論と運動をつくるための勇敢な努力をつづけてゆきました。これが、この節でとりあげる戦前の党史上の第一の時期（一九二二〜二七年）、創立初期の活動の特徴でした。

党創立の歴史的、国民的な意義

党は、創立の翌年、一九二三年二月の大会（千葉・市川）で執行部を改選し、三月、東京・石神井《しやくじい》でひらいた臨時大会で日本の新しい進路をしめす「綱領草案」を検討します。この草案は、党が加盟した国際組織「共産主義インタナショナル」（コミンテルン）の委員会で、日本の代表も参加して起草されたものです。大会には、二十数人が出席しました。

「綱領草案」は、党の中心的任務として、国民の苦しみのおおもとにある天皇絶対の専制政治をやめさせ、国民主権の政治をつくる民主主義革命の旗をかかげました。そして、この革命を完成させ、ひきつづいて社会主義革命に前進する展望を明らかにしました。

草案は、「当面の要求」として、三つの分野で二十二項目の要求を提起しました。

政治分野では、「君主制の廃止、貴族院の廃止、十八歳以上のすべての男女にたいする普通選挙権の実現」のほか、労働者と労働者政党の団結の自由、出版・集会・ストライキの自由、天皇の軍隊や秘密警察の廃止を求め、民主政治の実現をかかげました。

経済の面では、八時間労働制の実施、失業者保険をふくむ社会保障制度の充実、最低賃金制の実施、天皇と地主の大土地所有の没収と小作地の耕作農民へのひきわたし、さらに累進所得税などによる税制の民主化をめざしました。これらの要求は、大資本の横暴をおさえるとともに、農民を苦しめていた寄生的な地主制度をなくし、国民の生活を抜本的に向上させる基本方向をしめすものでした。

対外的には、あらゆる「干渉企図の中止、朝鮮、中国、台湾、樺太からの軍隊の完全撤退」をかかげました。「草案」が、ロシア革命と中国への干渉に反対し、日本が侵略して支配下においた朝鮮、台湾の解放を求めたことは、侵略と戦争に反対し、アジアと世界の平和を願う国際的連帯と友好の立場を表明したものにほかなりません。

党は、これらの「当面の要求」を確認し、大会後も「綱領草案」の検討をつづけましたが、二三年六月、最初の弾圧をうけ、綱領の決定はできませんでした。この「草案」は、その後、二〇年代末には、発禁処分をうけた著作のなかで、「××」という伏字をふくむ形で紹介されました。

党がもっとも初期の時期に「綱領草案」でかかげた二十二項目の「当面の要求」のほとんどは、戦後、日本国憲法のもとで実現することになりました。このことは、創立当初のわが党のたたかいが、いかに先駆的なものだったかを雄弁にしめすものとなっています。

創立期の党員は、百人あまりで、荒畑寒村《かんそん》、堺利彦、佐野学、山川均らが最初の執行部をつくりました。

日本共産党が誕生する前にも、自由民権運動をはじめ、自由と民主主義を求めるさまざまな運動が生まれ、そのもっとも先駆的な人びとのなかには「国民主権」の主張もあらわれました。しかし、天皇制の問題を正面から問うところまですすんだ運動は、残念ながらありませんでした。

日本共産党の誕生は、科学的社会主義の立場から、日本社会の発展の最大の障害物であった天皇絶対の専制政治の変革にとりくむ革命政党が出現したという歴史的意義をもつものとなりました。それは侵略戦争反対、国民主権の実現をはじめ、平和と民主主義の問題でも、これに正面から挑む政党があらわれるという国民的意義をもつものでした。

一九二三年の党弾圧と再建への努力

創立された党が直面した大きな政治闘争は、天皇制政府がつくろうとした三つの悪法に反対するたたかいでした。

天皇制政府は、一九二二年から二三年にかけて、社会運動を「朝憲紊乱《びんらん》」の名で弾圧する「過激社会運動取締法案」、労働者、農民の運動に介入する「労働組合法案」、「小作争議調停法案」という三つの悪法の制定をはかります。党は、これに反対する労働・民主団体の共同行動の組織化に力をいれ、二三年一月には、全国の主な労働組合による共同行動の組織が成立しました。三悪法反対闘争の広がりは、第四十六議会での「小作争議調停法案」の審議未了、他の二法案の議会提出を断念させる成果をあげました。

党は、二三年四月、雑誌『赤旗《せっき》』(発行名義人・上田茂樹、発行所・赤旗社)を発行し、これを合法面での機関誌とします(『階級戦』と改題し、八月号まで刊行)。しかし、六月五日、〝治安を乱す〟政治結社の結成を禁止した治安警察法(一九〇〇年制定)による最初の弾圧をうけ、執行部をふくむ約八十人が検挙される大打撃をうけました(第一次共産党事件)。弾圧のきっかけは、警察当局につながる人物に党の書類をあずけてしまったことにあるといわれます。

反動勢力は、同年九月一日に発生した関東大震災の混乱に乗じて、「社会主義者が内乱をくわだてている」、「朝鮮人が暴動をおこした」などとデマをふりまき、東京で被災者救援の活動をしていた川合義虎ら十人の労働者を虐殺し（亀戸事件）、無政府主義者の大杉栄・伊藤野枝夫妻と甥の幼児を殺害（甘粕事件）、さらに多くの韓国・朝鮮や中国の人びとを殺害しました。川合は、二三年四月、非公然の形でつくられた日本共産青年同盟（共青）の委員長でした（二十一歳）。震災当時、獄中にいた渡辺政之輔らは、出獄後の翌二四年二月、東京で亀戸事件犠牲者追悼会をひらき、弾圧にきびしく抗議し、犠牲者を追悼しました（日本最初の労働組合葬といわれる）。

弾圧後、党は、あらたな体制をつくり、会議もひらいて活動の継続をはかりました。一方、党内には、弾圧に萎縮して党結成を誤りとする山川均らの敗北主義が生まれ、二四年三月、一部の人びとのあいだで解党を決めてしまいます。そうとは知らずに活動をつづけていた党員もおり、この決定には、グループを中心とした活動にとどまっていた当時の活動の弱点も反映していました。

二五年四月、第一次弾圧事件の公判がはじまり、八月、二十三人の党員に治安警察法第二十八条の秘密結社禁止違反で有罪判決が下されました（八～十カ月の禁錮）。

党は、正規の決定とはいえない解党の誤りを国際的な助言もえて克服し、二五年八月、連絡のために残されていた委員会を党再建のための中央ビューローに再組織します。ビューローには、佐野学、徳田球一、渡辺政之輔、ついで出獄した市川正一らがくわわりました。

党再建中央ビューローは、二五年九月、合法的に発行可能な新聞として、「無産者新聞」（無産者新聞社刊）を創刊し、あらたな活動を開始します。無産者新聞は、党の名前は出しませんでしたが、「無産階級の政治新聞」として、月二回の刊行からはじめ、翌年一月には週刊となり、きびしい検閲・干渉と発禁処分を受けながら、平均二万数千部の発行をなしとげ、民主・平和の世論形成に大きな役割を果たしました。

また、月刊誌『マルクス主義』（発行所・希望閣、二四年五月創刊）が、この時期の党の合法的な理論機関誌の役割をはたし、二九年四月まで発行をつづけました。

治安維持法（一九二五年）、無産政党の結成

一九二五年三月、政治参加を求める諸分野の運動の広がりのなかで、二十五歳以上の男性に選挙権を認める「普通選挙法」が成立します。天皇制権力は、これによって党と民主的な運動が力を強めることをおそれ、同年三月、あらたに弾圧法・治安維持法を成立させ、天皇絶対の体制の変革を求める主張や運動を〝極悪の犯罪〟としました。日本共産党を最大の弾圧対象においた治安維持法は、五月には、天皇の命令（勅令）で朝鮮、台湾、樺太にも施行され、十二月以降、京大の岩田義道、慶応大の野呂栄太郎をはじめ、大学の社会科学研究会の関係者三十数人が同法による国内初の弾圧をうけました（京都学連事件）。

普通選挙の実施をまえに、労働・農民団体からは、自らの代表「無産政党」をつくる機運が強まり、党再建中央ビューローは、共産主義者の合法的な政治活動をも可能にする無産政党の結成を支持し、運動の推進と援助にあたりました。

二五年八月には、日本農民組合（日農）の提唱で、日本労働総同盟（総同盟）、日本労働組合評議会（評議会）、政治研究会、全国水平社などを結集して「無産政党組織準備委員会」がつくられ、十二

月、「農民労働党」の結成会議にいたります。政府は、「共産主義の実行を企図した」として、即座に結社を禁止しましたが、その後も無産政党結成の努力はつづき、二六年三月、労働農民党（杉山元治郎委員長、右派脱退後の十二月から大山郁夫委員長）が結成されました。総同盟の右派幹部は、「反共産党」の立場にたって評議会などを排除するよう求めて労働農民党から脱退し、十二月に社会民衆党（安部磯雄委員長）をつくりました。また、総同盟内の麻生久らは日本労農党を組織、日本農民組合から脱退して農民運動を分裂させた平野力三らも、十月に日本農民党をつくりました。こうして、無産政党の統一は達成されず、二六年末には、共産主義者も参加した労働農民党と、社会民衆党、日本労農党、日本農民党などの諸政党の分立状態が生まれました。

労働運動では、二五年五月、日本労働総同盟（総同盟）が分裂し、排除された組合は、階級的労働組合の最初の全国組織として日本労働組合評議会（評議会）を結成しました。党は、評議会とともに二六年の東京・共同印刷や浜松・日本楽器の長期ストライキなどを支援し、大資本の横暴に反対する闘争の先頭にたちました。評議会は、結成二年後には五十九組合、組合員三万五千人をかぞえ、組織的にも総同盟を上まわる発展をとげました。

青年・学生分野では、二六年八月、評議会加盟労組の青年たちを中心に学生も参加して、全日本無産青年同盟（無青）がつくられ、二七年十一月の第二回大会までに三十八府県の支部、一万人をこえる全国組織に成長しました。

農村では、日本農民組合の指導のもとに新潟県木崎村の大小作争議をはじめ、小作料の減免や耕作権確立を要求する農民の闘争が各地で広まりました。

一九二六年の党大会と運動の広がり

各分野の運動と組織があらたな広がりをみせるなかで、日本共産党は、一九二六年十二月、山形・五色温泉で大会をひらき、党を正式に再建しました（のちに第三回大会と呼ばれる）。大会には、党員百数十人を代表する十七人の代議員が出席しました。

大会は、政治方針と党規約を決め、中央委員会を選びました。翌二七年一月、佐野文夫（委員長）、福本和夫（政治部長）、渡辺政之輔（組織部長）、徳田球一らがコミンテルンとの協議のためにモスクワに向かい、以後、市川正一を責任者とする留守中央部が党活動の指導にあたることになります。

こうして正式に再建された党は、専制政治の打破と国民の民主的な権利の獲得をめざし、生活擁護のたたかいにもとりくみました。

二六年から二七年にかけて、労働農民党（労農党）、評議会を中心に「議会解散請願運動」が広がります。これは、議会の解散と普通選挙法による総選挙の実施をせまり、言論・出版・集会・結社の自由、労働者の団結権・罷業《ひぎょう》権、農民の耕作権の確立などを要求する全国的な政治闘争で、運動は、集会の禁止などの弾圧を受けながらも、支持を広げました。

同じ時期に「健康保険法」闘争もたたかわれました。政府提案の健康保険法は、工場労働者を対象とし、資本家と労働者が半分ずつ保険料を負担するものでした。党は、資本家・政府の保険料全額負担、傷病療養期間中の日給全額および療養費の支給、保険組合の労働者管理の要求をかかげ、評議会もストライキをふくめてたたかい、いくつかの工場では、資本家の保険料全額負担や、保険料分の賃金を上げさせるなどの成果をあげました。

治安警察法によって政党加入を禁じられた女性たちは、二七年七月、参政権の獲得と政党加入を求め、男女不平等の法律の撤廃、母子保護法の制定、最低賃金法の制定、同一労働同一賃金、物価値下げなどの要求をかかげて、関東婦人同盟を結成し、全国組織への発展をめざしました。しかし、この同盟は、翌年の「三・一五事件」で打撃を受け、女性単独の組織の結成を誤りとする当時の党内の誤った意見もあって、二八年三月末、解散を余儀なくされました。党は、その後発表した「勤労婦人間の活動に於《お》ける吾《わが》党当面の方針」（三一年五月）のなかで、婦人同盟の解体は、「機械的」であり、女性労働者の重要性を歴史的に形成された女性の状態との関連で「実践的に理解していなかった」とのべ、三一年春に設けた中央婦人部の活動の強化をうちだしました（「赤旗」パンフレット第二十三集）。

二七年三月、金融恐慌によって銀行の休業、取引停止がおこり、国民の暮らしに大きな被害がおよびます。党は、「無産者新聞」で生活防衛闘争を呼びかけ、四月には、賃金引き下げ反対、解雇反対、労働時間短縮、失業手当の獲得などの統一要求のもとに、評議会を中心にした工場代表者会議の運動が組織されました。この運動には、総同盟系の組合や組合のない工場の代表もくわわり、生活破壊に反対する運動として広がりました。九月からは、失業手当法、最低賃金法、八時間労働法、婦人青少年労働者保護法の制定、健康保険法改正を求める「五法律獲得」の運動も展開され、授乳設備と託児所の設置も要求しました。

再建された党の活動は、これらの運動をすすめるたしかな力となるものでした。「無産者新聞」は二七年九月から月に六回発行され、二八年には発行部数四万、全国に百数十の支局をもつまでになりました。

同時に、二六年の大会方針は、労農党や評議会などに党の任務をになわせ、党建設を弱める福本和夫の主張の影響を強くうけていました。海外留学から帰国した福本は、マルクスやレーニンの著作を原典で読み、最新の知識を身につけた人物と思われ、その主張は、二三年の党弾圧で打撃をうけた時期に、山川均らの解党主義を克服するたたかいとも関連して、党内に浸透したものです。真剣に党建設と国民運動にとりくむ党員にとって、福本主義の誤りは深刻で、批判や克服の努力も、党活動のさまざまな分野で生まれていました。

中国侵略に反対して

中国では、一九二四年一月、国民党と中国共産党の第一次国共合作が成立し、二六年七月から、軍閥支配をやぶって全土を統一するための「北伐戦争」が、急速にすすんでいました。このとき、日本、イギリス、アメリカなど〝列強〟と呼ばれた帝国主義諸国は、自国の居留民保護を口実に中国への武力介入をはかりました。

党はいちはやく「無産者新聞」（二七年一月）で列強の即時撤兵を要求し、「対支非干渉同盟」の結成を呼びかけ、中国への侵略に反対する闘争にとりくみました。

二七年五月、政府は、在留する日本人の安全のための「自衛」措置と称して、山東省への出兵を強行します（第一次山東出兵）。このとき、労農党、評議会、日農、無産青年同盟などによって「対支非干渉同盟」がつくられ、労農党と日本労農党（日労党）は、中国への干渉反対の共同声明、共同演説会を開催するなど、無産政党間の初の共同行動を実現しました。しかし、この共同行動は、「山東出兵」の直前に日労党が共闘うちきりを宣言して終わりをつげ、社会民衆党は最後まで共同行動に参加しませんでした。

（2）〝ここに日本共産党あり〟の旗を掲げて（一九二七～三五年）

一九二七年七月、モスクワに派遣されていた党代表は、コミンテルンとの協議によって、「日本問題にかんする決議」（二七年テーゼ）をつくります。

党は、「二七年テーゼ」を具体化するなかで、二八年二月、非合法の中央機関紙「赤旗《せっき》」の発行を実現します。党は、「赤旗」の発行によって、党組織は非公然の形態で建設するが、その活動は〝ここに日本共産党あり〟という旗を掲げて堂々と訴えるという、あらたな活動にふみだしてゆきます。

こうして党は、度重なる弾圧をうけながらも、本格的な党建設と革命政党としての成長と発展をめざす開拓者的な活動を勇敢に開始しました。これが、この節で述べる戦前の党史上の第二の時期（一九二七〜三五年）の特徴です。

「二七年テーゼ」と「赤旗」の創刊

「二七年テーゼ」は、中国侵略と戦争準備に反対する闘争を党の「緊切焦眉《きんせつしょうび》の義務」と位置づけ、日本資本主義の矛盾の深まりが革命の諸条件を成長させているとして、日本の革命が、日本国家の民主主義化、君主制の廃止、土地革命などを主な内容とする民主主義革命から、社会主義革命に急速に転化する見通しをもっているとしました。また、「テーゼ」は、「強固に結束し、思想的に鍛練された大衆的共産党」を建設する方針を明確にして、山川均らの解党主義と党建設を弱める福本主義をきびしく批判しました。

各分野の諸組織を発展させ、統一戦線の方針をもつよう提起した点も、「二七年テーゼ」の大事な特徴でした。しかし、一方では「社会民主主義にたいする闘争」をおしだし、その後の運動に有害な影響をあたえました。この弱点は、コミンテルンで強まっていた社会民主主義批判を反映したものでした。また、「テーゼ」にさきだって、一九二七年四月には、佐野文夫、徳田球一、福本和夫が中央委員を辞任していました。

党は、二七年十二月、栃木県日光山中で拡大中央委員会をひらき、モスクワから帰国した渡辺政之輔らの報告を受けて「二七年テーゼ」を確認、その具体化と実践をはかります。あらたな中央常任委員は市川正一、佐野学、鍋山貞親、渡辺政之輔でした。

「二七年テーゼ」は、党がはじめて正式に採択した綱領的文書で、雑誌『マルクス主義』の特別付録として発表されました（二八年三月号）。

党は、「二七年テーゼ」にもとづいて、職場の党組織である工場細胞（現在の党支部）を基礎とする党全体の再組織にとりかかり、「党組織再建に付いてのテーゼ」（組織テーゼ）で、党の組織再建にあたっての基本的任務の一つに「集合的組織者としての、党の中心機関紙の発行」をかかげました。この方針のもと、党は二八年二月一日、非合法中央機関紙「赤旗」を創刊します。「しんぶん赤旗」の今日にいたる歴史は、ここからはじまりました。

党は「創刊の辞」で、「『赤旗』は、諸君自身の機関紙である。諸君のあらゆる革命的闘争は、最も敏速に最も尖鋭《せんえい》にこの機関紙に反映させせねばならぬ」と訴えました。創刊された「赤旗」は、反戦・平和、自由と民主主義、国民の権利と生活擁護の旗をかかげ、女性のおかれた差別的状態をきびしく告発するなど、命がけで真実を報じました。当初の「赤旗」は、謄写版刷りで、靴の敷き革の下や工具のなかにいれられ、手から手へとわたされました（創刊号から第二十五号〔二九年二月一日付〕までは、現物が発見されておらず、引用は内務省警保局による〝写し〟を利用した）。

党は、二八年二月、雑誌『労農』の創刊によって反党派を旗あげした山川均らを除名し、専制政治との闘争を回避したかれらの「革命」論の誤りを徹底的に批判しました。

日本共産党とコミンテルン

日本共産党は、創立にさいして、国際組織「共産主義インタナショナル」（コミンテルン、本部・モスクワ）への加盟を決め、一九二二年十一月、日本支部としてみとめられていました。

コミンテルンは、一九年三月、ロシアの革命家レーニンの指導でつくられた国際組織で、各国の共産党は、四三年の解散までその支部として活動しました。発足当初のコミンテルンは、各国の党の創設と活動を援助し、資本主義諸国だけでなく、植民地・従属諸国での民族解放運動の前進を重視していました。しかし、その活動には、「世界革命近し」という性急な情勢論、「議会の多数を得ての革命」の原理的な否定、「単一の世界共産党」という組織形態にともなう画一主義的な傾向などの、政治上、理論上の誤りや弱点がありました。晩年のレーニンは、労働者階級の「多数者の獲得」をめざす目標をかかげるなど、新しい路線の探究をはじめましたが、二四年のレーニン死後は、その探究もとざされました。

生まれたばかりの日本共産党の活動は、世界の運動の経験と達成にも支えられて、天皇絶対の専制政治をうちやぶり、民主主義の実現に全力でとりくむというものでした。今日のような自主的な立場を自覚的にもっておらず、戦前の党の活動には、コミンテルンの方針にともなう誤りや弱点がさまざまな形であらわれました。

コミンテルンは、二二年の党の加入から「三二年テーゼ」の作成のころまでは、政治上、組織上の誤りや弱点をもちつつも、全体としては、まだ国際組織としての健全さをもっていました。しかし、三〇年代後半には、コミンテルンにもソビエト連邦（ソ連）の独裁者・スターリンの支配と弾圧がおよび、その組織も各国の運動の前進をさまたげるものへと変質してゆきました。

普通選挙法による最初の総選挙（一九二八年）

党の本格的な建設にふみだした日本共産党が直面した全国的闘争は、普通選挙法による最初の総選挙でした（一九二八年二月）。

普通選挙といっても、選挙権は二十五歳以上の男性に限られ（被選挙権は三十歳以上）、明治憲法と治安維持法のもとで言論の自由はなく、議会は天皇の立法権に「協賛」するだけの「帝国議会」でした。

党は、議会と選挙でのとりくみを重視し、総選挙にあたっては、君主制の撤廃、民主共和制の樹立、十八歳以上の男女の普通選挙権、言論・出版・集会・結社の自由、八時間労働の実現、失業者にたいする生活費国庫保証、天皇、地主らの大きな土地の没収と農民の耕作権の確立、帝国主義戦争反対、植民地の独立などを呼びかける「政綱」をまとめました。

また、党は、地方政治の分野で、任命制だった知事を公選制にかえ、地方自治を保障するよう要求しました。前年の秋には、男子普通選挙法にもとづくはじめての府県議会選挙が実施されており、兵庫県では、労働農民党（労農党）から立候補した党員が、はじめて県会での議席を獲得する成果をあげていました。

党は、二八年二月の総選挙で十一人の党員を労農党から立候補させ、非公然の集いもひらきながら、「赤旗」と党名入りのビラ、リーフレットで党の政策を訴える活動を展開しました。党は、こうした活動とともに入党者を広げ、党員は四百人をこえました。銀行員で入党前の小林多喜二が、北海道一区（札幌・小樽市、石狩・後志《しりべし》支庁）から立候補した党員の山本懸蔵を応援し、倶知安《くっちゃん》での演説隊などにひそかに参加したのもこの選挙のときで、山本懸蔵の選挙資金の工面には、東京女子大の学生・伊藤千代子も協力していました。

天皇制権力は、内務省、警察を動員した激しい選挙干渉を無産政党に集中し、演説の中止、演説会の解散、運動員の大量検束など弾圧をほしいままにおこないました。そのもとで、無産政党は、約四十九万票（得票率四・七％）を獲得し、八人の議員を当選させ、労農党は、十九万票と無産政党では最大の得票をえて、山本宣治（京都二区、宇治をふくむ南部）ら二人の当選者をだしました。この選挙で、政友会は二百十七議席、民政党（二七年六月、憲政会と政友本党が合同）は二百十六議席を獲得し、両党で衆議院の九〇％をこえる圧倒的多数をしめました。

三月十五日の大弾圧に抗して

党は、総選挙後、「二七年テーゼ」を具体化する全党的な態勢を確立するために、大会を開催する準備をすすめました。

そのさなかの一九二八年三月十五日、天皇制権力は、選挙をつうじて国民の前に姿をあらわした日本共産党の前進をおそれ、全国いっせいの大弾圧にのりだして、千六百人におよぶ党員と党支持者を検挙し、党活動の実態を自白させようと野蛮な拷問をくわえました（「三・一五事件」）。党は、破壊された党印刷所を再建し、三月二十二日には、「赤旗」第五号を発行して弾圧に抗する立場をしめしました。「無産者新聞」も、この弾圧を暴露、糾弾し、「共産党を守れ」という社説をかかげました（三月二十三日付）。「無産者新聞」が「共産党」という活字を公然と使ったのは、これがはじめてといわれます。

政府は、「三・一五事件」の報道を四月十日まで差しとめ、記事解禁と同じ日に、日本労働組合評議会、労働農民党、全日本無産青年同盟の三団体を党の〝外郭団体〟と決めつけ、解散を命じました。政府の発表を鵜呑《うの》みにした新聞は、党弾圧への記事解禁とともに、警察の留置場に長期に拘禁されている党員の顔写真を掲載し、「赤魔」、「国賊」などの見出しを並べて、党員をまるで〝凶悪犯〟であるかのように印象づけようとしました。

つづいて政府は、二八年六月、議会で審議未了となった治安維持法の改悪案を緊急勅令で公布し、懲役十年だった最高刑を、「国体の変革」を目的とした結社の組織者、指導者については「死刑または無期懲役」に引き上げるとともに、すべての協力者を弾圧する「目的遂行罪」をもうけ、弾圧対象を大きく広げました。さらに、特別高等警察（特高）という専門の弾圧組織の網の目を全国にはりめぐらし、革命運動、民主運動を根こそぎ破壊する体制を強化し、弾圧事件をあつかう思想検事を拡充しました。

党は、弾圧によって、大きな困難に直面しましたが、検挙をまぬがれた渡辺政之輔、市川正一ら党指導部のもとで三・一五事件にたいする国民的な抗議を組織し、二八年四月末には、全国的な連絡を回復して「赤旗」の継続的な発行をなしとげました。しかし、弾圧はつづき、十月、中央委員・国領五一郎が検挙される一方、党務をおびて中国にわたった渡辺政之輔が、帰国途上、台湾の基隆《キールン》で警官隊におそわれ、自ら命をたちました（二十九歳）。党は、コミンテルン大会に出席し、帰国した市川正一を中心に党中央を再建し、弾圧によって八月以来休刊していた「赤旗」を、十二月からふたたび発行しました。

また、二八年四月七日には、解放運動犠牲者救援会が組織され、労働運動や「三・一五事件」関係者の救援にあたりました（三〇年八月、日本赤色救援会に改称）。

天皇制政府は、中国で「北伐」が再開されると、二八年四月、ふたたび山東半島に出兵し（第二次山東出兵）、五月には山東省の省都・済南市を壊滅させる軍事攻撃をおこない、中国への介入と侵略を広げました（第三次山東出兵）。さらに、中国の遼東半島南部（日本は関東州と呼んだ）におかれた関東軍は、「満州」（中国東北部）に支配の手を広げようと、二八年六月、軍閥の代表・張作霖《ちようさくりん》を爆死させる事件までひきおこしました。

党は、あいつぐ弾圧と迫害をうけながら、「赤旗」、「無産者新聞」で、中国への干渉反対、派遣軍の即時撤退をくりかえし要求しました。二八年五月、党は中国共産党との共同宣言で、反動と侵略の政策に反対する日中両国民の国際的な連帯を呼びかけました。「無産者新聞」は、ほとんどの号が発禁処分をうけながらも、読者の手に新聞が届くように配布方法も工夫して、発行をつづけました（当時は、月六回発行）。また、党は、「対支非干渉同盟」を発展させて「戦争反対全国同盟」をつくろうと呼びかけ、二八年七月には反戦同盟準備会、翌年十一月には、これが国際反帝同盟の一翼をになう反帝同盟日本支部に発展しました。

党は、弾圧で破壊された労働組合の再建につとめ、二八年十二月、日本労働組合全国協議会（全協）が結成されました。組合員数で一万人規模となった全協の活動は、はじめから事実上の非合法状態におかれました。青年分野では、非公然の形で活動していた日本共産青年同盟（共青）の強化がすすめられました。

労農党の再建もすすめられ、二八年十二月、労働者農民党の創立大会がひらかれましたが、政府は、新党の結社を禁止しました。党は、この間、合法的な労農政党にたいする方針を変更して、労農政党結成の進歩的な意義を原則的に否定する立場をとり、新党が禁止されたのちは、労働者、農民を過渡的に結集する非政党的な組織として「政治的自由獲得労農同盟」をつくるにとどめました。これは、「労働者農民党は、その性格がある時期にどんなに革命的であっても、容易に通常の小ブルジョア政党に変質するから、共産主義者はそのような政党の組織を勧告してはならない」というコミンテルン第六回大会（二八年夏）の決定にもとづく方針で、民主的な勢力の結集を妨げるセクト主義的な誤りでした。

進歩的な文化運動は、当時、労働者階級の立場に立つことを旗印としたプロレタリア芸術・文学運動として展開されていました。

二八年の「三・一五事件」の直後、プロレタリア芸術団体の合同によって全日本無産者芸術連盟

（略称、ナップ）がつくられ、機関誌『戦旗』が誕生します（創刊は二八年五月号）。『戦旗』は、発売禁止処分ときびしい検閲を受けながら、小林多喜二の「一九二八年三月十五日」、「蟹工船」、徳永直《すなお》の「太陽のない街」、村山知義の「暴力団記」などの名作を世におくり、独自の配布網もつくって、最高時、二万数千の発行部数と三千人の読者会員をもちました。

ナップは、二八年十二月、文芸、美術、演劇、映画、音楽など各部門別の諸団体の統一組織に再編され、全日本無産者芸術団体協議会（略称は同じナップ）と改称します。二九年二月には、文学分野の全国組織としてプロレタリア作家同盟（ナルプ）が結成され、その作品は、総合雑誌の『中央公論』、『改造』にも発表されました。こうした活動は、社会的な反響を呼び、文学、芸術創造のうえで、国際的にも注目される業績をあげました。また、二九年十月、社会科学の研究団体としてプロレタリア科学研究所（所長・秋田雨雀《うじゃく》、のち日本プロレタリア科学同盟に改組）が設立されました。

一九二九年の「四・一六事件」。大恐慌下の闘争

党は、一九二九年一月、「赤旗」パンフレット『第五十六帝国議会と日本共産党のスローガン』を発行し、当面の情勢のもとでの党の政治的立場を明らかにしました。党は、「支那から手を引け！」「植民地の解放！」「ソビエト同盟の防衛！」「帝国主義戦争反対！」「言論出版集会結社の自由！（治安維持法の撤廃！　共産党組織および活動の自由！）」「君主制の廃止！」「十八歳以上男女の普通選挙権！」「七時間労働！　失業保険！」などのスローガンをかかげ、侵略戦争と専制政治に反対し、平

和と自由、生活改善をめざす闘争を大胆に呼びかけました。

議会では、旧労農党の山本宣治が、「三・一五事件」の弾圧に抗議する論戦にたち、天皇制警察の野蛮な拷問の実態を告発し、政治的自由を獲得するために弾圧を受けた人びとは、「犠牲と、血と、涙と、生命迄を尽くして居る」とのべ、その論戦を結びました（二九年二月八日、衆院予算委員会分科会）。

政府は、二九年三月五日、前年に緊急勅令で死刑法となった治安維持法改悪の事後承認を衆議院で強行し、これに反対した山本宣治は、その夜、神田の宿舎で右翼テロリストによって刺殺されました（三十九歳）。党は、〝山宣〟の名で知られたその活動を偲《しの》び、日本共産党員の資格をおくって、その活動を党史にきざみました（「赤旗」三月二十日付）。

二九年四月十六日、天皇制権力は、党にたいしてふたたび大弾圧をくわえ、約三百人をいっせいに検挙しました（「四・一六事件」）。ひきつづき、多数の活動家が捕らえられ、一連の弾圧による逮捕者は千人にのぼりました。党は、この弾圧で、市川正一をはじめ「三・一五事件」で検挙をまぬがれた指導部のほとんどを奪われました。

同年五月、前年に検挙されていた水野成夫（党中央事務局で活動し、戦後は、フジ・サンケイグループの要職につく）が獄中で変節を表明し、当局側は、これを利用して、同調者の拡大をはかり、六月には、コミンテルンとの連絡のため上海に滞在していた佐野学を捕らえました。

しかし、天皇制政府と支配階級のもくろみに反して、この弾圧も党を屈服させることはできず、水野ら変節者は除名され、あらたな活動家が党組織の再建と強化にあたりました。「四・一六事件」後まもなく党中央が組織され、二九年七月には「赤旗」も再刊されました。

「無産者新聞」は二九年二月五日以後、発行する全号が発禁処分となり、西田信春ら編集関係者も弾圧され、八月、赤刷号（二百三十九号）を最後に廃刊においこまれました。党は、九月から「第二無産者新聞」をなかば非合法の形で発行し、地方出張所ももうけて、勇敢に活動をつづけました。同紙は、二年半にわたって九六号を発行し、三二年三月、「赤旗」に統合されました。

二九年十月にニューヨーク株式市場の大暴落からはじまった世界大恐慌は、日本にも波及し、失業者が三百万人をこえる、空前の〝失業地獄〟となりました。農村では、農作物が大暴落して、農家は深刻な窮乏状態におちこみ、三一年には東北地方の冷害による大凶作で、娘を〝身売り〟する農家の悲劇が生まれました。一方、生活をまもる国民的な闘争もおこり、東京市電ストライキ（三〇年四月）、鐘紡や東洋モスリンなどでの女性労働者のストライキ（三〇年）、賃金切り下げ、操業短縮や人員整理に反対する大きな労働争議があいつぎ、件数で二千四百あまり、参加人員十九万人以上と、それまでの最高を記録しました。また、秋田県の前田村の小作争議をはじめ、農民運動も各地でたたかわれました。

各分野の運動の広がりにもかかわらず、党は、「三・一五事件」以後いちだんと凶暴になった天皇制権力の弾圧・迫害によって、多くの活動家を奪われていました。こうしたもとで、革命運動の経験が少なく、思想的にも弱点をもっていた田中清玄らが党指導部にはいり、二九年半ばから三〇年にかけての活動に、冒険主義的な誤りが生まれました。田中らは、各分野での闘争の広がりを革命の切迫と判断し、三〇年五月、全協のメーデー参加を禁止したことに憤激した労働者に竹槍《たけやり》をもたせ、「武装メーデー」と称して行進させました（川崎市）。こうした誤りは、党を国民から孤立させ、革命運動に損害をもたらすもので、きびしく批判され、まもなく是正されました。しかし、三〇年七月、中央部を弾圧され、「赤旗」の発行も中絶しました。

三一年一月、党は、モスクワから帰国した風間丈吉と、岩田義道らで中央を再建し、前年六月以来発行を停止していた「赤旗」を再刊、地方オルグもおきました。このころには、在住地の党に参加するというコミンテルンの方針で、朝鮮人共産主義者も入党し、さまざまな分野でその活動をすすめました。

中国侵略の開始と日本の政党

一九三一年九月十八日、天皇制政府は、関東軍がでっちあげた鉄道爆破事件（柳条湖事件）を口実に、中国侵略を開始します。「満州事変」と称されたこの事件こそ、四五年八月までの十五年にわたる侵略戦争のはじまりでした。

第一次世界大戦の惨禍をへて生まれた国際連盟は、加盟国に「戦争に訴へざるの義務」を求め、「不戦条約」（二八年）は、国際紛争を解決する手段としての戦争を禁止しました。日本が中国侵略を「事変」と称したのも、国際連盟規約や不戦条約違反との批判をのがれるためでした。日本の中国侵略は、戦争違法化の流れへの最初の国際的逆流であり、中国侵略に反対する党のたたかいは、平和と民主主義、民族独立の流れを二十世紀の国際的な本流とするうえでも、大きな意義をもつものでした。

党は、戦争開始の二カ月以上も前から、日本が戦争にのりだそうとしていることを「赤旗」紙上で具体的にしめし、「日本帝国主義の戦争準備と斗《たたか》へ！」「一人の兵士も送るな」と訴えました（七月六日付）。八月一日の「反戦デー」では、非合法の集会やデモを組織して、「軍隊の『満州』、朝鮮及び台湾からの即時召還」を要求しました。

党は、戦争が開始された翌日、ただちに檄《げき》を発表して「中国満州に於ける日本軍隊軍艦の即時撤退！」を主張し（九月十九日付）、「赤旗」でこの戦争の性格が「新しい領土略奪のための戦争」であることを批判するなど（十月五日付）、反戦平和の論陣をはりました。

九月二十日、党は、中国共産党との「共同宣言」で、侵略戦争への反対と連帯した活動を宣言します。この宣言は、中国の新聞にも掲載されていました。さらに、党は、「第二無産者新聞」で、「帝国主義戦争と闘え！」「一人の兵士も送るな！」「武器の輸送製作を中止せよ！」と、侵略戦争反対を呼びかけました（九月二十五日付の社説）。

民主的な諸団体もそれぞれの要求とむすんで戦争反対の活動をおこない、日本労働組合全国協議会（全協）は、「侵略戦争に対し大衆的政治罷業へ」「兵士及び軍需品輸送を拒否しろ」と呼びかけ、全協の組織した東京地下鉄スト（もぐら争議、三二年三月）は、出征兵士の首切り反対を求めました。

一方、日本共産党以外の政党は、積極的に侵略戦争を支持していました。

与党・民政党は、九月十九日、関東軍の軍事行動を「正当防衛の挙」とする「声明書」をだし、政友会も、同日、軍事行動は当然とする幹事長談話を発表しました。さらに政友会は、十一月の議員総会で「満州事変は在満同胞の保護と既得権益の擁護とを基調とする自衛権の発動」であり「断じて撤兵を許さず」と決議しました。

社会民衆党は、侵略を支持する態度をとり、十一月には「満蒙問題に関する決議」を採択、「ブルジョア的満蒙管理を排して、これを社会主義的国家管理に」という欺まん的なスローガンをうちだしました。同党は、翌年七月、当初は中国出兵に反対していた全国労農大衆党と合同して社会大衆党をつくり、「反ファシズム、反共産主義、反資本主義」（三反主義）をかかげて、戦争協力へとすすんでゆきました。

経済界は、日本商工会議所が軍部支持を声明したのにつづいて、日本工業倶楽部、日本経済連盟が「満州」侵略を支持しました。さらに、大手新聞は、「軍部を支持し国論の統一を図るは当然の事」（「大阪朝日」）、「守れ満蒙＝帝国の生命線」（「大阪毎日」）、「我生命線を死守せよ」（「読売」）と、あいついで侵略を支持し、戦況講演会、ニュース映画会などを各地でひらき、戦争の美化と排外熱をあおりました。

翌三二年三月、日本軍部は、中国の東北部にかいらい国家「満州国」をつくり、これを軍事支配下におきます。党は、「満州国」を自由な建国とした軍部の主張にたいし、これが中国を「植民地とする為の第一幕」だときびしく抗議・批判しました。一方、全国の新聞・通信社百三十二社は、「共同宣言」（十二月十九日）で「満州国独立」を支持し、その報道は軍部と戦争賛美一色に染まってゆきました。

三三年三月、天皇制政府は、日本の軍事行動と「満州国」の正当性を否定した国際連盟のリットン調査団の報告を非難して、国際連盟を脱退、つづいて、ワシントン海軍軍縮条約を廃棄、軍備の大拡張と侵略体制の強化をいそぎました。

「三二年テーゼ」――侵略反対と人民革命の旗

日本帝国主義の中国にたいする侵略戦争が開始されたもとで、日本の情勢と革命の展望をより明確に分析することが、国内的にも国際的にも、革命運動上の切実な課題となっていました。

コミンテルンでは、一九三一年から三二年にかけて、片山潜、野坂参三、山本懸蔵らモスクワにいた党代表も参加して、日本問題の検討がおこなわれ、三二年五月、「日本における情勢と日本共産党の任務に関するテーゼ」(「三二年テーゼ」)を決定しました。党は、七月一〇日付「赤旗」特別号で「三二年テーゼ」を発表し、党活動の強化を呼びかけました。「赤旗」に発表されたテーゼの翻訳は、経済学者の河上肇らが手がけたものでした。

「三二年テーゼ」は、日本の中国侵略が、アメリカとの軍事的衝突にすすむ危険をもつと警告し、侵略は「勤労者にたいする前代未聞の専横と暴力支配との体制を維持し強固にし、農村における賦役支配を強化し、大衆の生活水準をなおこれ以上に低下」させる政策とむすびついており、国内の諸矛盾を先鋭化させると指摘しました。

「三二年テーゼ」は、日本の支配的な制度を、絶対主義的天皇制、地主的土地所有、独占資本主義の三つの要素の結合と特徴づけ、天皇制が地主階級と独占資本の利益を代表しながら、同時に、絶対的性質を保持していることを明らかにしました。そして、天皇絶対の専制体制をうちやぶることに革命運動の第一の任務があるとして、当面の革命の性格を民主主義革命としました。「テーゼ」は、この民主主義革命の主要任務として、①天皇制の転覆、②寄生的土地所有の廃止、③七時間労働制の実現をあげ、当面の中心スローガンに、「帝国主義戦争及び警察的天皇制反対の、米と土地と自由のため、労働者農民の政府のための人民革命」をかかげました。

また、「テーゼ」は、革命運動の今後の発展が、「共産党の力と堅固さとに、何百万の勤労者を党のスローガンのもとに結集し、かれらの闘争の先頭に立つその能力」にかかっていることを強調し、大衆活動における受動性や大衆組織と党を混同することをあらため、国民と深くむすびついた党となるよう、力説しました。

日本の情勢の具体的な分析にもとづいて、専制政治の打破と民主的変革の不可避性を明らかにした「三二年テーゼ」は、その後の党活動のもっとも重要な指針となりました。

「テーゼ」の決定は、天皇制の役割を軽視して、一時、党内に混乱をもたらしていた「政治テーゼ草案」の誤りをただしました。「政治テーゼ草案」の内容は、三〇年秋に、コミンテルンの関係者と会合した党員がもちかえったもので、日本の当面する革命を社会主義革命の方針に転換せよという誤った指示をふくんでいました。その内容を知った野呂栄太郎は、賛成できない旨を党の会議で表明しましたが、野呂は意見をふりまいたり、党外にもちだすようなことは、いっさいしませんでした。

「三二年テーゼ」は、侵略戦争を支持した社会民主主義勢力の誤りを批判しましたが、同時にかれらをファシズム勢力と同列において「社会ファシズム」とくくり、これとの闘争を特別に強調しました。さらに、日本において「革命的危機」が切迫しているという、一面的な情勢評価をふくんでいました。これらは、当時のコミンテルンの活動に起因する誤りでした。

「社会ファシズム」論の誤りは、労働運動の分野にも否定的影響をあたえました。日本労働組合全国協議会（全協）は、コミンテルンと密接な関係をもっていた労働運動の国際組織「赤色労働組合インタナショナル」（プロフィンテルン）に加盟し、積極的な活動を展開していましたが、その活動には、プロフィンテルンの方針にもとづいて、社会民主主義の潮流が影響力をもつ労働組合の存在意義を否定する誤りもありました。

「赤旗」は、三二年四月から活版印刷（菊四倍判＝A3判）となり、週三日刊から五日刊として定期的に発行され、発行部数も七千部にのぼりました。「赤旗」は〝回し読み〟され、実際には発行部数よりも多くの読者を得ていました。「赤旗」は、紙面の組版、紙型、鉛版を複数の作業所でつくり、それを集めて印刷するなど、苦労に苦労を重ねながら、中国侵略の事実を報じ、「帝国主義戦争反対」「植民地の完全なる独立」の論陣をはりました。

この時期、党は、東京、大阪の陸軍連隊、横須賀、呉の軍港、戦艦長門、榛名、山城など、兵営や軍艦のなかにも党組織をつくりました。そして、反戦リーフレット『兵士水兵と帝国主義戦争』、赤旗パンフレット『兵士諸君に与ふ』のほか、呉では「聳《そび》ゆるマスト」（三二年、六号）が女性や青年労働者の献身的な協力のもとで印刷・配布され、全国的には「兵士の友」（三二年九月〜三三年十二月、十二号）を発行して、兵士や水兵のなかでも反戦平和の声をあげました。

三二年五月、野呂栄太郎の指導のもとに、大塚金之助、小林良正、服部之総《しそう》、羽仁《はに》五郎、平野義太郎、山田盛太郎ら、党内外の若きマルクス主義理論家の参加する『日本資本主義発達史講座』（全七巻、岩波書店）の刊行がはじまりました（三三年八月完結）。日本資本主義の歴史と現状を分析した研究は、「三二年テーゼ」にさきだってテーゼが重視した問題を独自に解明する内容をもっていました。それは、当時の官公庁でも広く読まれるなど、社会科学研究のあらたな達成として、大きな反響を呼びました。編集にあたった人びとが、執筆者の検挙や発売禁止処分を受けながらも『講座』全巻の刊行をなしとげたことは、「歴史の解釈ではなくしてその変革」（講座趣意書、野呂執筆）を志した学問的情熱による奮闘の成果でした。これらの研究は、科学的社会主義の理論にみちびかれながら、日本社会を分析した先駆的な意義をもち、その内容は、国際的に見てもきわめて高い水準にあり、今日から見ても歴史学と経済学における科学的な金字塔というべき偉業です。

　政治・経済と日本社会の諸問題を調査・研究し、世界の社会主義運動の動きを紹介した産業労働調査所（二四〜三三年）の活動にも、野呂栄太郎、岩田義道、風早《かざはや》八十二《やそじ》ら党内外の研究者が参加し、『無産者政治必携』や『産業労働時報』、雑誌『インタナショナル』（二七年二月〜三三年七月）の発行などの成果をあげました。

　マルクスの理論の研究という点では、二八年から三五年にかけて、マルクス、エンゲルスの主な著作を網羅した『マルクス・エンゲルス全集』（三十二冊、改造社）が刊行され、その後の研究への大きな貢献となりました。これは、完結した「マルクス・エンゲルス全集」としては、世界ではじめてのものでした。

　治安維持法体制のもとでそれに抗して進められた『日本資本主義発達史講座』の刊行、小林多喜

二、宮本（中條）百合子、蔵原惟人《これひと》、宮本顕治らのプロレタリア文学と文学理論、戸坂潤らの唯物論哲学の研究など「プロレタリア文化」の諸成果は、当時の歴史的条件のもとにおける制約をもちつつも、暗黒の専制政治のもとで未来をひらく明るい灯となり、その後、日本における科学的社会主義の理論的発展をはぐくむ礎となりました。

野蛮さをくわえた残虐な弾圧

日本共産党と民主運動への弾圧は、中国への本格的な侵略が開始された一九三一年から、いっそうはげしくなりました。治安維持法による検挙者は、三〇年の六千百二十四人から、三一年には一万四百二十二人に急増し、三二年に一万三千九百三十八人、さらに三三年には一万四千六百二十二人に達するという、日本の歴史上、最大の国民弾圧が荒れくるいました（『現代史資料45　治安維持法』、みすず書房）。

党は、侵略と専制に反対する全国的な態勢をととのえるため、三二年十月、静岡県熱海に全国代表者会議を招集しました。かねてから全国的な弾圧を計画していた天皇制権力は、この機会をとらえて、東京、青森、秋田、山形、宮城、福島、神奈川、愛知、大阪、兵庫、広島でいっせいの検挙をおこない、約千五百人の党員、共産青年同盟員らを検挙しました。この弾圧の報道は、翌三三年一月に解禁され、新聞は、「一府十県に亘って千五百名を大検挙す」「特異なる赤魔の活動」（「読売」号外）などと報じ、検挙された五十人あまりの顔写真をならべて、〝日本共産党もここに壊滅するに至った〃などと、大々的に報じました。そこには、検挙された女性たちを、「赤色女性群」と侮蔑し、顔写真つきで人格をおとしめる記事が平然と掲載されていました。つづいて三三年二月、大阪、中部、九州地方を中心にふたたび大規模な弾圧をおこない、半非合法状態で活動をつづけていた日本労働組合全国協議会（全協）の中央委員も全員検挙されました。検挙された党員や党支持者にたいする取り調べは苛烈をきわめ、言語に絶する拷問によって殺害される党員があいつぎました。

三二年四月、東京で逮捕された党中央委員上田茂樹（三十一歳）は、闇から闇へと葬られ、いつどこで死去したかもいまだに不明です。党中央委員岩田義道（三十四歳）は、三二年十月に東京・西神田署に逮捕され、四日後、拷問で虐殺されました。三三年二月に逮捕された党九州地方委員長西田信春（三十歳）の虐殺は、二十数年後にようやく確認されました。

プロレタリア作家同盟の書記長だった小林多喜二は、今村恒夫とともに三三年二月二十日正午すぎ、スパイの手引きによって東京・赤坂福吉町で逮捕され、築地署ですさまじい拷問をうけ、七時間後に絶命しました（二十九歳）。小林は身をもって党と信念をまもり、最後まで屈しませんでした。天皇制権力は、小林の遺体の解剖を妨害し、二十二日の通夜、二十三日の告別式の弔問者をとらえ、三月十五日には労農葬会場の築地小劇場を占拠するなど、死後も激しい弾圧をくわえました。小林の虐殺にたいして、中国の作家魯迅《ろじん》をはじめ、内外から追悼ときびしい抗議がよせられました。新聞やラジオは、小林多喜二の死を「心臓まひ」と発表し、虐殺の事実にはいっさいふれませんでした。

日本共産党に参加した女性たちの不屈の青春

戦前の絶対主義的天皇制は、国民を無権利状態におき、なかでも女性への徹底した差別を特徴とした体制でした。女性は、家長（戸主）の絶対的権限のもとにおかれ、その同意なしには結婚することも家を離れて住居を定めることもできず、結婚後は、法律上の〝無能力者〟（制限行為能力者）とされ、財産権もほとんどあたえられませんでした。こうして女性は、独立した人格をみとめられず、男性に従属する地位におかれました。

政治の分野での女性差別はいっそう露骨で、女性は、いっさいの選挙権、被選挙権をみとめられず、治安警察法では、女性の政治結社への加入を禁じ、一九二二年までは政談演説会にも参加できませんでした。早朝からきつい農作業におわれた農村の女性も、また女性労働者も、その労働条件はあまりにも劣悪で、『女工哀史』（細井和喜蔵、一九二五年、改造社）は、〝監獄よりもなおつらい〟という小唄をいまに伝えています。

このようななかで日本共産党は、創立当初から、女性差別に反対して、女性選挙権の獲得をかかげ、女性が入党し、活動したただ一つの政党でした。さまざまな時代的制約があったとはいえ、女性の人権と尊厳を大切にする点では、当時の政党のなかで抜きんでた立場にありました。入党した女性たちは、党中央部もふくめて責任ある部署をになうなど諸分野で活動し、「赤旗」は、女性たちのたたかいを重視・激励し、女性差別の実態をくりかえし告発して、それを根本から変革することを求めました。

日本共産党の戦前の歴史には、女性党員の不屈の青春が記録されています。

東京モスリン亀戸工場で賃金引き上げのストライキを指導し、二九年に入党した飯島喜美《きみ》は、三〇年、国際的な労働組合組織（プロフィンテルン）のモスクワでの大会で演説にたち、三一年秋ごろから党中央婦人部で活動しました。飯島喜美は、その後、神奈川県内で共青の再建にあたるなかで三三年五月にスパイの手引きで検挙され、三五年一二月、栃木刑務所で獄死（二十四歳）。遺品のコンパクトには「闘争・死」の文字が刻まれていました。戦後、飯島喜美の生涯をおった研究は、「多くの女性の人生が〝忍従〟の二字にほとんど運命づけられていたころ、飯島喜美は、子どものときからの労働の生活をとおして、社会の矛盾をはっきりとつかみ、それと果敢にたたかった」とのべ、「喜美のくじけない志」を紹介しています（鹿野政直『歴史のなかの個性たち』、有斐閣）。

高島満兎《まと》は、日本女子大を卒業後、非合法下で発行されていた共青中央機関紙「無産青年」編集局で活動し、東京、千葉、神奈川、群馬、山梨、奈良に配布網を組織、三二年、入党しました。三三年三月、東京・新宿の借家で特高警察におそわれ、二階から飛び降りて脊髄《せきずい》複雑骨折の重傷を負い、翌年七月、下半身不随のまま死去しました（二十四歳）。生前、「私たちは一刻一刻を完全に生きるのよ」と語っていたといいます。

三二年に入党し、「赤旗」中央配布局で「赤旗」の配布をうけもった田中サガヨも弾圧に倒れた一人です。三三年十二月に東京・銀座で逮捕された田中は、獄中でチリ紙に義姉への手紙を書き、「信念をまっとうする上においては、いかなるいばらの道であろうと、よしや死の道であろう（と）覚悟の前です。お姉さん、私は決して悪いことをしたのではありません。お願いですから気をおとさないでください」としるし、三五年五月に生涯をとじました（二十四歳）。

二八年二月に入党し、党中央事務局に所属した伊藤千代子は、「三・一五事件」で検挙され、天皇制権力に屈服して党と国民を裏切った夫への同調を拒否し、拷問、虐待にたえてがんばり、翌年、獄中での拘禁精神病で市ヶ谷刑務所から松澤病院に移送され、回復途上、急性肺炎で亡くなりました（二十四歳）。検挙前にしたためた手紙には、「青年男女にとって、真に真面目になって生きようとすればする程、この目の前にある不公平な社会をなんとかよりよいものとしようとする願いはやむにやまれぬものとなってきます」としるしていました。伊藤千代子の女学校の先生だったアララギ派歌人の土屋文明は、言論統制のきびしい戦時下の三五年に、千代子の生涯によせて「こころざしつつたふれし少女よ新しき光の中におきて思はむ」とうたいました。

当時の党活動のなかでは、非合法下で党を防衛する必要から、共同で生活することになった働き手の間で、恋愛や結婚ということも起こりました。その一部にはモラルに反する問題もありました。天皇制権力のスパイとしておくりこまれたものが女性をまったく非人間的に扱い、裏切られたことに苦しんだ女性党員が自殺するという痛ましい出来事もありました。こうしたことをもって、「日本共産党は女性を踏み台にした非人間的な党」という批判・攻撃が、さまざまな形でおこなわれてきましたが、それについて、当時、党指導部の一員であった宮本顕治が、戦後、つぎのように証言しています。

「普通の夫婦のような形をとって家を借りてくらすということが、個々人のあいだの話し合いの上でやむをえずとられた場合があった。党として正式にそういうやり方をみんなにすすめるとか、奨励するということはなかった。こんな場合を運動が弾圧されたあとで『ハウス・キーパー』といって、新聞なんかで、ただ猟奇的に扱い、奴らは革命のための手段を選ばないとデマを飛ばした。党の方で、誰と誰とは一緒に同棲《どうせい》生活をやれというような、むちゃくちゃな人権無視の制度はやらなかった」（『宮本顕治著作集』第三巻二五六ページ、新日本出版社）

「一九三〇年前後の地下活動の中で、共同で働くことになった働き手の間で、いろいろな状況のもとで恋愛や結婚の問題がおこった。その中で、一部に無責任な反道徳的問題がおこった場合、それに対して党指導部がともかく健在だったときには、知る限りでは、全体としては、きびしい原則的態度を示した」（同第八巻一一〇ページ）

小林多喜二の最後の時期の作品『党生活者』のなかに登場する女性にかかわって、戦後、「女性を政治の道具にする日本共産党の非人間性を示すものだ」という論難が加えられたことがありました。しかし、多喜二の描写はあくまで作品上の設定であるうえ、『党生活者』が多喜二の虐殺によって未完に終わったということを考慮するならば、そのような論難は成り立つものではありません。小林多喜二が実生活のなかで経験したものは、互いの愛情と信頼で結ばれた夫婦関係でした。

もちろん戦前の党が、今日のジェンダー平等の水準から見るならば、さまざまな時代的制約を避けられなかったことは事実です。しかし、「女性を踏み台にした非人間的な党」という論難は事実に全く反するものです。もしも、そのような党だったら、どうして多くの若い女性たちが、困難を恐れず、党の一員となり、「くじけない志」をもって頑張りぬくことができたでしょうか。党の若く困難な時期に、侵略戦争に反対し、国民が主人公の日本を求めてたたかいぬいた多くの女性の足跡は、人間社会の進歩と発展を願うすべての人びとにとって、大きな誇りとなるものです。

中国侵略の拡大に反対して

一九三二年十月の党弾圧ののち、野呂栄太郎は、残された唯一人の中央委員として、肺結核の身体で党の再建活動にのりだし、三三年一月、ソ連から帰国した山本正美らと党指導部をつくり、「赤旗」の発行を回復しました。『日本資本主義発達史講座』刊行への援助をつづけていた野呂は、山本の検挙後(五月)、党中央の責任者となり、宮本顕治らとともに、党活動の先頭にたちました。党中央委員会は、「三二年テーゼ」にもとづく党活動の拡大のための努力をつづけ、三三年二月には、「失業及び飢餓反対闘争」の方針を発表し、軍事予算を労働者の救済にまわすよう要求しました(野呂執筆)。

日本軍は、三三年二月には中国・熱河《ねつか》省に侵略を拡大し、さらに華北(北京、天津をふくむ中国の北部)への侵略の準備をはじめました。党は、「赤旗」で、華北侵略の危険を毎号のように訴え、侵略の拡大が国民を悲惨な破局にみちびくことを警告しました。そして、国防献金の強制的徴収反対、出征兵士の家族の生活保障、出征による地主の土地取り上げ反対など、戦争にともなう国民の日常要求を重視しながら、運動を組織するよう、つとめました。

天皇制権力は、党への攻撃を集中するとともに、自由主義者にも迫害の手をのばしました。政府は、三三年五月、京都帝国大学法学部滝川幸辰《ゆきとき》教授にたいし、その刑法学説を「赤化思想」として辞職を強要しました。法学部教授会は、一致して抵抗し、各大学の学生は大学の自治と学問の自由をまもる運動をおこしました。しかし、政府は学生運動に全国的な弾圧をくわえ、滝川教授の追放を強行しました。党は、これを「ドイツに於けるヒットラー・テロルに優るとも劣らぬ」文化反動と位置づけ（「赤旗」三三年五月二十六日付）、労働者、農民が、学生、インテリゲンチャ、自由思想家、科学者、芸術家と手をつなぎ、文化反動の撃退のためにたちあがるよう、呼びかけました。

このとき、知識人のあいだに学問・思想の自由をまもる機運が強まり、三三年七月には、「学芸自由同盟」が組織されました。「学芸自由同盟」は、ドイツのナチスがカール・マルクスやトーマス・マンなどの著作を焼き払った事件に抗議して結成されたもので、徳田秋声、三木清、谷川徹三、嶋中雄作、秋田雨雀、木村毅、久米正雄、菊池寛ら文化人、知識人が幅広く集い、宮本百合子ら党員知識人も参加しました。

三二年八月のアムステルダム世界反戦大会でもうけられた国際反戦委員会（ロマン・ロラン、アインシュタイン、宋慶齢《そうけいれい》、片山潜ら）は、三二年十二月に、日本の中国侵略に反対する極東反戦会議を、翌三三年に上海でひらくことを提唱しました。党は、三三年三月、共青、全協、反帝同盟とともに、上海反戦大会を支持するアピールを発表し、職場や地域に反戦委員会をつくって戦争に反対するすべての人びとを結集するよう、訴えました。三三年九月、上海反戦大会に呼応して東京で日本反戦大会が計画されましたが、当日、警察が会場を制圧し、開催は不可能となりました。これにさきだって、六月には、江口渙、佐々木孝丸、長谷川如是閑《によぜかん》、蔵原惟郭《これひろ》、加藤勘十、葉山嘉樹らを発起人とする

「極東平和友の会」準備会が結成され、その呼びかけで七月、労働組合や労農救援会（準備会）、反帝同盟など十五団体による「上海反戦会議支持無産団体協議会」がつくられました。党は、これを統一戦線結集への積極的な契機としてとらえて支持しましたが、途中から批判的態度に転じました。ここには、統一戦線の方針をかかげながらも、「社会ファシズム」論の影響によってセクト主義的態度をとるという、方針上の矛盾と制約があらわれていました。

三三年三月三日、三陸沖の大地震にともなう大津波が三陸沿岸を襲い、党は「赤旗」で、被害の深刻さを伝えるとともに、全国的な救援活動をくりかえし呼びかけました。天皇制権力は、医療救援隊の派遣をふくむ救援活動にも弾圧を加え、「赤旗」は、三百人あまりが逮捕されたと報じました（四月六日付）。

市川正一らの獄中・法廷闘争と党中央への弾圧

「三・一五事件」と「四・一六事件」の被告は、党中央関係だけで二百人をこえ、個別の裁判をすすめることは、実際上、不可能でした。党は、この条件を利用して、統一公判を要求し、裁判所もこれをみとめざるをえませんでした。統一公判は、一九三一年六月、東京地方裁判所ではじまり、翌三二年十月、市川正一、佐野学、鍋山貞親、三田村四郎の四人に無期懲役を、その他百八十一人の党員らに計七百七十七年の懲役を言いわたしました。

党は、法廷での弁論を最大限に活用して、天皇制権力の野蛮な弾圧を追及するとともに、デマ宣伝でゆがめられた日本共産党の真の姿を、広く国民の前に明らかにするよう努力しました。市川正一は、公開停止をちらつかせる裁判所の妨害に抗しながら、党創立から二九年の四・一六事件までの党の歴史について代表陳述をおこない、平和と民主主義、国民解放のためにたたかう党の姿を堂々とのべ、科学的社会主義の運動が日本の現実に根ざしたものであることを明らかにしました（三一年七月、最終陳述は翌年七月）。国領五一郎は、労働組合運動について代表陳述にたちました（三一年九月）。これらの陳述は、出獄中の被告や弁護団の努力で速記され、『プロレタリア科学』（プロレタリア科学研究所の機関誌）などに掲載されて、全国に配布されました。党は、市川の陳述を基礎に『日本共産党闘争小史』を編集し、三二年七月、党創立十周年を記念して非合法下で出版しました。

判決後、党は、控訴公判にむけた準備を開始しましたが、無期懲役の判決におびえた佐野学と鍋山貞親は、三三年六月、政治的、思想的変節（転向）をせまる天皇制権力に屈して、検事の誘導のもとに「転向声明書」を発表、大々的に報じられました。二人は、天皇家を「民族的統一の中心」とのべて党の方針を「反国体的」と非難、朝鮮、台湾の植民地化、中国への侵略を歴史の進歩と支持し、党の解体を主張しました。つづいて、三田村四郎、田中清玄、風間丈吉らが変節を表明しました。当局は、変節者を広げるために「転向声明書」を活用し、三四年五月、第二審判決は、佐野、鍋山の刑を懲役十五年に減刑しました。

このとき、野呂栄太郎、宮本顕治らからなる党中央委員会は、変節者を党から除名し、その裏切りを徹底的に批判しました。党の旗をまもった市川正一、国領五一郎ら非転向の人びとの第二審は、三四年五月、東京控訴院でひらかれ、七月、市川に一審判決どおりの無期懲役、国領に懲役十五年、徳田球一に懲役十年を宣告しました。市川の弁護にあたっていた弁護人と救援会は、第二審を前に、弁護と救援の活動が「目的遂行罪」にあたるとして弾圧されていました（三三年九月）。三四年十二月、大審院は市川らの上告を棄却し、同月下旬、市川らは、無期懲役などの政治囚として網走刑務所におくられました（その後、市川は千葉、宮城、国領は釧路、奈良、大阪の各刑務所、徳田は千葉、小菅刑務所、豊多摩、府中の予防拘禁所に移される）。

天皇制権力は、党を弾圧するために、スパイ・挑発者を党内に潜入させ、その手引きで多くの党員を逮捕、弾圧していました。その手口は卑劣になり、スパイを党指導部にはいり込ませ、その命令で、反社会的な行為（三二年十月、銀行襲撃事件）を党員にやらせ、党の名誉を傷つけることまでやってのけました。党は、この事件は「党の政治生活とは無関係であり、当面せる闘争の任務とも無関係である。我々は個人的な強盗行為を排斥する」との立場を表明し、党の社会的信頼を傷つける挑発をきびしく糾弾するとともに、スパイの画策によってこの事件に関与することになった党員を除名処分としました。

三三年十一月、党は、健康回復のために野呂の休養を決定しました。最後の連絡に出た野呂は京成押上駅で検挙され、警察の拷問による病状悪化で、翌年二月、死去しました（三十三歳）。党は、野呂の検挙によって、中央にはいり込んだ二人のスパイの存在に気づき、調査の結果、野呂の逮捕もその手引きによることがわかりました。この調査の過程で、スパイの一人が心臓発作で急死するという偶発事がおこり、党は、調査を中止して、二人の除名を「赤旗」に発表しました。スパイにたいする党の最高の処分は、除名を公表し二度とスパイ活動ができないようにすることだったのです。

三三年十二月、宮本顕治は、東京・麴町署に検挙され、激しい拷問をうけました。スパイの急死を知った特高警察は、これを「指導権争いによるリンチ殺人事件」にでっちあげ、党を犯罪者集団として告発し、壊滅的打撃を与えようとはかります。これは、銀行襲撃事件につづく当局側の謀略でした。当時、党は、警察や予審では一言もしゃべらず黙秘し、公判で党の方針と闘争の真実を堂々と陳述する（組織関係は公判でも明かさない）方針を確立していました。宮本は、この方針を堅持して公判開始までの約七年間を完全黙秘でつらぬき、特高警察などの謀略作戦を、法廷で事実と道理にもとづいてうちやぶる態度をとりました。

党は、ひきつづく弾圧と党内に生まれた分派的な活動で、困難な状態におかれ、三五年三月、獄外にあった最後の中央委員・袴田里見が逮捕されて党中央の組織的活動は中断し、「赤旗」も、三五年二月二十日付の第百八十七号を最後に、停刊となりました。また、日本共産青年同盟は、三三年十二月、中央委員長・塚田大願が逮捕され、機関紙「無産青年」は、三三年十一月三十日付の第百四十九号を最後に停刊しました。

文化運動への弾圧もつづき、三四年二月には、プロレタリア作家同盟（書記長・鹿地亘）が解散、三一年末に生まれた日本プロレタリア文化連盟（コップ）の活動も停止においこまれました。

（3）次の時代を準備する不屈のたたかい（一九三五～四五年）

日本共産党は、一九三五年、弾圧によって党中央の機能を破壊されますが、各地での活動はつづき、獄中と法廷でのたたかいでは、専制政治と侵略戦争に反対する立場を守り、戦後の新しい時代を準備する営みをつづけました。これが、戦前の党史上の第三の時期（三五～四五年）となります。のちに、「九条の会」の呼びかけ人となった評論家の鶴見俊輔氏は、迫害の嵐のなかでも創立の原点を揺るがさなかった日本共産党の存在を「北斗七星」にたとえ、次のような文章を発表しています。

「すべての陣営が、大勢に順応して、右に左に移動してあるく中で、日本共産党だけは、創立以来、動かぬ一点を守りつづけてきた。それは北斗七星のように、それを見ることによって、自分がどのていど時勢に流されたか、自分がどれほど駄目な人間になってしまったかを計ることのできる尺度として、一九二六年（昭和元年）から一九四五年（昭和二〇年）まで、日本の知識人によって用いられてきた」（久野収、鶴見俊輔『現代日本の思想』五四～五五ページ、岩波新書）

党建設の努力と人民戦線運動

一九三五年七月、コミンテルンの第七回大会がモスクワでひらかれました。

ドイツでは、三三年三月、ナチス・ヒトラーが権力をにぎり、ファシズム体制をうちたてていました。大会は、共産党と社会民主主義政党との共同を軸に、広範な人民を民主的な共同綱領のもとに結集して反ファシズム人民戦線を樹立する統一戦線政策をうちだしました。また、ドイツ、イタリアのファシズムと日本軍国主義による戦争拡大の危険にたいして、広範な勢力を結集した平和擁護、帝国主義戦争反対の国際統一戦線の結成を呼びかけました。この路線転換では、これまでの「社会ファシズム」論など、スターリンに由来する旧来の路線への反省や総括は一切ありませんでした。

三六年二月、モスクワにいた山本懸蔵と野坂参三は、反ファシズム統一戦線の方針を日本で具体化するよう求めた「日本の共産主義者への手紙」を発表します。「手紙」は、侵略のためのファッショ的な体制が強まっているもとで、党の緊急な目標は、軍部・反動・戦争に反対して全勤労者、全民主主義勢力を統一する人民戦線の樹立にあるとしました。

コミンテルン第七回大会に出席して翌年帰国した小林陽之助は、岡部隆司らの党員や活動家とともに、東京、大阪、京都に組織をつくり、党の建設と共産主義者の結集、人民戦線運動の推進にあたりました。しかし、三七年十二月に検挙され、その組織も四〇年夏に弾圧されました。和田四三四《しさし》ら関西地方の党員は、三六年三月、人民戦線の運動をすすめる各種のパンフレットなどを発行し、組織の発展、拡大につとめましたが、三六年十二月に検挙され、その弾圧は、九府県約二百四十人におよびました。

人民戦線の運動は、社会民主主義者にも影響をあたえ、「労農無産協議会」（三六年五月結成、加藤勘十委員長）が「反ファッショ人民戦線」を提唱して社会大衆党に共同闘争を申し入れる動きがおきました。しかし、社会大衆党は、三六年十二月の党大会で人民戦線運動の排撃を決定し、これに反対しました。

日本における人民戦線の運動は、戦争と反動強化への人びとの批判と不満にもかかわらず、日本共産党が弾圧されているもとで、大きな運動を組織できませんでした。

天皇制権力は、党とその活動家を獄中にとらえただけでなく、三六年五月には、治安維持法違反で執行猶予または不起訴になった活動家を、監視下におく抑圧措置までとりました（思想犯保護観察法、施行は十一月）。

中国全面侵略と思想統制の強まり

一九三七年七月七日、中国・北京郊外の盧溝橋《ろこうきょう》近郊に駐屯していた日本軍は、中国側が発砲したと称して攻撃をくわえ（盧溝橋事件）、日本は、これを口実に大軍を派遣して中国にたいする全面的な侵略を開始しました（当時は「支那事変」と呼ばれた）。

党員や個々の共産主義者グループは、日中全面戦争の発端となった盧溝橋事件の翌日には東京、大阪、北海道などで反戦ビラをまき、戦争反対を呼びかけました。

天皇制権力は、開戦一カ月後の三七年八月、「国民精神総動員」運動をおこして、「挙国一致・尽忠報国・堅忍持久」をスローガンに国民の思想統制の体制を強めました。さらに、国民を侵略戦争にかり立てるために、学校教育のいっそうの統制をはかり、三八年以降、教科書の国定制を小学校から中学校に広げ、四三年、すべての教科書を国定制としました。戦時中の教科書は、専制政治の美化と侵略戦争賛美でうめつくされ、青少年を戦争にかり立てる役割をはたしました。また、戦争の進行とともに「八紘一宇《はっこういちう》」（神の国である日本は世界を支配する使命があるという意味）という侵略と反動の思想を宣伝し、国民におしつけました。

天皇制権力は、戦争にたいする批判を根絶するために、弾圧を容赦なく拡大しました。三七年十二月、「人民戦線の結成をくわだてた」という理由で、日本無産党と日本労働組合全国評議会を解散させ、関係者四百人を検挙しました。翌三八年二月には、同じ理由で、大内兵衛ら「労農派」といわれた研究者たちを検挙、関西で雑誌『世界文化』を発行していた中井正一、真下信一らも、前年の三七年十一月に治安維持法違反で検挙されました。さらに、三八年十一月、戸坂潤ら「唯物論研究会」関係者が、コミンテルンおよび日本共産党の「目的遂行」の結社とされて弾圧されました。これにさきだち、三五年には、当時の憲法学説の主流をなしていた美濃部達吉の天皇機関説さえ、国体にそむく「学匪《がくひ》の説」として、著書の発行を禁止され、三六年七月、『日本資本主義発達史講座』に参加した研究者三十余人が、マルクス主義の理論研究を理由に、治安維持法違反として検挙されていました。こうして迫害は、自由主義的な研究者、文化人、仏教者やキリスト者などの宗教者と宗教団体にまでおよび、進歩的作家の執筆禁止もおこなわれるなど、進歩的な言論と運動への圧殺が強められました。

政党の解散と「大政翼賛会」

政友会、民政党という二つの政党は、侵略戦争の一貫した積極的推進者でした。社会大衆党も、中国への全面戦争の開始を積極的に支持し、一九三七年十一月の第六回大会では、「支那事変は、日本民族の聖戦」として、中国の前線に「皇軍慰問団」を派遣しました。これら三党は、三八年、侵略戦争遂行のために経済や国民生活の全体を政府の統制下におく「国家総動員法」を成立させ、自らの限られた議会活動すら、否定してゆきました。

三九年九月、ドイツのポーランド侵略によって、ヨーロッパでの戦端がひらかれ、ドイツが「電撃戦」と呼ばれた攻撃で戦果をあげたことは、日本の戦争勢力をはげましました。日本では、四〇年三月、日本共産党以外のすべての政党の参加で「聖戦貫徹議員連盟」が結成され、全政党の解消と「一大強力新党」の結成をさけびました。ドイツ軍の攻勢に力をえた日本の支配勢力は、ドイツ、イタリアとの世界再分割の軍事同盟・三国同盟をむすび、侵略戦争のための国内体制の強化をすすめる政治を「新体制」(新政治体制)などと呼びました。これらは、アジアでの侵略戦争にそなえ、ファッショ的な国内体制をつくりあげるものでした。

「新体制」の樹立という目的に賛成して、社会大衆党、つづいて政友会、民政党と、日本共産党をのぞくすべての政党が解散し、四〇年十月、侵略戦争遂行のための協力組織「大政翼賛会」が発足しました。「大政」とは、天皇がおこなう政治、「翼賛」とは、天皇を補佐して政治をおこなうことをあらわしたものです。また、帝国議会内では、「大東亜共栄圏の確立」を目的にかかげた「翼賛政治会」が組織されました。こうして、戦前の日本では、日本共産党のみが侵略戦争に反対し、活動をつづけるただ一つの政党となりました。

政府は四〇年、すべての労働組合を解散させ、十一月、戦争協力機関として「大日本産業報国会」をつくり、その下部組織として全国の工場、事業所に「産業報国会」をもうけて、国民を専制政治への忠誠、侵略戦争への奉仕、戦争のための労働にかり立てました。

さらに、四〇年五月から九月にかけて、京浜、阪神地方など各地につくられていた共産主義者グループ、「全協」の再建をめざしたグループなどを弾圧し、新築地・新協劇団の村山知義、滝沢修、千田是也らを〝コミンテルンに奉仕〟する活動として検挙、両劇団を解散させ（四〇年八月）、翌年二月、宮本百合子などにたいして執筆禁止措置をとりました。絶版や休版となっていた著作にもあらためて発売禁止令をだし、野呂栄太郎の著作『日本資本主義発達史』にいたっては紙型まで押収しました（四〇年七月）。さらに、四一年三月、改悪治安維持法を公布し、刑期の終わった党員と政治犯を獄につなぐ「予防拘禁」制度をつくり、暴圧の体制と人権はく奪をいっそう強化したのでした。

一九四一年十二月。アジア・太平洋への侵略

日本軍は、一九四〇年九月に北部仏領インドシナ、翌四一年七月には南部仏領インドシナに侵攻し

ました。そして、四一年十二月一日、昭和天皇の出席した「御前会議」で、中国につづいて、アメリカ、イギリスとの戦争を開始することを最終的に決定しました。

四一年十二月八日、日本軍は、ハワイ真珠湾の米海軍を攻撃し、マレー半島への上陸作戦を開始、アメリカ、イギリスに宣戦して、侵略の手を東南アジア諸国にのばしました。こうして、天皇制政府は、日独伊三国のファシズム・軍国主義同盟の一員として世界に巨大な惨禍をあたえ、国民に破局的な結果をもたらすにいたりました。

昭和天皇は、中国侵略でも対米英開戦決定でも、絶対の権力者として、また軍隊の最高責任者として、侵略戦争を拡大する方向で積極的に関与しました。さらに、個々の軍事作戦に指導と命令をあたえ、敗戦が予測されるなかでも戦争継続に固執して、惨害を広げました。

大手新聞は、「東亜解放戦の完遂へ」（「東京日日」）、「支那事変の完遂と東亜共栄圏確立の大義」のため「反日敵性勢力を東亜の全域から駆逐」（「朝日」）と、侵略戦争推進のキャンペーンをおこない、それを部数拡販の手段にしました。ラジオ放送をふくむ報道機関は、戦争中、天皇制軍部の「大本営発表」を流しつづけ、四二年からは、東南アジア諸国の占領地にまで出向いて日本語新聞の発行、放送工作をするなど、侵略と植民地支配推進の立場をとりました。

国民は、「聖戦」と「愛国」の名のもとに、侵略戦争にかり出され、防空演習や灯火管制が日常化し、学童の集団疎開、空襲にそなえての街の取り壊しなど、戦争の重圧が日本社会と国民生活をおおいました。戦争末期には、勤労動員によって、中学生も軍需工場などで働きました。当局は、衣類や食糧の不足、父や夫、息子が戦死した悲しみ、前途への不安などを語りあうことにさえ、監視の目を広げ、処罰しました。こうした状況は、国民のあいだに戦争と天皇制政府への不安と批判の気分を生みだしました。

また、朝鮮で徴用、徴兵を実施し、多数の朝鮮人、中国人を日本の鉱山、工場での強制労働にひきだし、東南アジアの人びとも「ロームシャ」として、強制労働をしいられました。軍の指揮・管理のもとで日本軍「慰安婦」などが植民地や占領地の住民をふくめて組織され、非人間的行為を強要されました。さらに、天皇の軍隊は、占領地で、現地住民にたいして略奪、凌辱《りょうじょく》、虐殺、細菌兵器の使用、人体実験などの残虐行為をおこないました。これらは、国際法上も人道上も許されない犯罪行為であり、今日も、戦争犯罪としてきびしく告発されています。

開戦にさきだち、四一年十二月、七百人をこえる人びとが検挙され、開戦翌日の十二月九日には、金子健太、宮本百合子、守屋典郎《ふみお》ら三百九十六人が「共産主義者」としていっせいに検挙、拘束されました。共産主義者の名は、戦争反対の声とつながっていたのです。

この時期にモスクワから中国にはいった野坂参三は、国民政府下の桂林や重慶で鹿地亘によって創立された「在華日本人反戦同盟」に呼応するかたちで、四〇年五月、中国共産党の根拠地・延安に「在華日本人反戦同盟延安支部」、翌年、「日本労農学校」をつくりました。ここには、天皇崇拝と軍国主義思想を教えこまれた日本軍将兵の捕虜があつめられ、平和と民主主義の立場からの教育活動がおこなわれました。

コミンテルンの変質と解散

コミンテルンでは、第七回大会（一九三五年）での指導機構の改編によって、書記長の専決が強まり、指導機構が、スターリンの外交路線に追従し、各国の運動の前進をさまたげるものに変質してゆきました。ディミトロフ書記長は、スターリンの直接の支配下におかれ、大会後、各党の代表を集めた公的会議もひらかれませんでした。

ソ連の独裁的な政治家となっていたスターリンは、大量弾圧の口実として、〝国際ファシズムの手先〟との闘争を強調し、三〇年代後半には、コミンテルンで活動していた外国の党幹部、活動家にも弾圧の手をのばしました。弾圧は、国崎定洞《ていどう》、山本懸蔵、杉本良吉、岡田嘉子をはじめ、ソ連への亡命者とコミンテルンの関係者におよび、犠牲となった日本共産党員、亡命者も少なくありません。

コミンテルンの変質の時期に、モスクワ、アメリカで活動した野坂参三は、当時、モスクワで活動していた山本懸蔵にかかわる虚偽の「疑惑」をディミトロフに報告し（三八〜三九年）、弾圧者の側に身をおく誤りをおかしました。野坂は長期にわたってこの事実をふせていましたが、九二年、党の調査にたいして自らの保身のために山本への偽りの「告発」をおこなったことを認め、除名されました。

一方、スターリンは、三九年八月、ドイツのヒトラー政権と不可侵条約をむすび、ポーランドやバルト三国を勢力圏としてたがいに分割するという秘密議定書までかわし、実際、それらの諸国をあいついで侵略しました。

四三年六月、スターリンは、コミンテルンの解散を指示します。表向きの理由はどうあれ、解散の実態は、各国の共産主義運動を直接、自らの支配下に置くものでした。スターリンは、ソ連共産党の機構の一つとして、国際情報部をつくり、そこにコミンテルン関係者を吸収し、十二月にはディミトロフを部長にすえました。そのもとに、イタリアのトリアッチ、フランスのトレーズ、ドイツのピーク、ポーランドのゴムルカなども参加しました。ここにも、第二次世界大戦後、東欧諸国やヨーロッパの諸党が、自主的な立場を確立できなかった歴史的背景の一つがありました。

当時、日本共産党の指導部をになった人びとは、弾圧によって獄中にあり、コミンテルンの変質と解散の真相を知ることはできませんでした。

日本軍国主義の敗北とポツダム宣言

アジア・太平洋地域に侵略を拡大した日本軍国主義は、開戦後五カ月で、マレー半島、ビルマ（現・ミャンマー）、フィリピン、ジャワ、ニューギニアなど東南アジアの全域を占領し、アジアの人びとに重大な犠牲と損害をあたえました。

やがて日本軍は、反攻を開始した米軍によって、一九四二年六月のミッドウェー海戦に敗れ、それ以後、敗北と退却をつづけました。政府は、四三年九月には、「絶対防衛線」をマリアナ、カロリン、西ニューギニアに後退させ、戦争への国民総動員をはかるために、学生らの徴兵猶予の停止（学徒出陣）、軍需工場への徴用など、一連の「決戦的切替」を強行しました。

米軍は、四四年七月から九月にサイパン、グアム、テニアンのマリアナ諸島を占領し、ここに日本本土を爆撃する基地をつくります。日本軍は、四五年二月、フィリピン・ルソン島を米軍にうばわれ、三月には硫黄島の守備隊二万人が全滅し、中国でも、日本軍の後退がはじまりました。天皇制政府と軍部は、国民には何も知らせず、「神風が吹く」などという、天皇主義、排外主義、軍国主義のイデオロギーで国民をしめつけました。

連合国は、四三年十一月、アメリカ、イギリス、中国首脳によるカイロ宣言を発表し、戦後処理の原則として領土不拡大を宣言、日本が侵略した地域の返還、奴隷状態にある朝鮮人民の独立をうちだしました。さらに、四五年二月、アメリカ、イギリス、ソ連の三国首脳は、国際連合の創立などを決め、同時に対日秘密協定をとりかわします（ヤルタ協定）。この協定は、対日戦へのソ連の参戦を求め、その条件として、千島列島をソ連にひきわたすとしていました。この密約は、カイロ宣言にうたわれ、ポツダム宣言（四五年七月）にもひきつがれた「領土不拡大の原則」にそむき、第二次世界大戦の戦後処理に大きな不公正をもちこみました。

四五年四月、米軍の沖縄上陸が開始され、六月、沖縄の日本軍が壊滅し、多数の住民が戦火の犠牲となりました。マリアナ諸島の基地からの米軍爆撃機B29による本土爆撃も四四年十一月からはじまり、四五年夏には、東京、大阪など大都市はもとより、中小都市にいたるまで無差別爆撃による空襲にさらされ、生活を破壊されました。四五年八月六日、広島に、つづいて九日、長崎に、アメリカの原爆が投下され、同日、ソ連が対日参戦しました。

こうして、四五年八月十五日、天皇制政府はポツダム宣言の受諾を発表し、降伏しました。

次の時代の活動を準備する営み――宮本顕治・百合子の十二年

この時期の党の活動で注目しなければならないことは、そこに、次の時代の活動を準備するたしかな営みがあったことです。その一つが、宮本顕治と宮本百合子夫妻の十二年におよぶたたかいでした。

一九三三年十二月、党指導部の一員として逮捕された宮本顕治は、四五年十月までの十二年間、監獄に囚われの身となり、非転向の党員として獄中・法廷闘争をたたかいぬきました。また、妻百合子の援助でさまざまな文献を入手して、新しい時代にそなえての研究をおこなっていました。その途上、三七年夏には腸結核を悪化させ、死も時間の問題と思われていたなかで、〝人並みに一応調書だけとれば外の病院で死なせてやる〟といった弾圧者側の誘いを拒否し、不屈の獄中生活をつづけました。

作家の宮本百合子は、検挙、投獄、執筆禁止などの迫害を絶えずうけながら、顕治の獄中・法廷闘争に最大限の支援を与え、自ら参加しました。顕治の獄中からの手紙での助言も力に、戦時中に文学者を戦争に協力させる組織としてつくられた「文学報国会」との縁をもたず、党員作家として前進する努力をつづけました。百合子は、終戦直後に顕治にあてた手紙のなかで、自分が作家として「一点愧《は》じざる生活を過ごした」とのべ、それができたのは「無垢《むく》な生活が傍らに在った」からだと、二人の不屈の交流をふりかえっています（『宮本百合子全集』第二十五巻四九一ページ、新日本出版社）。

宮本顕治の公判は、四〇年にはじまりましたが、病気のために七月で中断し、四四年六月に再開しました。

宮本は、すべての弁論を自分でおこない、党の存在と闘争の意義を明らかにするとともに、特高警察が党に投げつけたねつ造と歪曲《わいきょく》について、すべてを吟味し、明確な論拠をあげて、その筋書きをつきくずしました。そして、最終陳述をつぎのように結びました（四四年十一月三十日）。

「結局我々の根本目的は人類社会の進歩向上その幸福を期《きす》るにある。ゆえに弾圧に対し健闘するこそ人類社会の幸福を来《きた》すゆえんであると思う。私は我々同志が日本人民の幸福のため、あらゆる困難に逢着《ほうちやく》しつつも健闘して来たことが認めらるる時代の来ることを確信して疑わない」

「私は当裁判所がかかる基本的虚構と悪意ある推定に立脚する公訴事実は、決して維持是認しないであろうとは確信しているが、さらに社会進化と人類的正義に立脚する歴史の法廷は、我々がかくのごとく迫害され罰せらるべきものではなかったこと、いわんや事実上生命刑に等しい長期投獄によって加罰される事は大きな過誤であったという事を立証するであろうと信ずる」（「宮本顕治公判調書」［第十五回］、『宮本顕治著作集』第二巻二九四〜二九五ページ）。

戦時下の法廷は宮本の要求した証人をすべて却下しましたが、思惑どおりに裁判をすすめることはできず、また、「殺人」の汚名をきせることもできず、四四年十二月、治安維持法違反を主とした無期懲役の判決を宮本に下しました。当時は、控訴権がうばわれており、四五年五月、大審院が上告を棄却し、六月、宮本は無期懲役の政治囚として網走刑務所におくられました。

戦後、治安維持法は撤廃され、日本政府は、民主化措置の重要な一部として、宮本への判決も「将来ニ向テ其ノ刑ノ言渡ヲ受ケザリシモノト看做《みな》ス」ものとして、事実上、投獄したり、裁判にかけたこと自体を誤りとしました（四七年五月）。

これが、戦前の暗黒裁判にたいする「歴史の法廷」の審判でした。

国内の救援組織がすべて破壊されているもとで、宮本の獄中・法廷闘争は、宮本百合子の苦闘と援助に支えられていました。百合子は、苦労しながら訴訟記録を複写して顕治に差し入れ、「民衆の歴史の証人」として、顕治の公判の傍聴をつづけました。戦時体制下の制約のもとで二人が交わした手紙は千三百八十通をこえ、そこには、非転向の党員として獄中・法廷闘争にとりくむ顕治と、戦争非協力をつらぬき迫害を受けながらたたかう百合子との、政治的、精神的な豊かな交流が記録されています。

こうして二人は、「確乎《かっこ》とした羅針盤による航海者」として、日本軍国主義の敗北と専制政治の崩壊、戦後の新しい日本の到来を、確かな備えと展望をもって迎えたのでした。そして、二人の営みは、戦後の党の再建とあらたな出発にとっての、たしかな礎の一つとなってゆきました。

まだ知られていない、発掘されていない、新しい時代をきりひらく豊かな党活動の営みが、全国各地にあったものと考えられています。

（4）国民的な苦難の経験と党の不屈のたたかいの意義

日本軍国主義による十五年にわたる侵略戦争は、軍人軍属などの戦死者二百三十万人、民間人の国外での死者三十万人、国内での空襲等による死者五十万人以上をふくむ、三百十万人以上のおびただしい犠牲者と大惨害をもたらしました。

侵略戦争は、アジア・太平洋地域の各国にも、二千万人以上の犠牲者をふくむ史上最大の惨害をあたえました。各国の政府発表や公的な記録では、中国一千万人以上（二千万人との報告もある）、ベトナム二百万人、インドネシア四百万人、フィリピン百十一万一千九百三十八人、インド百五十万人、ニュージーランド一万一千六百二十五人、オーストラリア二万三千三百六十五人、そのほか泰緬《たいめん》鉄道建設に投入された各国の労働者七万四千二十五人が犠牲となっており、ミャンマーやシンガポール、朝鮮などをのぞく、これら諸国だけでも犠牲者は、一千八百七十二万から二千八百七十二万人をかぞえます。日本の植民地支配のもとにおかれた朝鮮では、三十六万四千百八十六人が軍人・軍属として戦場にかり立てられ、死亡・行方不明者十五万人（推定）、強制連行などによる死者・行方不明者をふくめ二十万をこえる人びとが犠牲となりました。

さらに、軍事的な敗北が決定的になって以後も、天皇制政府の指導者たちが戦争をつづけた結果、平和交渉の道がとざされ、大都市から中小都市にいたる連続的な大空襲、沖縄戦によるおびただしい犠牲者、広島・長崎への人類史上初の原爆投下、そしてソ連参戦による「満州」（現在の中国東北部）、樺太の悲劇などの惨劇が引き起こされたのでした。

また、ソ連のスターリンは、日本の降伏を前後して、千島列島と歯舞《はぼまい》群島・色丹《しこたん》島を占領し、その後、自国領に編入しました（一九四六年二月）。これは、「領土不拡大」という戦後処理原則にそむくものでした。日本人捕虜を抑留して強制労働を課し、多数の人命を奪ったことも、重大な人権じゅうりんでした。

広島、長崎で二十数万の命を奪い、二つの街を壊滅させたアメリカの原爆投下は、大規模、無差別な殺りくと破壊、こんにちにいたるまで持続する被害をもたらしました。原爆投下は、残虐兵器による非戦闘員の殺傷を禁じた当時の国際法、人道法にも反した戦争犯罪です。アメリカの原爆投下は、第二次世界大戦後の世界でソ連をおさえて優位にたつという思惑と威嚇によるもので、被爆者は、アメリカの世界戦略の犠牲者でした。

沖縄戦では、日本軍当局が県民を無残な「決戦」にひきずりこみ、県民の三分の一に近い十数万人が命をうばわれ、九万人の軍人が犠牲となりました。せまりくる米軍との戦闘のさなかに、日本軍によって自決をせまられ、「スパイ容疑」で虐殺された県民も少なくありません。

こうした国民的な惨害のうえに、戦後の日本は、再出発することになりました。

歴史に刻まれた日本共産党の戦前史

戦前の弾圧法・治安維持法による検挙者は、国内だけでも一九二八年から同法が廃止された四五年の間に、六万八千人をこえ、弾圧が原因で命を落とした人は、拷問による九十三人の虐殺をふくむ五百余人にのぼります。さらに、拘引・拘束は数十万人という規模に達しました（治安維持法犠牲者国家賠償要求同盟の調査による）。

日本軍国主義の敗北を前に、四三年三月、党中央委員だった国領五一郎（四十歳）が大阪刑務所で、四五年三月に、同じく市川正一（五十三歳）が宮城刑務所で獄死しました。二人は、処遇劣悪な刑務所への長期投獄で健康を破壊され、死にいたらしめられたのでした。市川の遺体は解剖の教材とされ、その後、番号札をつけてホルマリン池槽に放置されました。当局は戦後も市川の死亡の事情や遺体のあつかいをかくし、四八年三月、宮城県の党員たちの努力でようやく遺体が発見され、市川の党葬がおこなわれました。さらに、敗戦直前の四五年八月九日に哲学者の戸坂潤、敗戦直後の九月二十六日には哲学者の三木清が獄死しました。日本政府は、このような治安維持法による弾圧犠牲者への謝罪と賠償すら、いまだにおこなっていません。

戦前の日本共産党のたたかいには、歴史的制約や未熟さ、誤りもあり、野蛮な弾圧のもとで、安定した指導部を維持できず、歴史の波瀾《はらん》のなかでの裏切りや脱落もありました。しかし、天皇制権力は、最後まで党をおしつぶすことはできませんでした。

四五年八月、天皇制権力は敗北し、党の主張と活動は、戦後制定された日本国憲法に主権在民、基本的人権の尊重、恒久平和などの原則として実を結びました。戦争の悲惨な結果と、国民主権への政治体制の根本的変化は、あらゆる弾圧にもかかわらず、天皇絶対の専制政治と侵略戦争に反対し、平和と民主主義、国民生活の擁護を希求した日本共産党とその党員たちこそ、真の愛国者、民主主義者であったことをしめしています。日本共産党以外のすべての政党が侵略戦争に協力、加担したなかで、人類史の進歩への確信に燃え、理性の光にてらされて、命がけで侵略戦争に反対し、主権在民の旗をかかげつづけた政党が存続したことは、日本の戦前史の誇りです。

十五年にわたる戦争が侵略戦争であったという歴然たる事実すら自民党政府がみとめず、二十一世紀になっても、戦争責任がアジア諸国からきびしく問われつづけているなかで、日本共産党の戦前の活動は、国際的にもかけがえのない値打ちをもっています。反戦平和をかかげ、たたかいぬいた党だからこそ、アジアの諸国民とほんとうの平和・友好の関係をきずく立場をつらぬけるし、その歴史は、アジアの人びとからの信頼の基盤ともなっているからです。

党創立以来の戦前の不屈のたたかいは、こうして、世界と日本の歴史にしっかり刻みこまれたのでした。

第二章　戦後の十数年と日本共産党（一九四五～六一年）

戦後の日本は、一九四五年から五二年までアメリカを主力とした連合国軍の占領下におかれます。再建された党は、合法的地位を獲得し、占領体制下での党活動というはじめての事態に遭遇しながら、国民主権と日本の独立、国民生活向上の旗を掲げた奮闘によって国民の支持を広げてゆきます。これにたいして、アメリカと日本の支配勢力は強い危機感を抱き、謀略作戦をまじえて大規模な政治弾圧を加えました。他方、党はソ連・スターリンによる乱暴な干渉に遭遇し、当時の党の政治的弱点ともあいまって「五〇年問題」という未曽有の危機的事態におちいります。この苦闘を経て、党は、第七回大会（五八年）で「五〇年問題」を総括・克服して自主独立の立場を確立し、第八回大会（六一年）で綱領路線を確立し（六一年綱領）、党としてのあらたな出発をなしとげることになります。

（1）敗戦後の政治体制の変化と党の発展（一九四五〜四九年）

一九四五年八月十五日、日本軍国主義の敗北によって、第二次世界大戦が終結しました。連合国と世界の民主勢力が、多大な犠牲をはらって日本、ドイツ、イタリアの侵略ブロックをうちやぶったことは、世界史の流れを、民主主義と人権の発展、民族の独立と平和の国際秩序づくりへとすすめる大きな力となりました。十月には、世界の平和と安全の維持のための国際機構として国際連合（国連）が成立しました。

連合国による占領とアメリカ

日本が受諾したポツダム宣言は、国民を欺まんして「世界征服の挙」に出た者の権力と勢力をとりのぞき、侵略した領土の放棄、軍の武装解除と家庭への復帰、民主主義の復活・強化をはばむ障害の除去、言論・宗教・思想の自由と人権の確立など、軍国主義の一掃と平和で民主的な日本の建設を要求しました。そして、その実行が戦後日本の国際公約でした。

ポツダム宣言は、連合国軍がこれらの目的を達成するために日本を占領し、目的の達成後、ただちに撤収すると明記しました。一九四五年八月末、連合国の軍隊が進駐し、東京に連合国軍総司令部（ＧＨＱ）を設置します（最高司令官・マッカーサー）。十二月、占領の最高決議機関として極東委員会（米、英、ソ、中国など十一カ国、のち十三カ国で構成）がワシントンに設けられ、翌年四月、東京に最高司令官の諮問機関として対日理事会がおかれました。

対日占領は、ＧＨＱの命令を日本政府が執行する「間接統治」方式をとりましたが、実際は、占領軍の主力となったアメリカが絶対的な影響力をもちました。アメリカは、沖縄、奄美、小笠原諸島を占領し、沖縄県民を収容所におしこめて、住民の土地を無法に強奪し、そこに軍事基地を建設しました。

ＧＨＱは、民主勢力の要求のもとに、初期には、一連の民主化措置をとります。女性の解放、労働者の団結権の承認、学校教育の自由化、経済の民主化などの「五大改革」の指示、政治犯の釈放、治安維持法などの弾圧法と特高警察の廃止もその一つでした（四五年十月）。

第四回大会での党再建（一九四五年十二月）、第五回大会（四六年二月）

敗戦直後、日本政府は、治安維持法の維持をはかりましたが、獄中・獄外で政治犯釈放を求める活動がはじまり、ＧＨＱは、政治犯の釈放、治安警察法と治安維持法の廃止、特高警察など弾圧機関の解体と要員の罷免などの「人権指令」を発します（十月四日）。こうして、一九四五年十月、日本共産党の党員が監獄から解放され、党は、創立以来はじめて公然とした活動を開始しました。このとき、監獄に拘禁中の四百三十九人、保護観察中の二千二十六人、計二千四百六十五人の政治犯が釈放されました（十月二十二日、日本政府からＧＨＱへの報告）。このうち、党員は二百二十人だったといわれます（犬丸義一「戦後日本共産党の公然化・合法化」、五十嵐仁編『「戦後革新勢力」の源流』四八ページ、大月書店）。

党は、十月、徳田球一、宮本顕治、黒木重徳、金天海、袴田里見、志賀義雄、神山茂夫による党拡大強化促進委員会をつくり、十月二十日付で機関紙「赤旗」を再刊（週刊、第三号から党指導部としての立場を反映）、東京・渋谷の溶接学校跡地（現在の党本部所在地）に本部をおきました。

党は、十一月の全国協議会をへて、十二月、党本部で第四回大会をひらき、行動綱領と規約を決め、七人の中央委員および七人の中央委員候補からなる中央委員会を選出し、党を正式に再建しました（書記長・徳田球一）。党員は千八十三人でした。

敗戦と占領という、新しい情勢のもとで、党は、国民の飢餓と窮乏を打開し、天皇が絶対的権限をもつ制度をなくして民主政治に変革しようと提起し、十一月十日には、主権在民を柱とした「新憲法の骨子」を発表します。

新聞・放送の分野では、侵略戦争の美化・礼賛への反省が不十分なものにとどまりました。平和と民主主義の伝統をうけついで再刊された「赤旗」は、日本の進路をしめし、国民の暮らしと運動をはげます新聞となってゆきました。

野坂参三の中国からの帰国をうけ、四六年二月、党は第五回大会をひらき、野坂をふくめ中央委員二十人、中央委員候補二十人を選出しました。党勢は急速に拡大し、党員は六千八百四十七人、「アカハタ」（四六年一月から改題、二月から五日刊、八月から三日刊）の発行部数は、二十数万に達しました。

第五回大会は、「平和的かつ民主主義的な方法」で社会の変革をめざす方針を決め、ポツダム宣言の厳正実施、天皇制の廃止と主権在民の民主共和制の確立、軍国主義と寄生地主制度の一掃、最低賃金制と七時間労働制の確立、女性の封建的隷属からの解放、金融機関、重要産業の人民的統制と国の復興などを要求しました。敗戦直後に、このような平和で民主的な日本の建設を明確にかかげた政党は、日本共産党だけでした。

しかし、大会の決定には大きな弱点がありました。戦前の体制がくずれ、社会変革の事業にはあらたな条件が生まれていましたが、実態的にはアメリカ占領軍が絶対的な権限をもち、国民の運動がかれらと対立するときには、その前進をたちきる危険性がありました。大会は、連合軍が「民主主義革命の解放軍としての役割をすすめてきた」と規定し、占領の性格と役割、戦後の情勢の変化にたいする明確な分析を欠いていました。

また、徳田書記長の提案で決定した「沖縄民族の独立を祝うメッセージ」は、沖縄が米軍直轄の特別地域とされたことを「独立と自由を獲得する道」とみなしたもので、沖縄への差別的抑圧への反発と占領への無警戒がむすびついて生まれた誤りでした。党は、四八年八月、「講和に対する基本方針」で、民族的、歴史的にみて日本に属すべき島々の日本への帰属を求め、沖縄での祖国復帰運動の展開と交流をへて、沖縄返還を基本要求にかかげ、この誤りを克服しました。

労働組合、農民組合などの組織化と再建

この時期には、労働者、農民、女性、青年、学生、文化分野など、民主諸団体の結成があいつぎ、労働組合には、一九四五年末で五百九組合三十八万人が組織され、一年後、一万二千六組合、三百六十八万人に達しました。闘争のたかまりのなかで、労働組合の地方的な共闘組織や産業別の全国組織がつぎつぎと生まれました。党は、第四回大会で、「労働組合運動に関する決議」を採択し、「労働組合運動の統一的再建」、「全国的単一的産業別組合の結成」などの課題を提起し、とくに労働組合運動の統一のために、労働組合に特定政党の支持を要求する傾向をしりぞけ、組合員の政党加入の自由を

確保することの重要性を強調しました。そして、経営細胞（現在の職場支部）の建設を基礎に、労働者と労働組合の闘争の前進のために力をつくしました。

農民組合などの組織化もすすみ、四六年二月には、日本農民組合（日農）が再建され、その結成大会で「政党支持の自由」を明確にしました。党の方針には、初期の一時期、地域ごとの農民委員会を特別に重視し、農民組合の全国組織の結成を否定するセクト的な態度がありましたが、四五年十二月にこの態度をあらためて、日農の結成に積極的に参加し、第五回大会（四六年二月）で、日農の結成を「農民戦線統一への第一歩」として評価しました。多くの農民が農民組合に組織されたことは、農地改革をすすめる大きな力ともなりました。

こうして、食糧難にたいする「米よこせ」闘争、隠匿物資の摘発、労働者の手で生産の再開と賃金の配分をおこなう生産管理闘争、農民の土地解放闘争のとりくみなど、国民のたたかいと組織化が短期間にすすみました。

政党の再結成（一九四五～四六年）と憲法試案

大政翼賛会に合流して解散していた諸政党も、敗戦後、再結成をすすめましたが、戦争協力で汚れた党名をふたたびかかげることはできませんでした。一九四五年十一月、社会大衆党の流れから日本社会党（片山哲書記長）が、政友会、民政党という保守政治の流れから日本自由党（鳩山一郎総裁）と日本進歩党（町田忠治総裁）が生まれました。

各党とも、ポツダム宣言の実行をうたいましたが、自由党、進歩党は、天皇絶対の体制をまもる「国体」の護持・擁護の綱領を決め、社会党は、結党の呼びかけで、「国体護持の下新日本建設に挺身する」としました。こうした立場は、各党の憲法案にもしめされていました。

それらは、「天皇は統治権の総攬者《そうらんしゃ》」（自由党「憲法改正要綱」、四六年一月）、「天皇は臣民の輔翼《ほよく》に依《よ》り憲法の条規に従ひ統治権を行ふ」（進歩党「憲法改正案要綱」、二月）、「統治権は之を分割し、主要部を議会に、一部を天皇に帰属せしめ、天皇制を存置す」（社会党「新憲法要綱」、二月）と、天皇主権から抜け出せず、平和原則への言及もありませんでした。

四六年二月、政府側が検討していた天皇主権の憲法試案が新聞紙上で暴露され、大問題となります。この試案を拒否したＧＨＱは、別の草案を提示し、これが天皇と旧支配層が生き残る唯一の道だと述べ、三月、政府はこれをもとにした憲法要綱を発表します。アメリカは、極東委員会で憲法が議論されるまえに、問題の決着をはかったのでした。この憲法要綱は、日本共産党以外の政党の憲法試案にくらべれば、はるかに民主的な内容をもっていましたが、戦前型の体制を残そうとした思惑から、主権の所在をあいまいにしていました。

戦後、再結成された諸党には、多くの戦争協力者も参加しており、四六年一月、進歩党の衆院議員二百七十四人中二百六十人、自由党の議員四十六人中十九人、社会党の議員十七人中十一人が軍国主義者として公職を追放され、延期されていた衆議院の選挙が避けられなくなりました。

戦後初の総選挙と民主戦線結成への努力

一九四六年四月、戦後初の総選挙が実施され、前年、十二月の選挙法改正で参政権を獲得した女性がはじめてその権利を行使、三十九人の女性議員が誕生しました。

党は、生活の安定と向上、民主憲法の制定、天皇制廃止と人民共和政府の樹立をかかげて、二百十三万五千票（得票率三・八％）を獲得し、北海道、東京（二人）、長野、大阪で五人を当選させました（七月、神奈川でくり上げ当選し、六議席となる。大選挙区制〔制限連記〕で実施）。こうして、党は、議会に進出し、あらたな活動への道をひらきました。

この選挙で、幣原《しではら》喜重郎《きじゅうろう》首相の与党・進歩党は、九十四議席に転落し、自由党百四十議席、社会党九十二議席、日本協同党十四議席、日本共産党五議席、諸派三十八議席、無所属八十一議席と野党が議席の多数をしめました。選挙後、共産、社会、自由、協同の四党による「内閣打倒共同委員会」が結成され、居座りをはかった幣原内閣は、総辞職においこまれます。

党は、はやくから民主的改革をすすめる統一戦線（民主戦線）の結成を呼びかけていました。四六年五月、戦後初のメーデーに五十万人が参加し、「保守反動政権反対、民主人民政府の即時樹立」を決議します。自由党との政策協定に応じていた社会党も、連立工作を拒否し、事態は、自由党中心の保守内閣か、社会党と共産党の参加する民主戦線内閣を実現するかをせまるものとなります。三十万人が参加した「食糧メーデー」（五月十九日）も、「民主戦線即時結成」を決議し、食糧難の解決を求める生活要求と民主戦線をめざす動きがむすびつき、大きな高まりをみせるなかで、組閣もすすまず、事実上の「政府空白期」が生まれました。

こうしたなかで、五月十五日、アメリカ代表アチソンが、対日理事会で「日本における共産主義は歓迎しない」と反共宣言をおこない、「食糧メーデー」の翌日には、マッカーサーが、「暴民デモ許さず」と声明します。これは、国民の運動の前進を抑圧し、自由党内閣の成立を助ける、占領軍の公然とした介入でした。こうして、五月二十二日、自由・進歩両党の連立政権として吉田茂内閣が成立し、一カ月にわたる「政府空白期」は終わりをつげました。

憲法制定議会と日本共産党

一九四六年六月、新憲法草案が議会に上程されました。

党は、主権在民の明記と国民的討議を求め、インフレと食料・住宅難におかれた国民生活の改善に着手するよう主張しました。さらに、同月、党憲法草案（宮本顕治、岡正芳、豊田四郎らで作成）を発表し、主権在民の原則とともに地方自治の確立を主張し、国民の権利とその保障を詳細に規定しました。草案は、侵略戦争を支持せず、これに参加しない恒久平和主義をうたい、軍事的な規定をいっさい設けませんでした。党議員団の国会論戦は、この内容をふまえておこなわれたものです。

七月、党は、衆議院・憲法改正案委員小委員会に主権在民の原則の明記と天皇条項の削除、九条に「征服戦争に反対する」「他国間の戦争に絶対参加しない」旨を明記し、中立を明文化すること、さらに国民の権利をより具体的に保障することを求める修正案（意見書）を提出し、その主張をかさねて明らかにしました。

議会は、当初、党の修正要求を無視しましたが、主権在民の明記は、憲法制定をめぐる最大の争点になりました。国民の強い要求のまえに、極東委員会やGHQの働きかけもうけ、八月、衆議院は、憲法の前文と第一条に主権在民の原則を書き込みました。

憲法は、主権在民、戦争の放棄、国民の基本的人権、国権の最高機関としての国会の地位、地方自治など、民主政治の柱となる一連の民主的平和的な条項をさだめました。天皇の制度が形と内容を変えて存続しましたが、「国政に関する権能を有しない」（第四条）などの、きびしい制限条項を明記しました。

党は、憲法草案の採択にあたり、反対の態度を表明しました。大きな理由は、二つありました。一つは、天皇条項が民主主義と人間の平等の原則と両立するものでなく、敗戦後の日本では、徹底した民主主義の体制への前進が求められていたことです。二つ目に、党は、憲法九条のもとで、急迫不正の侵害から国をまもる権利をもつことを明確にするよう提起しました。しかし、吉田首相は九条のもとで自衛権はないとの立場をとり、党は、これを日本の主権と独立を危うくするものと批判して、草案の採択に反対したのでした。

その後、憲法九条のもとでも急迫不正の侵害から国を守る権利をもつことは、広く認められるようになりました。党は、現在の綱領路線を確立するなかで、憲法の改悪に反対して九条を積極的に擁護し、天皇条項の問題でも、現在の政治行動の原則として、憲法の関係条項を厳格にまもらせる立場を明確にしました。

日本国憲法は、四六年十一月三日に公布されました。

こうして、戦後の日本は、天皇を主権者とする専制的な政治体制から、主権在民の政治体制に変化をとげ、日本の政治史上はじめて、国民の意思にもとづき、国会を通じて、社会の進歩と変革をすすめる道が、制度面で準備されることになったのでした。

「二・一ゼネスト」の準備と禁止命令（一九四七年）

一方、敗戦後の暮らしと職場の状態はきびしく、生活と権利をまもるとりくみが、各分野で急速に広がっていきました。

一九四六年五月、メーデーを機会に、労働戦線統一世話人会が生まれます。しかし、食糧メーデー後に日本労働組合総同盟（総同盟）の代表が離脱し、八月、総同盟の正式な結成大会をひらき、社会党支持の立場を明らかにしました（公称八十五万人）。つづいて、戦後生まれた産業別の労働組合を基礎とした全日本産業別労働組合会議（産別会議）が結成されます。産別会議は、「政党支持の自由」を原則として組織労働者の四三％にあたる二十一単産、百五十六万人を結集し、階級的労働組合運動の全国的な中心の役割をはたすことになりました。わが国の労働組合運動が、戦後の再出発において、二つの全国組織への分立を余儀なくされたことは、その後の運動の発展にも影響をおよぼすことになりました。

労働分野では、海員、国鉄の大量首切り反対闘争（四六年八〜九月）、電力産業の労働組合を中心にして賃金引き上げをかちとった「十月闘争」をへて、四六年秋、官公庁の労働者を中心に、国民の生活危機突破を要求する「二・一ゼネスト」の準備をはじめます。四六年十一月、全官公庁労働組合共同闘争委員会（全官公庁共闘、二百六十万人）が結成され、十二月、生活権確保・吉田反動内閣打倒国民大会がひらかれます。これを契機に、産別会議、総同盟に、日本共産党と社会党左派もくわわった「倒閣実行委員会」が生まれました。

四七年一月には、産別、総同盟、全官公庁共闘を中心にして「全国労働組合共同闘争委員会」（全闘）が結成され、賃上げ、首切り反対などの経済要求と、政治課題の要求で一致し、運動をさらに前進させることになります。

こうして、二月一日の全国いっせいストライキの準備は、広範な労働者の参加のもとですすめられました。しかし、ストライキの前日、マッカーサーは、これを禁止し、全官公庁共闘の伊井弥四郎議長に中止のラジオ放送を強制しました。この弾圧のもとで、「倒閣実行委員会」と「全闘」は解体し、民主戦線をつくる運動は、実をむすびませんでした。

しかし、共同のとりくみは労働戦線統一の機運を前進させ、総同盟の右派幹部の反対を克服して、四七年三月、連絡協議機関として全国労働組合連絡協議会（全労連）を結成します。全労連には、約四十団体四百四十六万人、組織労働者の八四％が参加していました。

「二・一ゼネスト」禁止直後、マッカーサーは、国会解散を命令し、四七年四月、憲法公布後、最初の総選挙がたたかわれました。

アメリカ占領軍は、総選挙で、日本共産党を「民主主義の破壊者」と攻撃し、選挙干渉にのりだしました。党は、攻撃をはねかえしながら、「働くものの民主政治、明るく豊かな独立日本」をかかげて選挙にとりくみましたが、得票を減らし、四議席に後退しました。社会党は百四十三議席をえて第一党となり、保守勢力は、自由党、民主党（進歩党の後身）、国民協同党の合計で、議席の多数をしめました（定数四百六十六。総選挙は、これ以後、九三年まで中選挙区制で実施）。

同じ時期に、参議院選挙、知事、都道府県、市区町村議員選挙も実施され、党は、参議院選挙で全国区六十一万票（得票率二・九％）、地方区八十二万五千票（三・八％）を獲得し、全国区三人、地方区一人（岡山）の四人を当選させました。また、二十三人の党員町村長、都府県議三人（東京、長野、三重）、市区町村議四百三十八人の党議員を誕生させました。

総選挙後、第一党となった社会党は、民主党、国民協同党と連立し、党首・片山哲を首相としました。片山内閣は、自由党をふくむ四党と政策協定をむすんでこれまで同様の政治をつづける立場をとり、共産党との絶縁を声明した社会党左派の入閣を見送りました。

片山内閣は、実質賃金を戦前の二分の一以下に切り下げる千八百円ベースと「新物価体系」の名で国民に耐乏生活をせまり、政府の資金と資材を、石炭、鉄鋼、肥料の重点産業に集中する「傾斜生産方式」という大資本優遇政策をすすめました。これは、国民犠牲のもとで独占資本主義を復活させるものでした。四八年二月、片山内閣は、国民の批判と党内の対立から退陣し、民主党の芦田均を首相とする三党連立内閣が成立、こんどは社会党左派も入閣しました。

片山・芦田内閣の時期には、野党の自由党も、占領政策の執行面では与党とともに主流の立場でした。こうして、アメリカの占領政策が反動化の方向に転換した時期に、日本共産党をのぞくすべての政党が占領政策の「与党」になるという、「オール与党」の政治が生まれたのでした。

アメリカの対日占領政策の転換

アメリカは、中国・蔣介石《しょうかいせき》政権を戦後のアジア戦略の拠点にしようと考え、対日占領の初期には、日本の軍国主義勢力の弱体化をはかりました。しかし、中国の内戦で国民党側が不利となると、日本をアジア戦略の重要拠点に変える政策に転換し、日本の政治・経済の反動的強化にのりだしました。

アメリカの占領政策の本格的な転換は、憲法制定につづく時期にはじまりました。

一九四八年一月、ロイヤル米陸軍長官は、サンフランシスコでの演説で、日本を極東における「全体主義（反共）の防壁」にするとしました。これは対日政策転換の核心を宣言したもので、フォレスタル国防長官の命令ではじまった日本の再軍備についての研究は、再軍備となれば「新憲法の改正とポツダム宣言の廃棄」を必要とすると述べ（四八年五月、陸軍省報告書）、「警察」の名目での組織の創設から本格的な軍隊の建設、憲法改定を方針化しました。

こうしてアメリカは、対日支配の確立と日本の軍事基地化をすすめ、これを支持する国内勢力を支援する一方で、平和・民主勢力に打撃をくわえ、ポツダム宣言をふみにじる方向に占領政策のかじをきったのでした。

四八年七月、マッカーサーは、芦田首相に書簡をおくり、占領軍の命令であるポツダム政令二〇一号によって、二百五十万の全官公労働者から団体交渉権とストライキ権をはく奪しました。これは、日本の民主運動で大きな役割をはたしていた労働組合運動の命運をも左右する重大な攻撃でした。ところが、総同盟は、「マッカーサー書簡の趣旨の尊重」をとなえ、党と産別会議に批判の矛先をむけました。社会党も、占領軍の命令が出た以上やむをえないという態度をとり、政令二〇一号に反対する闘争をおこないませんでした。公務員労働者からのスト権はく奪を、ポツダム宣言にそむくものとして批判し、政令二〇一号に反対する闘争を組織したのは、党と産別会議、全労連を中心とする階級的労働組合運動だけでした。この闘争のなかで、党の指導のもとに職場放棄の戦術がとられましたが、これは活動の先頭にたっていた労働者を職場から切りはなし、組合組織を弱める誤った戦術でした。

占領軍は、八月には戦車と航空機を出動させ、「来なかったのは軍艦だけ」の言葉で有名になった東宝争議（第三次）を弾圧、さらに、「共産党の組合支配の排除」を合言葉に、産別会議、全労連などの破壊をめざす反共運動の組織化にのりだしました。「組合民主化」運動なるものの全国的な展開を決定していた総同盟は、同年六月、全労連から脱退していました。

アメリカにとって、つぎの大きな問題は、講和条約の締結でした。

アメリカは、講和条約と同時に日本と軍事同盟をむすび、占領下につくった米軍基地を「条約によって提供された基地」として存続させる方策をとり、日本の軍事基地化をいそぎます。また、「経済九原則」（四八年十二月）にもとづく一連の財政、金融、労働政策によって、経済面でも、その支配力を強めようとしました。

「民族独立」をかかげた第六回大会（一九四七年）

日本共産党は、一九四七年十二月、第六回大会をひらきます。大会での最大の問題は、占領政策の変化への対応でした。大会は、行動綱領の冒頭に「ポツダム宣言の厳正実施」、「人民による経済復興と日本の完全な独立」をおき、占領支配からの民族独立の課題を重視しました（行動綱領の改正についての報告者・宮本顕治）。

占領軍は、占領政策への批判を禁じ、刊行物の検閲を実施していました。党は、これを考慮して、大会前日に党本部の食堂で代議員による特別の会議をひらき、占領を終わらせ、民族独立をかちとるたたかいが重要な意義をもつ段階にはいったことを確認しあっていました。大会は、二十五人の中央委員、十人の中央委員候補を選出し、中央委員会では、政治局に、徳田、野坂、志賀、宮本、志田重男、伊藤律、長谷川浩、紺野与次郎、金の九人を選び、徳田球一をひきつづき書記長に選出しました。

第六回大会の方針は、民主民族戦線の結成をめざす運動として、具体化への道をふみだします。四八年二月、党は、中央委員会総会で、民主民族戦線の結成の方針を決め、ただちに各分野の団体と社会党に申し入れ、懇談会運動と共同の努力をかさねました。

こうして、四八年六月、総同盟をのぞく大半の労働組合、農民団体六十一団体と、日本共産党、社会党左派系議員、無所属議員、緑風会議員、第一議員クラブ議員ら八十四人の議員が参加して、労農連絡会が組織されました。その呼びかけにより、八月には、日本共産党、社会党正統派議員団（のち労農党）、産別会議、民主諸団体の参加する民主主義擁護同盟準備会が生まれました。民擁同準備会は、政令二〇一号反対闘争、四九年四月の平和擁護日本大会の開催などの活動を展開し、四九年七月、民主主義擁護同盟（民擁同）を正式に結成しました。

民主主義擁護同盟には、国鉄労働組合、日本農民組合もくわわり、加盟九十余団体、構成員千百万人という戦後の日本に生まれた最大規模の統一戦線組織となりました。民擁同は、基本的人権と民主主義の擁護、国民生活の向上と安定、平和産業と民主的文化教育の発展、講和条約をはやめ日本の完全独立をはかる、ファシズムに反対し平和をまもる、すべての人民勢力の協同と統一の促進、世界の民主的勢力との提携、という七項目の綱領をもって活動をすすめました。

四八年六月、党国会議員団は、旧「優生保護法」（四八～九六年）に賛成するという重大な誤りをおかしました。党は、二〇一八年、旧「優生保護法」の誤りを是正することへの「不作為」の責任があったことを表明しましたが、党の責任は「不作為」にとどまらず、同法の成立、さらに一九四九年、五二年の同法改定に賛成したことにありました。

極東国際軍事裁判、コミンフォルムの結成

一九四六年五月からひらかれていた極東国際軍事裁判（東京裁判）では、日本軍国主義による侵略

戦争が、「平和にたいする罪」「通例の戦争犯罪」「人道にたいする罪」で裁かれ、四八年十一月、東条英機元首相ら二十五人の被告に有罪判決がくだされました。アメリカが裁判の主導権をにぎったことで、昭和天皇の戦争責任は追及されず、このことは、日本の侵略戦争の経過と責任をあいまいにし、戦争協力者の「公職追放」の解除措置とあいまって、侵略戦争と植民地支配への無反省の流れを、戦後政治に強くのこす要因となりました。同時に、東京裁判は、二八年の不戦条約で禁止された「国際紛争解決の為」の戦争を、国際犯罪と位置づけ、侵略戦争の指導者を裁いたものとして、積極的な意義をもちました。

ヨーロッパでは、四七年九月、スターリンらが、世界の共産党や運動への干渉の機関としてコミンフォルム（ヨーロッパ共産党・労働者党情報局）をつくりましたが、その内情は知られていませんでした。

コミンフォルムは、四八年から四九年にかけて、ユーゴスラビア共産党を、「帝国主義の直接の手先」などと呼んではげしく攻撃し、「チトー主義との闘争」の名のもとに、各国共産党の自主性を否定して、ソ連共産党の方針や見解にしたがわせる国際的なキャンペーンを組織しました。日本共産党は、四八年八月の中央委員会総会で、ユーゴスラビア共産党にたいするコミンフォルムの批判を支持する決議をおこないましたが、これは、自主独立の路線を確立するにいたらなかった段階で、ソ連共産党やコミンフォルムの見解を無条件に肯定した誤りの一つでした。党は、『日本共産党の五十年』（七二年）で当時の誤りをただし、第十二回大会（七三年）で、この訂正を承認しました。

一九四九年一月の総選挙での躍進と党の弱点

一九四八年十月、大汚職事件（昭和電工事件）が発覚して芦田内閣がたおれ、民主自由党（自由党が民主党の一部をくわえ改称）が単独で第二次吉田茂内閣を組閣します。

つづく四九年一月の総選挙で、社会党は百十一議席から四十八議席に激減、民主自由党が、二百六十四議席と衆議院の絶対多数を獲得し、第三次吉田内閣が成立します。吉田内閣は、二回の改造をへて五四年十二月までつづき、占領軍の軍政下の日本を、日米軍事同盟下の日本に切り替える役割をはたしました。

日本共産党は、この選挙で二百九十八万四千票（得票率九・七％）を得て三十五議席に大躍進し、国会に重要な地歩をしめました。この躍進は、占領政策を執行する「オール与党」政治を経験した国民が、この状態を打開するカギを日本共産党の前進に求めた結果でした。

この選挙にさいして、党は、「共社合同」のスローガンをかかげ、社会党の幹部などに入党を呼びかけました。入党条件を厳格にまもらないこの方針は、伊藤政治局員によるものが大きく、政党間関係の原則的な基礎を破壊する誤りでした。

党は、国民生活のまもり手としてたたかい、職場、学校、農村に党支部（当時の呼称は細胞）の建設をすすめ、十数万の党員と三十万の「アカハタ」読者を擁するまでになりました。

党の躍進にたいし、占領軍は、「団体等規正令」（団規令、四九年四月）をつくり、党と民主団体を取り締まりの対象とさせ、国鉄・全逓での労働者の大量解雇を強行し、松川事件（四九年八月）その他の謀略事件を党と労働組合がひきおこしたかのように宣伝して、党員、労組活動家を逮捕しました。このでっち上げは、長期にわたる裁判闘争のなかで打ち破られましたが、かれらは、あらゆる手段を利用して、党と民主勢力への攻撃を開始していました。

さらに四九年九月、団規令によって在日本朝鮮人連盟（朝連）を解散させ、金天海（党中央委員）をふくむ朝連幹部十九人を公職追放し、その活動をおさえつけました。党に参加していた在日朝鮮人の活動家たちは、五五年中ごろまでには党籍を離れました。

党は、独立と主権の回復をめざす方針をもち、民主主義擁護同盟という大きな統一戦線組織も生まれました。しかし、占領軍の軍政下で、民主主義の拡大と民族独立への道をどのように切りひらくのか、戦略的展望と効果的な方針の樹立という点では、多くの不明確さが残っていました。そこには、アメリカ占領軍のもとでも「人民政権」の樹立は可能とする野坂参三の主張の影響もありました。第六回大会は、戦略的展望の確立のために、徳田、野坂、宮本ら八人からなる「方針書の起草委員会」を選出しましたが、委員会の会議は一度も開かれませんでした。

こうした党の弱点は、四九年のたたかいのなかで鋭い矛盾をひきおこすことになります。

たとえば、日本政府が占領政策の執行者なのだから、これとたたかうことで占領軍に打撃をあたえ、講和に近づくとして、占領政策への批判やそれとの闘争を避ける主張が生まれました。吉田内閣の支配の根は地域にあるとして、地方の警察や自治体に運動の矛先を向ける「地域人民闘争」もその一つでした。また、四九年の総選挙での党の躍進によって、人民政権への闘争が現実の日程にのぼったとする誤った情勢評価も生まれていました。

党の指導上の弱点は、文化分野で強くあらわれました。西沢隆二（六六年に反党活動で除名）らは、党の文化政策から逸脱した「文化方針」を推進し、これに批判的な党員文化人や団体に攻撃をくわえ、宮本百合子の作品には〝階級性がない〟と決めつけました。

これらの誤りや弱点は、当時の党が指導体制に欠陥をもち、党内民主主義と集団指導を正しく確立していなかったために、いっそう深刻なものとなりました。徳田書記長は、のちに「家父長制」と呼ばれた、粗暴で個人中心の指導をおこない、批判を抑圧する専断的な傾向を強くもっていました。また、自らの腹心による派閥主義を横行させ、中央委員会でも、政策や方針の民主的、集団的な検討が保障されなくなっていました。

五〇年代を前に、これらの弱点を克服し、新しい情勢のもとでの戦略方針を明確にしてゆくことが、党にとっての大きな課題となっていました。

（2）スターリンの干渉と「五〇年問題」（一九五〇～五五年）

一九五〇年一月六日、コミンフォルム（ヨーロッパ共産党・労働者党情報局）の機関紙に、「日本の情勢について」という日本共産党批判の「論評」が突然、発表されました。

スターリンの干渉作戦

コミンフォルムの「論評」は、スターリンが準備したもので、表向きは、日本共産党がアメリカ占領軍とたたかう立場を確立しておらず、〝占領下でも人民民主主義政府ができる〟とした野坂参三の主張は誤りであるとしていました。しかし、この批判は二重底で、そこには別のねらいがありました。

当時、スターリンは、東ヨーロッパ諸国への支配を安定させるために、アメリカをアジアでおこす戦争に引きだし、ヨーロッパでの直接的な軍事対決をさけようとしていました。その戦略の具体化が、北朝鮮による武力「南進」でした。すでに、スターリンは、その前年、北京でひらかれたアジア・大洋州労組会議で、中国流の武装闘争をアジア全域に広げるよう、号令をかけさせていました（四九年十一月、劉少奇《りゅうしょうき》の開会演説）。

「論評」は、こうしたなかで発表されたもので、スターリンは、アジアで戦端がひらかれれば日本が米軍の後方基地になると考え、党と運動をかれの支配下におこうとはかりました。

これに呼応したのが野坂参三でした。四〇年から中国・延安で活動していた野坂は、四五年十～十一月、延安からの帰路、ひそかにモスクワに呼びだされ、ソ連側の一連の人物と会見し、赤軍情報部につながる工作者となっていました。この事実は、半世紀後、ソ連が崩壊し、機密とされた内部資料が明らかになるまで、ソ連当局と野坂本人以外は、誰も知らないものでした。その後の研究で明らかになったように、スターリンのねらいは、「論評」による名ざしの批判で工作者・野坂を督励し、日本の党を自分の思惑どおりに動かす――武装闘争路線を日本の運動に押しつけることにありました(不破哲三『日本共産党にたいする干渉と内通の記録』、『スターリン秘史――巨悪の成立と展開』、新日本出版社)。

野坂は五〇年四月、徳田球一書記長と党内に分派(派閥)をつくり、六月、マッカーサーの党弾圧を利用して、党中央を解体・分裂させ、その後、北京に拠点をつくって武装闘争を国内にもちこみ、党と運動に大打撃をあたえました。これが、「五〇年問題」と呼ばれるものです。

「論評」にたいする当初の対応(一九五〇年一～三月)

一九五〇年一月十二日、党政治局は、「『日本の情勢について』に関する所感」を決定し、「野坂理論」の欠点は克服されているとして、批判を「受入れ難い」としました。政治局員の宮本顕治は、党の戦略的立場の不明確さを指摘した点に「論評」の意義をみとめ、この「所感」に反対しました。

中国は、一月十七日、モスクワにいた毛沢東の指示で、「北京人民日報」に論説を発表し、日本の党にコミンフォルムの「論評」の受け入れをせまりました。

党は、一月十八日から、第十八回拡大中央委員会をひらき、「論評」の批判をうけとめ、単独講和反対、ポツダム宣言にもとづく全面講和の促進を中心的な闘争課題とした方針を採択し、野坂の「自己批判」を発表しました。中央委員会が、こうした態度をとったのは、党のおかれた現実が、戦略的方針の解明を求めていたからでした。同時に、当時の党指導部は、宮本をふくめ、コミンテルン時代の名残りから、コミンフォルムやソ連共産党などにたいする事大主義を脱していませんでした（『宮本顕治著作集』第六巻四〇八ページ）。

党は、三月、「民族の独立のために全人民諸君に訴う」を発表し、祖国の独立と平和を願う、すべての人びとの団結、共同行動を呼びかけます。この文書は、民主民族戦線綱領（十八項目）を提案し、ポツダム宣言にもとづく全面講和と完全な主権の回復、講和後のすみやかな占領軍撤退を求め、民主民族戦線政府の樹立をめざすとしました。

こうして、党は、全体として、あらたな道をきりひらこうとしました。

しかし、徳田書記長と野坂政治局員は、表向きは党の統一に賛成の態度をとりつつ、宮本政治局員らの排除と徳田らの個人中心指導を支える体制づくりをはかりました。一月下旬、政治局の決定として、宮本を党指導という名目で九州に派遣したのもそのためでした。地方にいけば宮本の統制委員会議長との兼任は無理だとして椎野悦朗を代理につけ、書記局名ではこれを「議長」と発表し、訂正しませんでした。徳田らは、党の統一と規律をまもるべき統制委員会をその手中におき、分裂工作につかおうとしたのです。

分派の組織と党中央の解体（一九五〇年四～六月）

一九五〇年四月末の第十九回中央委員会総会（十九中総）は、当面の任務とともに、指導上の官僚主義の問題を議題に予定していました。ところが、党弾圧の「重大情報」なるものがもちこまれ、会議は、この議題を討議することなく、統一と団結をうたう「声明」を採択して、打ち切られました。

会議が終わった夜、徳田書記長は自宅に、政治局員の野坂、伊藤、志田、紺野と統制委員の西沢隆二らをあつめ、中央委員会の内部に分派を組織し、非公然の組織と指導体制をつくることを決めました。これは、党の組織原則と十九中総決定に反し、党中央を解体し、党を分裂させる第一歩でした。

徳田は、十九中総に「『当来する革命における日本共産党の基本的任務について』を提出するに当って」という一文を提出し、全党的な討論を呼びかけていました。徳田草案は、討議にたえるものではなく、当面の革命の性格も不明確でした。しかも、徳田は、草案への批判者を「ブルジョア学者的」と非難し、草案への態度で党内をよりわけようとしました。

さらに、徳田らは、安斎庫治（六七年に反党活動で除名）を北京におくってソ連、中国との直接連絡をはかり、スターリンの干渉作戦にみずから内通・呼応してゆきました。

五月三十日、占領軍は、民主民族戦線東京人民大会の参加者を弾圧し、首都における集会、デモを禁止しました。このもとでおこなわれた六月四日の参議院選挙で、党は、全国区で百三十三万票（得票率四・八％）を獲得し、三人を当選させました（二人は占領軍の公職追放令で当選無効となる）。

六月六日、マッカーサーは、吉田首相に書簡をおくり、日本共産党を「民主主義的傾向を破壊」するものと攻撃し、七人の国会議員をふくむ中央委員全員の公職追放を指令して、政治活動を禁じました。翌七日には、「アカハタ」編集委員十七人を公職追放しました。そのなかには編集委員ではない知識人もふくまれていました。

この弾圧は、党中央の活動の自由をうばって活動を麻痺《まひ》させ、党を事実上の非合法状態において、日本の軍事基地化と軍国主義の復活をはかるものでした。

一方、徳田らは、分派による党支配の絶好の機会として、この弾圧を利用しました。追放令には二十日間の猶予期間があり、これを利用すれば、正式に政治局会議、中央委員会をひらいて弾圧への対応を決めることが可能でした。しかし、徳田らは、六月七日、正規の会議をひらかずに、中央委員会の解体を宣言し、統制委員会の指名という党規約にもない形式で、八人の臨時中央指導部（臨中）を指名しました（議長・椎野悦朗）。徳田らによる「臨中」指名は、マッカーサーの弾圧を利用した「クーデター的な手法」による党中央の解体でした。こうして、徳田と野坂らは、意見の異なる宮本顕治、志賀義雄、蔵原惟人《これひと》ら七人の中央委員を組織的に排除して連絡を絶ち、非公然の体制にうつりました。

党の分裂と「北京機関」

一九五〇年七月四日、徳田らは「統制委員会」の名で「分派活動の全貌について」を発表し、かれらの措置に批判的な党組織や党員を分派主義者、分裂主義者と決めつけ、宮本らへの非難と攻撃キャンペーンをくり広げました。さらに、関係者の意見も聞かずに、除名、党籍はく奪をおこない、分裂への追随を拒否した地方組織を排除するなど、党の分裂は中央から地方へと拡大し、大きな混乱をおこしました。

全国の党組織は、中央での分派の結成も、その分派がスターリンの干渉に組みこまれていることも知らず、「臨中」指導部を弾圧されたもとでの党中央と考え、多くがそのもとにひきこまれる事態となりました。朝鮮戦争の勃発（六月二十五日）と国内での軍事的な抑圧も、遭遇している事態の真相をわかりにくいものにしました。

こうして、日本共産党は、マッカーサーの弾圧を利用した徳田・野坂分派の策動によって、中央委員会の解体、党組織の全国的な分裂という、党史上、最大の危機的な事態におちいりました。

徳田と野坂は、八月以降に、北京に身をうつし、分派の国外指導部（「北京機関」）をつくって、中国流の武装闘争をあおりはじめます。その一つ、分派の非公然紙誌に掲載された論文「共産主義者と愛国者の新しい任務」（十月）は、野坂が執筆したものでした。「北京機関」は、スターリンによる干渉作戦の道具になったもので、その後、五二年五月から「自由日本放送」という日本向けラジオ放送を開始し、五四年には、北京に「党学校」をつくりました。

スターリンは、世界の共産党に資金面からヒモをつけようと、五〇年七月、中国・東欧諸国にも資金を分担させて、「左翼労働者組織援助国際労働組合基金」を設立していました。「北京機関」をまかなう資金も、この秘密資金から出されたと考えられています。

党中央の解体と武装闘争論に反対して

党中央の解体と分裂という事態にたいし、排除された宮本、蔵原ら七人の中央委員は、一九五〇年九月一日、公然機関として全国統一委員会をつくりました。これは、第六回大会で選ばれた中央委員として、党中央の解体と分裂という解党主義的な策動から党をまもるための、当然の責務をはたす行動でした。

中央委員会は、追放令で警察の監視下におかれましたが、地方党組織は公然性を保っており、十余の府県党組織といくつかの地区組織、党グループが全国統一委員会に参加しました。全国統一委員会は、党の行動綱領と民主民族戦線の呼びかけなどの党の方針をまもる態度をつらぬき、あらたな政治目標をうちだすことを避けました。これも、中央委員としての責任を考慮して意識的にとられた対応でした。

全国統一委員会は、五〇年九月から十月にかけて、中央委員会の機能回復と統一をくりかえし「臨中」側に申し入れましたが、いずれも拒否されました。九月三日、中国共産党は、「今こそ日本人民は団結し敵にあたるときである」という「人民日報」社説を発表し、その直後、志賀義雄は、徳田らの行動が、ソ連、中国の支持をえているとみて、「臨中」の指導下にはいりました。

五〇年十月、全国統一委員会は、党分裂を固定化させないために、組織を解消する措置をとります。この時期には、徳田らが武装闘争方針を流しはじめたもとで、これに反対することが大きな課題となっていました。宮本らは、五一年一月、『解放戦線』を発行し、分派による武装闘争方針が党の路線からの完全な逸脱であり、党と運動を「破壊にみちびく」ときびしく批判しました。そして、民主民族戦線の結集のための闘争と党の統一と団結の回復など、党のとるべき当面の方針をかかげました。

五一年二月、徳田・野坂分派は、「大会に準ずる」ものとして「第四回全国協議会」（四全協）を招集し、指名する党員をあつめて、指導部を選出、党分裂の〝合法化〟をはかろうとしました。かれらは、ゼネストと武装闘争をふくむ「民族解放戦争」を提起した「軍事方針について」を決め、「分派主義者にかんする決議」では、統一を主張していた党組織や党員への批判を、「スパイ分派の粉砕」と称するにいたりました。

こうした状況のもとで、宮本らは、五一年二月末、あらたに全国統一会議をたちあげ、十以上の地方党組織がこれに参加しました。統一会議は、理論機関誌『理論戦線』（五一年三月から六月まで二号）、『建設者』（五一年五月から八月まで九号）を発行して、党中央の解体と分裂の誤りを批判し、中央委員会の機能回復をめざしました。そして、徳田らの「軍事方針」に反対して、「民主民族戦線の発展のために全党員は先頭に立って闘え！」（五一年七月）などの方針をだしました。

徳田らの活動は、党組織に矛盾と批判を広げ、五一年春から夏にかけては、「臨中」と全国統一会議との話し合いの機運も生まれました。

しかし、国外では、スターリンによる日本共産党への干渉をすすめる、いっそう深刻な事態が生まれていました。

スターリンの準備した「五一年文書」

スターリンは、一九五一年四月、「北京機関」の幹部をモスクワに呼びよせ、数回におよんだ会議でみずから筆をいれた「日本共産党の当面の要求――あたらしい綱領」（以下、「五一年文書」と呼ぶ）をつくり、日本の民主的変革を、「平和の手段によって達成しうると考えるのはまちがい」と結論づけました。この会議には、中国共産党から王稼祥《おうかしょう》（対外連絡部部長）が参加していました。また、党中央の解体・分裂という事態を説明するために海外に派遣されていた袴田里見も、スターリンと徳田、野坂らの最後の会議に出席し、「自己批判書」を発表して徳田・野坂分派の側にうつりました。

八月十日、コミンフォルム機関紙は、党の分裂に反対し、統一のために活動する党組織や党員を、「日米反動を利益する」分派活動と非難し、モスクワ放送と「人民日報」がこの記事を報じました。これは、徳田・野坂分派を公然と認知し、宮本らを「分派」とあつかう、コミンフォルムによる日本共産党への二度目の公然とした干渉でした。

全国統一会議は、この記事を不当としながらも、組織解散の方向をうちだし、五一年十月、声明「党の団結のために」で、解散を宣言しました。これは、二つの組織が長期にわたって対抗的に存在することが、将来、統一を可能にする状況が生まれたさいにその事業を困難にしかねないと考えての措置でした。

五一年十月、徳田らは、スターリンのつくった「五一年文書」を国内で確認するために、「第五回全国協議会」（五全協）をひらき、武装闘争をもちこむ「方針」を確認しました。その内容は、朝鮮戦争にむかう米軍への日本国内での〝かく乱・妨害〟活動を主としたもので、これこそスターリンが求めていたものでした。

この活動は、五一年末から五二年前半に集中的にあらわれ、「中核自衛隊」と称する組織や根拠地の建設を任務とした「山村工作隊」がつくられました。党の正式方針とは縁のないこれらの活動は、党への国民の信頼を深く傷つけ、日本の革命運動に大損害をあたえました。

全国の党員と党組織は、活動を広げようにも国民的な信頼をえられず、つらくきびしい党生活を余儀なくされました。不当な処分をうけ、党員としての誇りと名誉を傷つけられ党を離れる人も多く、党員数は、四九年当時の数分の一にまでおちこみました。

スターリンの干渉作戦によって党のうけた打撃の深刻さは、総選挙での得票が、四九年一月の二百九十八万四千票から、五二年十月の八十九万六千票、五三年四月の六十五万五千票へと激減したことに端的にしめされていました。四九年当時は三十五人をかぞえた党の衆議院議員も、五二年十月の総選挙では当選者がなく、五三年四月の総選挙でようやく一議席を回復する状態でした。同月の参議院選挙でも、党は議席を獲得できませんでした。

朝鮮戦争と日本

一九五〇年六月二十五日、北朝鮮軍が三十八度線の全線にわたって、韓国への攻撃を開始し、朝鮮戦争が火をふきました。

この戦争は、アジアで軍事衝突をおこし、アメリカの軍事力をヨーロッパから極東にそらせたいという、スターリンの構想に後押しをうけたもので、スターリンの承認をうけた北朝鮮の軍事行動は、八月はじめまでに、朝鮮半島の東南端の一角をのぞく全域を占領しました。

国連安全保障理事会は、六月二十七日、「国連軍」の派遣を決定します。ソ連は安保理常任理事国でありながら、アメリカを戦争に参加させるために、この会議を欠席していました。日本は朝鮮半島に出撃する米軍の基地になり、国民は軍事的な抑圧にさらされました。六月から七月にかけて、「アカハタ」の発行禁止、「アカハタ」の後継紙、同類紙の認定のもとに中央紙、地方紙がつぎつぎに発行停止処分にされ、その数は、謄写版刷りの細胞（支部）新聞をふくめ、一年で千七百に達しました。

デモと集会は、一時、全国的に禁止され、占領軍への批判は、「占領政策違反」の名で、軍事裁判をふくめ、きびしく取り締まられました。五〇年八月、全国労働組合連絡協議会（全労連）が解散命令をうけ、重要経営と労働組合からの共産党員と支持者の〝追放〟という激しい弾圧がつづきました。これが、「レッド・パージ」と呼ばれるもので、五〇年七月から十一月までに職場を追われた人びとは、労働省の調査で一万二千人をこえました。労働運動、民主運動への弾圧は、民主主義擁護同盟に参加する団体の脱落を呼び、五〇年八月には、民擁同も解散においこまれました。

党は、「五〇年問題」にともなう分裂と混乱のもとで、「レッド・パージ」などの弾圧と有効にたたかえず、多くの職場支部が破壊されました。

労働戦線では、総同盟と、産別会議の「民主化」なるものをかかげた反共勢力が、新しい労働組合中央組織の結成を急ぎ、五〇年七月、ＧＨＱの直接の後押しをうけて、日本労働組合総評議会（総評）を結成しました。総評は、結成大会で社会党を中心とする社会民主主義政党支持の態度を決め、その後、労働運動への反共主義と特定政党支持のおしつけの克服が、この分野の大きな課題となりました。

アメリカ占領軍は、A級戦犯容疑者の岸信介（開戦時の東条内閣・商工大臣）らを釈放し（四八年十二月）、五〇年十月からは戦争犯罪者の「追放解除」にとりかかり、五二年の講和条約発効までに約二十万人の政治家、大資本家、言論関係での公職追放者を各界に復帰させました。これも、日本政治の〝戦犯性〟と、アメリカへの追随を強める重要な要因になったものです。

さらに、五〇年七月、マッカーサーの命令で憲法九条違反の軍事組織・警察予備隊がつくられ、憲法の改悪と日本軍国主義の復活への道がひらかれました。七万五千人の警察予備隊は、アメリカ占領軍のキャンプに入隊し、アメリカ軍の武器で装備し、アメリカ軍人の指揮のもとで訓練をうけていました（五二年に保安隊、五四年自衛隊に改組）。

独立と平和のための活動

多くの党員と党組織は、分派によってひきおこされた大混乱のもとでも、懸命の努力で党を支え、第六回大会でかかげた独立と平和を実現するための活動をさまざまな形でつづけていました。

一九五〇年には、千葉県九十九里浜での米軍実弾射撃に反対する闘争や、鳥取県美保基地、兵庫県伊丹基地など米軍基地拡張に反対する闘争が各地でたたかわれました。五〇年十一月、トルーマン米大統領が朝鮮戦争で原子爆弾をつかう可能性を示唆したときに、ただちに抗議にたちあがったのも、日本共産党員でした。宮本百合子は、十二月の東大講演で強い怒りをこめて原爆使用発言を糾弾し、詩人の峠三吉は、そのいきどおりから、『原爆詩集』を編みました。原爆の被害をつたえ、核兵器に反対する運動も各地で展開されました。

五〇年三月、原子兵器の絶対禁止を求めたストックホルム・アピールにたいして、国内で六百四十万の署名があつめられ、アメリカ、ソ連、中国、イギリス、フランスの五大国間の平和条約締結などを求めたベルリン・アピール（五一年二月）には、五百七十万の署名がよせられました。党組織もこれらの署名運動にとりくみ、朝鮮戦争での原爆使用を阻止する力をつくり、その後の平和運動の発展の基礎をきずきました。

京都では、五〇年一月、広範な団体と人びとの手で全京都民主戦線統一会議（民統会議）がつくられ、四月の府知事選挙で、蜷川《にながわ》虎三（前中小企業庁長官）を当選させていました。反動勢力は、「反共府民戦線統一会議」をつくって対抗しましたが、蜷川候補は、「反共は戦争前夜の声」と宣言して反共攻撃にたちむかい、勝利をかちとりました。

サンフランシスコ平和条約と日米安保条約

一九五一年一月、連合国との講和をめぐって、「全面講和愛国運動全国協議会」（全愛協）が結成され、すべての交戦国との平和を回復する全面講和を要求しました。全面講和を求める署名は、短期間に、四百八十万もあつめられ、南原繁東大総長ら多くの学者、知識人による全面講和要求の運動も広がりました。党は、「五〇年問題」がおこるまえから、公正な全面講和の方針をもっており、多くの党組織と党員が、この運動に参加しました。

党国会議員団は、公職追放や川上貫一議員の衆議院からの除名、徳田・野坂分派の「臨中」指導部との関係もあり、さまざまな困難をかかえていました。また、五三年四月の総選挙で自由党の議席が過半数を割ると、自由党と改進党との対立を一面的に評価し、首相指名選挙で改進党総裁の重光《しげみつ》葵《まもる》を支持するなどの誤りもありました。

アメリカは、日本をアジア戦略の足場とするために、独立と平和をめざす運動をおさえつけ、ソ連や中国などを排除した単独講和の準備をいそぎました。日本は、五一年九月八日、サンフランシスコで講和条約をむすび、同じ日、吉田茂首相は、サンフランシスコの第六軍司令部集会室で、日米安保条約に調印しました。

サンフランシスコ平和条約は、多くの国との講和を実現しましたが、第三条で、沖縄、奄美群島、小笠原諸島などをアメリカにひきわたし、第六条とそれにもとづく日米安保条約によって、日本をアメリカとの軍事同盟にしばりつけ、軍事基地と米軍の駐留を継続させました。また、第二条c項では、千島列島にたいする権利、権原、請求権を放棄しました。

日米安保条約の内容は、調印の日まで公表されず、アメリカ軍の日本配備の条件を定めた日米行政協定は、国会審議にすらかけられず、五二年二月の調印後はじめてその内容が国民に公表されました。同協定は、アメリカが必要とするなら、日本のどこにでも基地をつくり、使用目的は無制限というもので、従属的、売国的な点で世界に例をみないものでした。同協定によって、占領下につくられた米軍基地は、継続使用となり、その施設は、五二年四月段階で、十三億五千二百六十三万六千平方メートル、全国二千八百二十四カ所にのぼりました。

五一年十月、二つの条約の批准のために召集された国会で、両条約に反対の態度をとったのは、日本共産党と四八年十二月に結成されていた労働者農民党（労農党。五七年一月、社会党に合流）議員団だけでした。サンフランシスコ平和条約への態度をめぐって左右に分裂した社会党も、旧安保条約には反対しました。

サンフランシスコ平和条約によって、日本は、形のうえでは主権を回復した独立国となりました。しかし、その実態は、全国に米軍基地をかかえ、国土や軍事などの重要な部分をアメリカににぎられた事実上の従属国でした。このような他国への従属化は、日本がはじめて経験するもので、民族の主権と独立という世界の支配的な流れに逆行するできごとでした。

ここに、主権在民を原則とする政治体制への変化とならぶ、戦後の日本の情勢の大きな変化の一つがありました。

沖縄、奄美などでの復帰運動の展開

この間、沖縄、奄美群島などで、日本復帰の運動が広がっていました。

一九四七年七月二十日に創立された沖縄人民党は、米軍の苛酷な弾圧に抗して、民主主義の確立と社会進歩の旗をかかげ、祖国復帰運動の先頭にたっていました。五一年四月、沖縄人民党、社会大衆党などによって日本復帰促進期成会が結成され、即時日本復帰の署名を三カ月で有権者の七二％からあつめ、運動が高揚しました。祖国復帰運動は、サンフランシスコ平和条約締結後も、米軍直接占領下のきびしい弾圧に屈せず、五二年十一月の立法院の復帰要請決議、五三年一月の沖縄諸島祖国復帰期成会の発足など、ねばり強くすすめられました。また、復帰運動と結合して、労働基準法など労働三法制定を実現した労働者のたたかい、伊江島、宜野湾村伊佐浜、そして小禄村具志部落の軍用地のための土地とりあげに反対するたたかいが広がりました。

奄美群島では、四七年四月、非公然の組織として「奄美共産党」がつくられ、のちに日本共産党奄美地区委員会を確立しました（五三年十二月）。奄美では、合法政党として、社会民主党なども組織され、サンフランシスコ会議をまえに広範な勢力が奄美大島日本復帰協議会に結集しました。五二年二月から四月にかけて、有権者の九九・八％の復帰要求署名があつめられ、講和後の五三年十二月、奄美群島は日本に復帰しました。

五二年四月、吉田内閣は、独立後の治安対策として占領法規の「団規令」をひきついだ破壊活動防止法案を国会に提出しました。これを治安維持法の再現と非難する声が各界でまきおこり、日本新聞協会、日本ペンクラブ、日本学術会議が反対を表明し、労働者は、三次にわたり、のべ数百万の参加した大規模なストライキで制定の動きに抗議しました。

この闘争のさなかの五二年五月、いわゆる「血のメーデー」事件がおきます。占領軍と吉田内閣は、五〇年六月以来、〝人民広場〟と呼ばれた会場（皇居前広場）をメーデーその他の集会に使用することを禁止していました。この日、中央メーデーに参加したデモ隊の一部が、この不法な措置に抗議しながら〝広場〟にはいると、警察当局は、数千の武装警官隊をもってデモ隊を攻撃し、警官隊のピストルなどで二人が殺害され、千人をこえる重軽傷者がでたのです。

その後も、五二年の炭労・電産スト、五三年の内灘、浅間、妙義など全国各地での米軍基地反対のたたかい、三井鉱山の首切り反対闘争、五四年の近江絹糸や日鋼室蘭の闘争、そして原水爆禁止運動、日ソ、日中の国交回復運動など、独立と平和、生活と権利のためのたたかいがつづきました。とくに、五四年のアメリカによるビキニ水爆実験と漁民の被災にたいする国民の怒りは大きく、広範な国民の世論と運動の高揚のもとで、五五年八月、第一回原水爆禁止世界大会が開催され、同年九月、原水爆禁止を求める恒常的な国民運動組織として原水爆禁止日本協議会（日本原水協）の発足にいたりました。

（3）六一年綱領の決定と自主独立の立場の確立
――「五〇年問題」の教訓（一九五五〜六一年）

サンフランシスコ平和条約の発効は、日本共産党を弾圧した占領法規を無効とし、党活動を回復させる条件を生みだしました。しかし、分派の下にあった機関は、「アカハタ」を復刊したものの（一九五二年五月）、活動の転換をすすめられませんでした。

五三年三月、スターリンが死去し、七月、朝鮮で休戦協定が実現します。十月、北京で徳田球一が死去すると、翌五四年四～六月ごろ、ソ連のスースロフ（党政治局員）らは、野坂と中国の党関係者をモスクワに呼び、「第六回全国協議会」（六全協）の決議原案となる文書をつくりました。これをうけて、五五年一月、「アカハタ」主張で、極左冒険主義と手を切り、「党内の団結と集団主義」を強めることが表明されます。分派側の志田重男が宮本顕治に会見を求め、誤りをただし、党の統一を回復する方向での共同をもちかけてきたのもこのころで、党の分裂と混乱の克服をめざす新しい転換の方向が準備されてゆきました。

五五年七月、「六全協」が党本部でひらかれます。

この会議は、党を分裂させた側が外国の党との相談のうえで準備した不正常な会議でした。分派がつくった「五一年文書」を「完全に正しい」としたことも、大きな問題でした。しかし、徳田・野坂分派の政治路線についての一定の反省を前提とし、宮本など、第六回大会選出の中央委員も参加してひらかれた会議として、党の統一の回復と「五〇年問題」の解決にいたる過程で、過渡的な意義をもちました。会議は、極左冒険主義と派閥的な指導の誤りを指摘し、あらたな中央役員を選びました。「北京機関」に関係した諸組織は、五五年中には解体されました。

党史上のきわめて重要な時期

これ以後、第七回大会（一九五八年七～八月）にむかう時期は、党が「五〇年問題」と呼ばれる、党史上、最大の誤りを解決しながら自主独立の立場を獲得し、正確な綱領路線をきずく、きわめて重要な時期となりました。

中央、地方の会議では、参加者が党分裂と責任の所在の究明を要求し、会議が混乱することもありました。党は、さまざまな困難や清算主義的な傾向を克服しながら党の統一と団結をすすめ、「五〇年問題」の自主的な総括についての討議を開始しました。

五五年十月、第三回中央委員会総会（「六全協」）は、政治局に代わって七月に設けられていた常任幹部会（責任者・宮本顕治）に「五〇年問題」の究明を委任し、五六年一月、第四回中央委員会総会は、「党の統一と団結のための歴史上の教訓として」（宮本起草）を採択しました。この決定は、問題の詳細な分析には、なお十分な研究と時日が必要だとしながらも、戦後の党活動の弱点、「五〇年問題」の経過と教訓など、総括の出発点となる諸事項を指摘していました。

こうしたなかで、志田重男、椎野悦朗らの腐敗問題が発覚し、党は、かれらを除名しました。これも、党の統一と健全化の過程の一つの重要な側面でした。

五六年六月、第七回中央委員会総会は、「独立、民主主義のための解放闘争途上の若干の問題について」（宮本起草）を採択し、日本をふくむ一連の国ぐにでは、「議会を通じて、平和的に革命を行うことが可能となった」として、分派による活動方針の土台となった「五一年文書」を日本の現状に「適合しない」ときっぱり否定しました。この決議の採択を契機として、綱領問題の討議が正式にはじまり、九月、第八回中央委員会総会は、第七回大会の開催を決めました。その後、六一年の第八回大会で採択された党綱領には、「議会の多数を得ての革命」の路線が明記されました。すなわち、武装闘争方針の否定こそが六一年綱領を確立する出発点となったのです。

五六年十一月、党は、大会準備のために、「綱領」(責任者・宮本顕治)、「規約」(責任者・紺野与次郎)、「五〇年以後の党内問題の調査」(責任者・春日正一)の各委員会をつくり、五〇年以来の経過をくわしく調査しました。そのなかで、「四全協」、「五全協」が党の正式の会議でなく、「六全協」もその継続という不正常なものだったことを確認し、第六回大会選出の中央役員と「六全協」選出の中央役員の合同会議をひらくことで、規約上も大会の継承性を保つようにしました。

「五〇年問題」の歴史的教訓

一九五七年十月、第六回大会と「六全協」選出の中央役員の合同会議として第十五回拡大中央委員会総会(十五中総)がひらかれ、自己批判、相互批判をおこないながら、党分裂の経過と責任を解明し、総括文書「五〇年問題について」(宮本顕治起草)を採択しました。

この文書は、徳田らが五〇年四月につくった分派を党分裂の「第一歩」、六月の中央委員会解体を「解党主義的誤り」とし、党分裂の責任は、徳田、野坂らとその側近にあり、かれらが「分派的な組織と術策」をもって党を分裂させ、極左冒険主義の重大な誤りをおかしたことを明らかにしました。

コミンフォルムによる公然とした干渉は、五〇年一月の「論評」と五一年八月の「報道」でおこなわれました。当時の人びとは、スターリンらの干渉の全容を知らず、限られた認識しかもっていませんでしたが、干渉への批判なくして、問題の総括はできません。総括文書は、一月の「論評」について「批判の方法」の乱暴さを批判し、二度目の干渉について、「正しい統一の道をとざした」との批判を明記しました。

コミンフォルムによる二度目の干渉は、自主独立の立場の重大性を認識させる契機となったもので、この点について、のちに宮本顕治はつぎのようにのべました。

「一九五〇年一月コミンフォルム論評『日本の情勢について』の時から、一九五一年八月の四全協についてのコミンフォルムの報道までの間に、私自身のコミンフォルム観は大きく変わらざるを得なかった。自分たちが身をもって口々切り開こうとしている日本共産党のまさに内部問題についての、実情を知らない干渉の不当さというのが私の判断の到着点だった」（一九八八年『五〇年問題の問題点から』まえがき、『宮本顕治著作集』第九巻八一ページ）

総括文書が、全員一致で採択されたことは、「五〇年問題」の苦難をへて、自主独立の立場が、一部のものにかぎられたものでないことをしめしました。それがどれだけ自覚的につかまれたかは、個々に相違はありました。しかし、党の問題に他国の干渉はゆるさないという立場、相手がいかなる大国の党であれ、干渉の誤りを堂々と指摘する立場は、統一を回復した日本共産党の、くつがえすわけにはゆかない立場となったのでした。

この文書は、「第七回大会における中央委員会政治報告要旨」の一部として「アカハタ」（十一月六日付号外）に発表され、全党は、はじめて党分裂の経過と責任の所在を知りました。

党は、誤りをおかした人びとを排除する態度をとらず、誤りをみとめ、新しい方針の実践に力をつくす意思のある人びとを結集し、党の統一と再建をすすめました。運動への誠実さをもっているならば、総括で指摘された誤りを克服し、正確な路線にたった活動をすすめることができる、この確信こそ、再出発にあたっての党の基本的立場でした。

「五〇年問題」は、その後の日本共産党の発展にとって、痛切な歴史的教訓を残しました。

第一は、指導部をふくめ党内に広くあった、ソ連や中国に誤りがないという見方がとりのぞかれ、日本の党と運動への外国勢力の干渉をゆるさない立場をひきだしたことです。

十五中総の直後の時期にソ連を訪問した党代表団にたいし、フルシチョフ（ソ連共産党第一書記）は、「いまさら古いよごれ物をひと前に出すことはない」と総括に反対しました（五七年十月）。しかし、党は、それをはねのけて総括をすすめ、党の組織的統一を全面的に回復した第七回大会（五八年）で、自主独立という確固とした路線を決定しました。

第二は、武装闘争論の誤りが決定的に証明されたことです。分派によってもちこまれた武装闘争論は、日本の現実のなかで完全に破産しました。党は、綱領をつくる過程で、問題の掘り下げた検討をおこない、議会の多数を得て平和的民主的に社会変革の事業をすすめる方針を、日本革命の大方向として打ち出しました。

第三は、党の統一と団結をまもることの、党の生死にかかわる重要性をつかんだことです。それは、中央委員会の統一と団結を守り、個人中心主義のやり方を排して集団的な指導を重視する、党内民主主義を大切にし、党規約をやぶる分派主義を許さない――こうした民主集中制の原則を大事にして、党を発展させるという大きな教訓でした。

党の歩みにとってはこの教訓のうえにたってあらたな活動を開始したことが、決定的に重要でした。

一九五〇年代後半の内外情勢のなかで

一九五〇年代にはいり、国内では、大企業が朝鮮戦争にともなう軍需品発注（特需）に支えられて力を強め、「独占資本主義の復活」といわれる過程が進行しました。戦前、天皇制の専制政治とともに、日本社会の半封建的な性格の根深い根源となっていた半封建的な地主制度が、農地改革によって、基本的に解体されたことも、日本独占資本主義に、発展のより近代的な条件を与え、急成長を促進する要因の一つとなっていました。

五四年十二月、「造船疑獄」で吉田内閣がたおれ、民主党・鳩山一郎内閣が成立します。鳩山内閣は、日ソ国交回復、国連加盟をかかげ、アメリカの戦略にそって米軍基地の拡張、六カ年計画による自衛隊の大増強をはかりました。とくに憲法改悪のために小選挙区制導入をねらい、教育の国家統制をすすめたことは重大でした。

五五年十一月、財界とアメリカの要請で、自由党と民主党が「保守合同」し、自由民主党が生まれ、国会の多数を確保し、反動政策をすすめる体制をつくります。かれらも結成時の「政綱」には、「駐留外国軍隊の撤退に備える」と書かざるをえませんでした。また、社会党も統一大会をひらき、安保条約の解消をかかげる一方で、綱領に「共産主義を克服」するとの立場を明記しました（十月）。党は、反共主義には批判をくわえつつ、社会党に国民の要求にもとづいて統一行動、統一戦線の方向に前進するよう、求めました。

党は、「六全協」後、「五〇年問題」の総括と統一回復の努力をつづけながら、ソ連、中国との国交回復の運動を提唱し、小選挙区制と憲法改悪反対の統一行動を呼びかけました。五六年三月、上程された小選挙区制法案にたいして、日本共産党、社会党をふくむ統一行動が国会共闘や共同演説会などの形で成立し、法案成立を阻止しました。

五六年六月、鳩山内閣は公選制の教育委員会を任命制とし、教科書の国家統制を強める「教育三法」の強行をはかりました。これにたいし、公選制の教育委員会をまもれとの署名は、七百万をこえるなど、教育の中央集権化に反対する国民の運動が広がり、政府は参議院議場にはじめて警察官を導入するという暴挙をおこなって、教育委員会法を強引に成立させました。また、五三年十月の「池田・ロバートソン会談」では軍国主義教育の推進が合意され、党は教育の国家統制と軍国主義化、偏向教育に反対するたたかいを広げました。

こうした活動をへるなかで、党は、五六年七月の参議院選挙で、全国区と地方区で二人を当選させ、地方区で得票を百万票台に回復させました。

五六年六月、アメリカは、地代の一括払いとあらたな接収で沖縄の永久基地化をねらう「プライス勧告」を発表します。党は、「沖縄問題に関する声明」で、基地の拡張と土地取り上げ中止を求め、沖縄、小笠原の返還交渉をはじめるよう要求しました。沖縄では、「プライス勧告」に反対する運動が発展し、五六年十二月、沖縄人民党書記長の瀬長亀次郎を那覇市長に選びました。アメリカは、市政への干渉と妨害をくりかえし、「選挙法」改悪布令などを発動し、五七年十一月、瀬長を市長から追いだしました。

五六年十月、日本とソ連との国交が回復し、「共同宣言」は、日ソ間の平和条約が締結された後に歯舞《はぼまい》群島と色丹《しこたん》島を日本にひきわたすとしました。しかし、ソ連側は覇権主義的な領土併合を反省せず、日本政府も、千島列島を放棄したサンフランシスコ平和条約第二条c項にしばられ、領土問題の正しい解決の立場にたてませんでした。

また、党は、同年十二月の国連加盟の実現を歓迎し、日本が世界とアジアの平和に貢献するよう訴えました。

鳩山内閣の退陣後、短期間の石橋湛山《たんざん》内閣をへて、五七年二月、自民党・岸信介内閣が成立、日米安保条約の改定交渉がはじまります。党は、軍事同盟の強化をめざすそのねらいを具体的にしめし、反対運動が、売国的な諸条約の改廃と真の独立を求める運動に発展するよう、力をいれました。

党は、日本の侵略基地化にたいして、砂川などの基地拡張反対闘争にとりくみました。政府はいったんは基地拡張のための測量打ち切りを発表しましたが、五七年七月、測量を再開し、そのさいに労働者、学生らが敷地内に入ったとして、これを弾圧しました。五九年三月、東京地裁は、「合衆国の軍隊の駐留が違憲だから被告は無罪」という判決をだしました（伊達判決）。同年十二月に、最高裁が地裁判決を破棄したとはいえ、これは、のちの北海道・長沼ナイキ訴訟での札幌地裁における自衛隊違憲判決（七三年、福島判決）とともに、平和と独立をめざすたたかいへの大きな激励となりました。

五八年二月、全日本産業別労働組合会議（産別会議）が解散しました。戦後十数年の激動の時期に、階級的民主的労働組合運動の旗をまもりぬいてきた産別会議を失ったことは、日本の民主運動にとっての大きな損失でした。これは、第七回大会にいたる過渡的な時期に、この分野での党の正確な対応がおこなわれない状況のなかでおきたものでした。

スターリンの死後、五六年四月には、コミンフォルムが解散し、東欧諸国では、ソ連の抑圧や政権党の官僚主義に反対する運動が、あいつぎました。五六年十月、ソ連はハンガリーの政権をすげかえ、軍事介入によって多数の市民に大きな被害を与えました。当時の党は〝反革命鎮圧のためのソ連軍介入〟という世界の共産主義運動の一般的な見解を受け入れました。これは、ソ連覇権主義にたいする認識が確立しておらず、事件をめぐる独自の情報をもたない状況下での誤った決定でした。党は、『日本共産党の六十年』（一九八二年）で、この問題の再検討を提起し、再検討の結果を『日本共産党の六十五年』（八八年）のなかで公表して以前の誤った判断を訂正しました。

「党章草案」の発表と綱領討議

一九五七年九月、党は、第十四回拡大中央委員会総会で「日本共産党党章（草案）」を決定し、「綱領問題について――第七回党大会への提案」とともに、「アカハタ」号外（九月三十日付）で発表しました。「草案」は、綱領と規約の草案を一つの文書にまとめていました。

「草案」の政治綱領部分（綱領草案）は、日本の現状について、「日本を基本的に支配しているのは、アメリカ帝国主義と、それに従属する同盟関係にある日本の独占資本であり、わが国は、高度な資本主義国でありながら、アメリカ帝国主義になかば占領された事実上の従属国となっている」と規定しました。そこから、当面する「革命」、すなわち社会変革の目標は、対米独立と政治・経済の民主的変革を主な内容とする「民主主義革命」だとし、そののち社会主義革命にすすむ段階的発展の展望をしめしました。さらに、平和的手段による変革を否定した「五一年文書」の誤った規定をあらためてしりぞけました。

これらの諸規定は、戦後の活動の経験をふまえ、科学的社会主義の理論を日本の情勢にそくして自主的、創造的に発展させて到達したもので、日本の党の独特の路線でした。

綱領討論では、二つの点が大きな論点となりました。

一つは、アメリカにたいする従属関係の評価と、反帝独立の任務の意義づけでした。全面占領の時期につくられた米軍基地は、安保条約によって継続しており、日本が対米従属の状態にあることは明白でした。草案は、対米従属の深刻さを正面からとらえ、これを打破する反帝独立の課題を、当面する民主主義革命の中心的な任務の一つとしました。反対意見は、従属状態は、占領時代の名残であり、時間がたてばうすくなる、日本の経済力が強まれば、従属は解消にむかうとしました。

もう一つの論点は、当面する改革の性格をどうとらえるかでした。草案は、独占資本の横暴な支配にたいして、国民多数の民主主義的要求をもってたちむかう反独占民主主義の立場をとっていました。反対意見は、独占資本の支配に反対するなら社会主義革命以外にないというものでした。

党は、特別の討論誌『団結と前進』（五七年十月から五八年七月まで五回発行）も発行して、草案の討議をすすめました。

第七回大会（一九五八年）

党は、一九五八年七月、第七回大会を東京でひらきました。

大会は、平和、独立、民主主義、生活向上をめざす当面の政治方針と党建設の方針を決定し、前年に発表した文書「五〇年問題について」をふまえ、政治報告で「五〇年問題」の総括をおこないました。報告は、党中央の解体と分裂の原因が、政治局多数による、指導的幹部の排除工作と中央委員会の解体にあったと指摘し、五つの教訓を強調しました。

それは、①党の統一と団結、とくに中央委員会の統一と団結をまもる、②官僚主義的個人中心指導や規律を無視する自由主義、分散主義をきびしく排し、規約をまもって、大会その他の党会議を定期的にひらき、民主集中制と集団指導をつらぬく、③中央委員会の団結とともに、中央と地方組織との団結のために最善の努力をはらう、④党の分裂が大衆団体の正常な発展を破壊した経験にたって、内部問題を党外にもちださず、党内で解決する、⑤党の思想建設と理論を軽視する風潮を一掃し、全党が、マルクス・レーニン主義（科学的社会主義）理論の学習を組織し、党の政治的、理論的水準を向上させるために努力する、でした。

国際的な問題点のたちいった評価は、ソ連、中国の覇権主義的干渉に直面した第十回党大会（六六年）まで公表されませんでした。

大会は、「党章草案」のうち、政治綱領の一部を規約前文にとりいれ、規約本文とあわせたものを

「党規約」として採択しました。党規約は、民主集中制の原則を具体的に規定し、党の統一と団結、原則的な党生活と党建設を保障する土台となりました。

「草案」の政治綱領部分（報告者・宮本顕治）は、大会と小委員会で長時間討議されました。代議員の多数は草案に賛成でした。しかし、現状規定と当面の革命の性格という重要な点での不一致が残っており、大会は、綱領を多数決で決めず、新しい中央委員会のもとでひきつづき討議する草案として承認し、決定をつぎの大会にもちこしました。

大会は、綱領草案のうち、当面の党の要求をしめした基本部分を、当面の行動綱領として採択し、大会の名で「五一年文書」を廃止しました。

「綱領問題についての報告」は、当面の革命を「人民民主主義革命」と規定し、綱領草案は「人民の民主主義国家体制を確立する革命」と特徴づけました。これは、日本社会の今後の発展が、国家の形態の面でも、革命の道すじの面でも、ソビエト型とはちがう、普通選挙権と代議制度による民主主義的な道をすすむことを意味したもので、日本における変革の、独自の方向の追求を原則的に明らかにする点で、重要な意義をもっていました。

この報告は、人民多数の意思にたいする反動勢力の暴力的挑発への警戒を「敵の出方」という用語で説明しました。この用語は、社会変革の事業を平和的・合法的にすすめる党の立場を説明するなかで使われたものですが、その後、相手の出方によっては党が非平和的な方針をとるかのような〝論拠〟として反共宣伝に利用されました。七〇年にひらかれた第十一回大会は、こうした反共宣伝との闘争の見地から、この用語について、よりたちいった規定をおこない、「反動勢力を政治的に包囲してあれこれの暴力的策動を未然に防止し、独立・民主日本の建設、さらには社会主義日本の建設への平和的な道を保障しようとするためであって、これをもって『暴力主義』の証拠とするのは、きわめて幼稚なこじつけである」と明確にしました。党は、その後も公安調査庁などがこの用語を党攻撃に利用していることをふまえ、第二十三回大会（二〇〇四年一月）以後、これを使わないことにし、二〇二一年九月の中央委員会総会（第二十八回大会三中総）で、この用語の廃棄を決めました。

大会で選出された中央委員会は野坂参三を議長に、宮本顕治を書記長に選びました。

こうして、党は、「五〇年問題」を総括し、党規約と行動綱領を決めて、あらたな前進を開始することになりました。

なお、大会での中央委員会報告（報告者・野坂参三）は、一九五一年に分派がひらいた「五全協」を不正常だが「ともかくも一本化された」会議としていました。これは文書点検の不備にともなう誤りで、この一句は、のちに削除されました（八九年二月、第十八回大会第四回中央委員会総会決定）。

「日曜版」の創刊。党勢倍加運動

党は、強大な党の建設を重視し、党生活の確立と党勢拡大を全党に訴え、ねばり強くこれを推進しました。

一九五八年十一月、中央委員会総会（第七回大会三中総）で、「党生活の確立と党勢拡大の運動」を提起し、党生活の確立の基準として、①細胞（支部）会議を定期的にひらく、②全党員が「アカハタ」を読む、③党費と機関紙誌代を完納する、の三つの目標を決めました。また、「アカハタ」日曜版の創刊を決定し、五九年三月に発行をはじめました。日曜版は、〝未来に希望をもち、日々の生活に勇気をもてる〟新聞として党と国民をむすび、機関紙活動を党の財政活動の基盤とするうえでも、大きな力を発揮しました。同年十一月には、「アカハタ」再刊三千号を記念して、第一回「アカハタまつり」をひらきました（東京・浜離宮公園）。

党は、五九年四月の統一地方選挙で、改選前の議員数六百十人を七百四十人にふやしましたが、六月の参議院選挙では、得票数・率を減らして全国区で一議席の獲得にとどまりました。

選挙結果を検討した中央委員会総会（六中総）は、情勢と任務にてらして党の組織勢力があまりにも小さいことをふまえ、数十万の党をめざす党勢倍加運動を提唱し、「党を拡大強化するために全党の同志におくる手紙」をおくって、細胞（現在の党支部）に九月末までに返事をよせるように求めました（五九年八月）。

六中総の討論では、党勢のおくれの原因は党の基本方針のまちがいにある、大衆運動に積極的にとりくめば党は自然に成長する、という意見が出されました。六中総は、十二日間におよぶ討論でこの考えをしりぞけ、当面の闘争に積極的にとりくみながら、党勢拡大を独自の課題として意識的、計画的にすすめる方針をつくりあげたのでした。

手紙にたいする党支部からの返事は、十月末で一割にとどまり、中央委員会は、都道府県委員長会議、七中総を連続してひらき、あらためて「すべての党組織が返事を書くこと」を決定します。幹部会は「中央委員会の手紙にたいしてまだ返事を出していない細胞へ」（十二月）という訴えを発表し、支部と中央とが一緒になって事態を打開し、党勢倍加運動を成功させようと呼びかけました。こうして、翌年一月に五割、六月末には九割の支部からの返事が中央によせられました。

六〇年八月、党は、当面の選挙闘争と党勢拡大の目標達成を目的に、全国活動者会議をひらき、国民と深くむすびついて党建設をすすめ、党勢を拡大しながら前進することを、党の指導と活動の基本方針として確認しました。党勢倍加運動は、全党の積極的な努力によって大きく前進し、六〇年の総選挙で党の前進をきりひらく力となりました。

党は、六〇年三月、日本民主青年同盟についての新しい方針を決め、六月、民青同盟第六回大会は、「青年同盟のよびかけ」と「規約」を採択し、同盟の基本的性格と任務を確立しました。これは、民青同盟が平和・独立・民主・中立の日本の建設と青年の要求実現のためにたたかう民主的な性格と、科学的社会主義を学び党のみちびきをうける先進的性格とを統一していることをしめしたものです。

五九年一月、ソ連共産党大会に出席した党代表団（団長・宮本書記長）は、日本の政党としてはじめて南千島の返還をソ連に要求し、その帰途、中国共産党と日中国交回復を共同の緊急課題とすることを確認しました。このとき、毛沢東は、「五〇年問題」で内部干渉にわたる誤った態度をとり、正しくなかったと表明しました。しかし、この態度はまもられず、七年後、毛沢東は、党への乱暴な干渉攻撃を開始したのでした。

「安保共闘」の結成へ

大会後、党と日本国民が直面した最大の闘争は、一九五九年から六〇年にくり広げられた安保改定反対闘争でした。

これにさきだって五八年の夏から秋に、教員の勤務評定や、警察官職務執行法（警職法）改悪に反対するたたかいが広がり、警職法改悪案の成立を阻止しました。社会党は、日本共産党をのぞいて警職法改悪反対国民会議を組織する方針をとりましたが、地方では四十近い府県で、共、社両党をふくむ共闘組織が生まれ、市町村レベルでは千をこえました。

安保条約改定の交渉は、五八年九月、藤山愛一郎外相の訪米とともに本格化し、六〇年一月、ワシントンで新安保条約が結ばれました。新安保条約は、内乱条項（米軍による日本国民の闘争への弾圧をのべた条項）をとりのぞき、条約の固定期限を十年とするなど、一部の条文に変更をくわえました。しかし、その実態は、アメリカによる日本の半占領と侵略基地化（第六条）をかえず、あらたに軍事力の増強（第三条）と共同作戦の義務（第五条）を日本におわせ、経済面での対米協力（第二条）を義務づけるものでした。

改定された安保条約の体制は、「公表された条約」とは別に、多くの「秘密にされた条約」――密約から成り立っていました。日米密約は、①「事前協議」に関する密約（核兵器持ち込みの密約、米軍が日本から「移動」する場合や朝鮮半島への出撃は「事前協議」の対象外にする）、②米軍の基地特権に関する密約（日米地位協定のもとでの米軍の基地権は、行政協定のもとでの基地権と「変わることなく続く」）、③裁判権についての密約（「日本にとっていちじるしく重要と考えられる事件以外については第一次裁判権を行使するつもりはない」）、④指揮権についての密約（日米共同作戦の場合に「最高司令官はアメリカ軍人がなる」）など、さまざまな分野におよんでいます。党は、独自の調査にもとづき、六〇年代末から密約の存在を追及し続けてきましたが、この問題は、二十一世紀の今日も、国政上の大問題となっています。

党は、五九年一月、日本の中立政策を提案し、安保条約の改定を阻止するとともに、安保条約を破棄し、独立、平和、中立の日本を実現して、すべての国ぐにと友好、親善の関係をつくるためにたたかおうと呼びかけました。

五九年三月、「安保条約改定阻止国民会議」（安保共闘）が、日本共産党、社会党、総評、中立労連、全日農をふくむ民主諸団体の共闘組織として結成され、地域共闘の組織は、六〇年六月までに二千をこえました。社会党、総評は、中央の幹事団体会議への党の参加に反対し、党は、幹事団体ではなくオブザーバーの立場におかれました。

民主勢力は、安保共闘を軸に、五九年四月から二十三回にわたる統一行動をおこない、一年半以上にわたってたたかいをくり広げました。当初、「安保は重い」など、消極的な意見もありました。党は、宣伝と学習の活動を広く組織し、改定安保が、対米従属の軍事同盟であり、アメリカの戦争に日本をまきこむ危険を強めることをしめし、さまざまな要求と闘争を安保反対闘争とむすび、運動を広げるよう力をいれました。また、沖縄返還要求をかかげるよう安保共闘に提案しましたが、社会党、総評などの消極的な姿勢により、共闘の課題にはなりませんでした。

日本共産党との共闘に反対して社会党を離れた西尾末広らは、六〇年一月、民社党を結成し、当初は、米軍の常時駐留をみとめない、「駐留なき安保」の立場をとりました。

六〇年一月、岸首相が訪米し、新安保条約に調印しました。

党は、その直後に、安保改定に反対し、両国政府に抗議する独自の署名運動を提起し、安保改定の危険な本質を知らせ、闘争のすそ野を広げました。

安保反対闘争の大きな広がり

安保改定に反対する国民の運動は、一九六〇年四月には、新安保批准阻止全国婦人大会の開催、東大教授・助教授・講師三百五十三人による安保反対声明の発表など、各分野に広がりました。四月二十六日、政治史上例のない十万人の国会請願行動が実現し、全国で五百万人が参加した五月のメーデー集会は、安保粉砕、国会解散、岸内閣退陣を要求しました。

五月十九日深夜、国会は、数万のデモ隊に包囲されました。当時は、国会の周りにたくさんの空き地があり、そこにデモ隊が座り込むと国会を文字通り、包囲してしまうのです。そのもとで、国会内に警官が導入され、二十日午前零時すぎ、岸内閣と自民党は、衆議院での新安保条約承認の単独採決を強行しました。

暴挙への批判は強く、安保闘争は、条約への反対と同時に、民主主義擁護のたたかいとしても発展をとげてゆきます。

六月、国鉄労働者を中心に五百六十万の労働者が安保改定阻止の政治ストライキをおこない、農民はむしろ旗をかかげ、業者は閉店ストで、国会請願に参加しました。安保反対署名は、六月に二千万を突破、党の独自署名も、七月下旬までに二百九十万に達しました。

一方、アメリカは、アイゼンハワー大統領の来日で、岸内閣をたすけ、国民の闘争に圧力をかけようとしました。

党は、安保共闘に、アメリカ大使館への抗議デモを提起しましたが、社会党はうけいれず、ニセ「左翼」集団は「反岸闘争を反米闘争にそらすな」と攻撃しました。来日目的がわかってくるなかで、安保共闘も先乗り役のハガチー（大統領新聞係秘書）に「アイク訪日中止」の申し入れを決定しました。

六月十日、来日したハガチーは、数万のデモ隊の抗議にむかえられ、米軍ヘリコプターと警官の救援でアメリカ大使館に逃れました。政府は、新聞とラジオを総動員して、「空前の不祥事」と宣伝し、国民に威圧をくわえました。

翌十一日、国会、アメリカ大使館への大デモ行進がおこなわれ、ハガチーはその夜、日本をさりました。警視庁から米大統領の来日警備に責任がもてないと通告された岸首相は、赤城宗徳防衛庁長官にたいし、警備とデモ鎮圧のための自衛隊出動まで要請していました。

六月十五日、労働者の全国ストライキと、安保共闘による十数万の国会請願デモがおこなわれます。このとき、ニセ「左翼」集団の挑発によって学生数千人が国会構内に入り、警官隊の弾圧によって女子学生が殺される悲劇がおきました。この〝国会突入〟が、職業的反共主義者・田中清玄に指導されたニセ「左翼」集団の意図的な挑発であったことは、三年後、報道番組とかれらの手記で明らかになりました。かれらは、警察関係者にも接触し、資金提供や戦術指導をうけていました。また、右翼団体が「安保批判の会」の文化人の隊列にトラックを突入させ、四十数人に重軽傷を負わせる事件までおきました。

党は、女子学生を殺害した警視庁を糾弾するとともに、「無責任、無反省の岸首相こそ最大の責任者」として即時辞職を要求しました。同時に、ニセ「左翼」集団がこの事件を利用して反共攻撃を強め、社会党と総評、一部文化人もかれらへの同調を強めるもとで、党は、安保共闘の決定に反する分裂と冒険主義を「黙過すべきではない」として、挑発活動をきびしく批判し、統一と団結をまもり、広範な国民を結集してたたかうことを訴えました。

六月十六日、岸内閣は、アイゼンハワー大統領の招待を断念し、十八日、安保条約は、三十万人の国会包囲デモのなかで、「自然承認」されました。

岸内閣は条約批准直後の七月十五日に退陣し、池田勇人《はやと》内閣にかわりました。

安保・三池闘争の意義

安保闘争には広範な国民が参加し、民主勢力の団結した力への確信を広げ、日本の政治と社会を変革する闘争にあらたな発展の条件をつくりました。

党は、安保闘争を発展させるために、系統的な努力をおこない、新安保条約が対米従属の軍事同盟であり、日本をアメリカのたくらむ侵略戦争にまきこむ危険を強めることをしめし、日米の支配勢力を明確にしてたたかうように、努力をつづけました。また、一九六〇年三月のアイゼンハワー来日反対闘争の提案、五月の選挙管理内閣の呼びかけ、七月の「安保反対の民主連合政府」の提唱など、重要な局面ごとに、事態に対応した方針をしめし、積極的役割をはたしました。

党は、広範な民主勢力の統一こそ勝利のカギであると訴え、共闘組織の結成、強化につとめました。さらに、統一戦線を弱め破壊する反共セクト主義や、共闘組織を党派の下請け機関にする試みを批判し、戦術面でも国会請願行動や有権者の過半数をめざす大署名運動の提起など、創意的な提案をおこないました。

党は、また、ニセ「左翼」集団にたいして、かれらが「共産主義」を偽装する暴力集団であり、挑発・かく乱者であることをしめし、その策動とたたかいました。

この時期、同時にたたかわれた三池闘争は、「合理化」反対闘争の頂点をなすもので、千二百人の指名解雇という攻撃に直面した労働者は、民主勢力の支援をうけてねばり強くたたかい、数万の武装警官隊、右翼暴力団などによる弾圧、中央労働委員会のごまかしのあっせんなど、政府と一体となった攻撃にたちむかったのでした。

党は、六〇年四月、三池闘争を民主勢力の共闘として発展させようと訴え、現地での支援体制をとりました。七月の十万人大集会に参加した宮本書記長は、「全党から応援隊を」と呼びかけ、多くの党員が大牟田にかけつけました。三池闘争は、大量解雇を阻止しえなかったとはいえ、資本の攻撃に労働者と民主勢力が共同してたちむかう重要な経験となりました。

党は、これらの闘争をつうじて、国民とのむすびつきを強め、対米従属と財界・大企業の横暴な支配を打破することを提起した綱領草案の正しさを確認することになりました。

社会党は、綱領の反共主義には手をつけませんでしたが、「共産党と一線を画する」という従来の方針を、六〇年十月の大会で正式にはずしました。

六〇年十一月、安保闘争後の総選挙で、自民党は得票を減らしながらも二百九十六議席を得て第一党を確保、新安保条約を支持した民社党は、四十から十七議席に激減し、社会党は、百四十五議席にのびました。党は百十五万六千七百二十三票の得票（得票率二・九三％）をえて、二議席増の三議席へと前進しました。

選挙戦前夜におこった浅沼稲次郎社会党委員長の暗殺は、新安保条約のもとでの政治反動の危険をしめすもので、これに抗議する集会は全国四十カ所でひらかれました。

八十一カ国共産党・労働者党代表者会議（一九六〇年）

一九六〇年十一月、党は、モスクワでひらかれた八十一カ国共産党・労働者党代表者会議に代表団（団長・宮本書記長）をおくりました。

アメリカ帝国主義の評価や戦争と平和の問題などをめぐるソ連と中国の論争が開始されていたもとで、党は、自主独立の立場を堅持し、各党の独立と同権の基礎のうえに一致する課題で国際的な共同と連帯を発展させるという方針をもって、会議にのぞみました。

会議で採択された「声明」は、各国の党の独立、平等、自主の基礎のうえに共産主義運動の国際的団結を実現することを、国際連帯の新しい姿と確認しました。

「声明」には、ソ連共産党を「共産主義運動の一般に認められた前衛」と呼ぶ誤った命題もふくまれており、中国も、「どんなものにも頭が必要」とのべ、これに賛成しました。党代表団は、この命題は、「指導する党」と「指導される党」をもちこみ、各党の自主独立、対等・平等の原則に反すると反対しました。イタリア代表は、宮本団長にヨーロッパの党の総意としてこの命題への賛同を求め、「反対するのは日本共産党だけ」とのべましたが、党代表団は、これをうけいれませんでした。

党代表団は、この会議に、発達した資本主義国での革命の戦略問題を提起しました。党は、日本の対米従属は、革命論のあらたな発展を必要とするもので、反帝反独占の民主主義革命は、高度に発達した資本主義国でありながらも、事実上、外国帝国主義への従属状態におかれている諸国の共通の課題だと主張しました。当時、世界では、発達した資本主義国では、「社会主義革命」が当然という考え方が、支配的な流れでした。イタリア、フランスの代表は、ヨーロッパは事情がちがうとして、「ヨーロッパ以外」という限定をくわえるよう求めました。党代表団は、地域的限定は不要と考えましたが、さまざまな党のおかれた事情を考慮して、固執しませんでした。こうして会議の「声明」は、地域的限定をつける形で党代表団の提起をとりいれました。

綱領問題での民主的な討論

党は、第七回大会後、幹部会の九人全員と六人の中央役員で構成する綱領問題討議小委員会（責任者・宮本顕治）をつくり（一九五八年八月）、つぎの大会にむけて、小委員会を二十九回、中央委員会総会を三回（二十二日間）ひらき、綱領問題の討論を徹底的におこないました。

六一年三月、十六中総は、二年半にわたる綱領討論の結論として、第七回大会に提出した綱領草案の基本的な正しさを確認し、その後の情勢の発展や叙述の補足をおこなって、第八回大会に提案する綱領草案を決定しました。

会議では、春日庄次郎ら五人の中央委員と二人の中央委員候補が、当面する革命を反独占社会主義革命とする意見に固執し、決定に反対しました。アメリカ帝国主義の侵略性の過小評価と革命論での教条主義を批判され、かれらは反論不能におちいりました。破たんをつくろうために、イタリア共産党の「構造改革」論ももちだされましたが、これも、対外追従的な傾向のあらわれでした。

かれらは、反対意見を広めるためにひそかに分派活動を組織し、その後、社会党機関紙「社会新報」まで利用して党の綱領草案を攻撃しました。

六一年五月以来、「社会新報」には、再三、日本共産党の綱領草案を批判した論文が掲載されていましたが、その内容は、分派活動にはしった人びとの見解を社会党風の文章になおしたものでした。党は、「社会新報」の主張が、戦前は絶対主義的天皇制、戦後はアメリカ帝国主義という、日本社会の発展のためにむきあうべき相手との戦略的なたたかいを回避するものだと批判し、綱領的展望や統一戦線での意見のちがいはあっても、一致点での共同闘争を強化すべきだと主張しました。孤立した春日庄次郎、内藤知周らは、大会直前に反党声明をだし、公然とした反党活動にはいりました。党は、党規約に反して分派をつくり、攻撃者となったものたちを除名処分としました。

第八回大会――党綱領の決定（一九六一年）

一九六一年七月、党は、党勢倍加の目標を達成し、第八回大会をむかえました。大会は、前大会以後の闘争とその活動のなかですすめた「党生活の確立と党勢拡大の運動」の成果をふまえて、中央委員会の政治報告を採択し、規約を一部改正しました。

大会は、「日本共産党綱領」（綱領報告の報告者・宮本顕治）を全員一致で採択しました。

党綱領は、日本の情勢と当面の革命の性格と展望について、つぎのように規定しました。

「現在、日本を基本的に支配しているのは、アメリカ帝国主義と、それに従属的に同盟している日本の独占資本である。わが国は、高度に発達した資本主義国でありながら、アメリカ帝国主義になかば占領された事実上の従属国となっている」

「現在、日本の当面する革命は、アメリカ帝国主義と日本の独占資本の支配――二つの敵に反対するあたらしい民主主義革命、人民の民主主義革命である。労働者階級の歴史的使命である社会主義への道は、この道をとざしているアメリカ帝国主義と、日本の独占資本を中心とする勢力の反民族的な反人民的な支配を打破し、真の独立と政治・経済・社会の徹底的な民主主義的変革を達成する革命をつうじてこそ、確実にきりひらくことができる」

このように綱領は、当面の変革として、民主主義革命の立場をとり、日米軍事同盟を中心にしたアメリカへの従属関係をなくし、財界・大企業の横暴な支配をとりのぞくことを提起しました。資本主義の枠内での民主的変革という方針は、党独自の探究の成果でした。

当時は、「独占資本」という用語を、独占的大企業を中心とした経済的支配勢力、また日本を支配する政治的支配勢力を表す二重の意味で使っていましたが、その後、第二十三回大会（二〇〇四年）の党綱領の全面改定でこれを見直し、経済体制については「独占資本主義」、階級的な支配勢力については「大企業・財界」という用語を使うようにしています。

綱領は、また、日本社会のどんな変革も、「国会で安定した過半数」をえて実現すること、社会は国民多数の世論の成熟にともなって段階的に発展するという立場をつらぬきました。

綱領は、安保闘争のなかで党が発表した政府問題での提案をふまえ、民主的な変革をやりとげる政府にいたる過程でも、アメリカと財界・大企業の「支配を打破していくのに役立つ政府」や、「さしあたって一致できる目標の範囲でも、統一戦線政府」をつくるとしました。

綱領は、当面の民主的な変革の段階でも、将来、社会主義への変革が問題になるときにも、目標が一致するすべての党派、団体、個人と共同する立場を明記し、統一戦線勢力による連合政権をめざすことを、政治と社会を変える大方針にすえました。

当時、社会党は、綱領的文献で社会党「単独政権」をめざすとしましたが、日本共産党綱領は、はじめから、単独政権を問題にしませんでした。日本社会は、いろいろな考えの人びとから成り立っており、それぞれの時期に、社会のさまざまな流れを代表するいろいろな政党が生まれます。そういう政党・団体が一致する目標で協力・共同し、一歩一歩前進してゆく、これが党綱領のすえた基本的立場でした。

さらに、綱領は、社会変革の事業の発展にとって、強大な党の建設が「決定的な条件」になることを明らかにしました。

綱領は、民主主義を徹底する立場から、「君主制を廃止」する問題を将来の目標におき、当面の改革の内容を定めた行動綱領には、これをふくめませんでした。日本国憲法は天皇を主権者・国民の全面的なコントロールの下におくものとなっており、憲法上、天皇は「君主」と呼べる存在ではなく、綱領が「ブルジョア君主制の一種」とした点は正確でありませんでした。のちにこの規定は削除されました（第二十三回大会、二〇〇四年）。一九六一年当時、天皇の地位にあった昭和天皇は、戦前以来の「元首」としての自己意識をもち、アメリカに沖縄占領の継続を求め（四七年九月）、外交・内政の政策にも注文をつけるなど、憲法の規定に反する国政への関与をおこなっていました。当時の綱領の規定には、こうした歴史的な背景もありました。

大会は、綱領路線にもとづく政治方針と国民運動、党建設の方針を決め、当面数十万の党をつくりあげるという目標を打ち出しました。

党は、第七回大会から第八回大会へ、二つの党大会をつうじて、党綱領をさだめ、自主独立の立場を確立しました。これが党の歴史における画期的な転換点となり、党は、あらたな前進を開始することになりました。

第三章　綱領路線の確立以後（二）――一九六〇～七〇年代

日本の政治史は、日本共産党が六一年綱領を確定した一九六〇年代以降、アメリカ従属、財界・大企業中心の外交・経済政策を展開する自民党政治と、「国民が主人公」の民主主義日本をめざす日本共産党の二つの流れを軸に展開してきました。日本共産党の前進・躍進にたいして、支配勢力は集中的な反共攻撃と政界の反動的再編でこたえ、それとのたたかいで党は鍛えられながらあらたな前途を切り拓く――「政治対決の弁証法」ともいうべき曲折にとんだ激しいたたかいとなりました。

（1）綱領路線にもとづく各分野での開拓的な努力

一九六〇年十二月、自民党・池田勇人《はやと》内閣は、「国民所得倍増」計画（最終年度は七〇年）を決定し、その実行にのりだしました。党は、この計画が金融・財政をはじめ国の機構全体をあげた大企業応援政策であることをしめし、これにかわる国民本位の経済発展の道を提起しました。

社会党、民社党は、自民党と経済成長の速度を競う態度をとり、これらの党は、創価学会を母体に結成された公明政治連盟（六一年結成、六四年公明党）をふくめて、新産業都市建設促進法（六二年）、工業整備特別地域整備促進法（六四年）など、大企業応援の法案に賛成しました。

「高度成長」政策とも呼ばれたこの計画は、大企業の設備投資を欧米諸国の数倍の規模で拡大しましたが、物価は二倍にはねあがり、勤労者世帯一人あたりの消費支出は計画の半分で、社会保障は横ばい、下水道と住宅建設は目標をはるかに下まわりました。さらに、大企業の活動によって深刻な環境破壊が激増し、生活不安を広げました。また、農業つぶしもすすみ、穀物自給率は、十年間で八二％から四五％へと急低下しました。

また、自民党は池田内閣と佐藤栄作内閣（六四年十月成立）のもとで、自衛隊の増強・日米共同作戦態勢の強化に着手、六四年から米原子力潜水艦の「寄港」をみとめ、アメリカのベトナム侵略の本格化のなかで日本を米軍の出撃・補給基地に変えました。さらに、沖縄の「施政権」返還とむすびつけて、日米軍事同盟の再編強化をうちだしました。

党は、日米軍事同盟の強化に反対し、安保条約の破棄を日本の進路をめぐる中心課題と位置づけ、ベトナム侵略と原潜「寄港」反対、沖縄の無条件返還を要求してたたかいました。

統一戦線の旗をかかげて

党は、安保闘争の経験を重視し、革新勢力の共同行動と統一戦線の発展に力をいれました。

安保闘争のさいの共同組織「安保共闘」は、一九六一年三月、「安保反対、平和と民主主義を守る国民会議」（国民会議）として再発足し、統一行動は、二年間で二十回を数えました。党は幹事団体会議のオブザーバーとされましたが、積極的に活動を広げました。しかし、社会党と総評指導部は、

の機能を停止しました。

党は、国民会議の再開を要求しながら、横田基地包囲の統一行動などを、自覚した民主勢力とともにすすめ、六四年九月には、日本共産党をふくむ百三十団体で「九・一三全国統一行動中央実行委員会」（翌年十二月、「安保破棄・諸要求貫徹中央実行委員会」と改称）が結成されました。

一方、統一行動の発展をさまたげる事態も生まれました。原水爆禁止運動の分裂です。

社会党・総評指導部は、第九回原水爆禁止世界大会（六三年）で、ソ連が礼賛していた「部分的核実験停止条約」への支持を大会で決めるよう主張しました。党は、大気中、宇宙空間、水中の核実験だけを禁止し、地下核実験を認めるこの条約は、核実験全面禁止の課題を放棄し、核軍拡をすすめるものだと批判するとともに、大会としては同条約への賛否を決めずに、核戦争阻止と核兵器全面禁止、被爆者援護・連帯という原水爆禁止運動の原点での一致にもとづいて共同すべきとの態度を堅持しました。みずからの主張に固執した社会党、総評は、ソ連の干渉による後押しもうけて大会から脱退し、翌年には別集会をひらき、原水爆禁止日本国民会議を発足させました（六五年二月）。原水爆禁止運動の分裂は、その後の国民運動に大きな傷跡をのこしました。

当時、党は、ソ連が再開した核実験（六一年八月）を、アメリカの核脅迫に対抗して余儀なくされた防衛的なものとみなす態度表明をおこないました。これは、党として、核兵器使用の脅迫によって国の安全を確保するという「核抑止力」論にたいする批判的認識が明瞭でなく、ソ連覇権主義にたいする全面的な批判的認識を確立していないもとでの誤った見方でした。同様の態度表明は、六四年と六五年の中国の核実験のさいにもおこなわれました。ソ連によるチェコスロバキア侵略、中ソの軍事衝突などの事態が起こるもとで、党は、七三年、この見方をあらため、アメリカを戦後の核軍拡競争の起動力としてきびしく批判すると同時に、ソ連や中国の核実験も際限のない核兵器開発競争の悪循環の一部とならざるをえないものとなっているという評価を明確にしました。そして、党が一貫してかかげ、原水爆禁止運動が基本目標としてきた核戦争阻止、核兵器全面禁止・廃絶と核戦争防止のための世界政治への働きかけ、被爆者の援護・連帯に力をそそぎました。ただ、七三年の態度表明には、六〇年代に党がとったソ連や中国の核実験にたいする態度は「誤っていなかった」とする限界がありました。

党としてソ連や中国の核実験への態度に問題点があったことは事実ですが、党は原水爆禁止運動に党の評価をおしつける態度はとらず、核兵器全面禁止などの基本目標で団結する態度を一貫してつらぬきました。

六四年四月、党は、労働組合が計画していた四・一七ストライキに反対する、指導上の誤りをおかしました。宮本書記長が病気で不在の時期に、一部の幹部が毛沢東の提唱した「反米愛国の統一戦線」の主張に影響をうけ、ストライキを〝米日反動のたくらむ挑発スト〟と誤認し、反対の声明をだしたのです。これは、労働者のあいだでの党への信頼を傷つけ、党は大きな打撃をうけました。党は、七月の九中総、十一月の第九回大会で、この誤りが綱領路線に反したものであったと総括し、指導にあたった個人の責任も明確にしました。

六五年夏、ベトナム侵略に反対する運動の広がりのなかで、安保破棄・諸要求貫徹中央実行委員会と全国実行委員会（社会党、総評などで構成）が、全国レベルでの「一日共闘」を実施し、秋には日韓条約反対などで五回の統一行動が実現します。中央、全国両実行委員会は、翌六六年七月、米軍によるハノイ、ハイフォン爆撃という事態にたいして、ベトナム侵略反対、爆撃抗議の中央集会を開催し、十月には、ベトナム侵略反対と生活と権利の擁護、佐藤内閣打倒、国会解散を求める一〇・二一ストライキが五百五十万人の参加でおこなわれ、世論に大きな影響をあたえました。

革新都政の実現へ（一九六七年）

一九六五年七月、汚職をめぐるリコール運動によって解散した都議会の選挙で、党は、「汚職と腐敗の伏魔殿」に堕落していた自民党都政を刷新するため、はじめて全選挙区に候補者をたてました。党は、汚職と腐敗を一掃する基本政策にとどまらず、「水不足」「住宅難」「環境衛生と公害」「物価安定」「健康と生活」「こどもと教育」などの個別政策を発表して、都民の要求をどう実現するかをしめし、得票の倍加で二議席から九議席への躍進を実現しました。選挙の結果、自民党は大きく後退し、社会党が都議会の第一党になりました。

六六年夏から、田中彰治事件、信濃川河川敷買い占め事件、共和製糖事件など、自民党政治の汚職と腐敗をしめす事件があいつぎ、十二月の国会解散は、「黒い霧」解散と呼ばれました。翌六七年一月の総選挙で、党は、財界と腐れ縁のない清潔な党の姿を語り、物価、減税、公害など国民の緊急要求にこたえる政策を発表して、東京と福岡で十八年ぶりに議席を獲得、全国で五議席を確保しました。この選挙で、自民党の得票率ははじめて五〇％をわりました。

この選挙中に、共産党を除外したテレビ討論会が計画され、党は、政治的中立に反するとして法的手段にもうったえ、討論会への出席をみとめさせました。全政党が出席しての選挙中の討論会は、こうした経過もへて、その後、当たり前のものとなったのでした。

六七年四月、都知事選挙で、革新統一候補（美濃部亮吉）が、自民党、民社党の反共連合をうちやぶって勝利します。党は、都知事選挙で都民要求にこたえる都政の実現をめざし、民主勢力の共同政策と共同闘争の体制をつくることを重視しました。三月、社会党と都知事選の「政策協定」、「共同闘争の体制についての協定」（組織協定）をむすび、両党と民主諸団体が参加する「明るい革新都政をつくる会」の活動を広げ、選挙戦を勝利に導きました。

東京での革新自治体の実現は、統一戦線運動の発展にとって重要な意義をもち、全国各地でこの経験が生かされました。六八年十一月、沖縄で初の主席選挙がおこなわれ、革新共闘の屋良《やら》朝苗《ちようびよう》が勝利し、祖国復帰への沖縄の団結の力をしめしました。

一方、中央段階での統一行動は、社会党が、中国・毛沢東派の干渉に追随して党を不当に攻撃したり、ニセ「左翼」集団を「同盟軍」と呼んでその活動を容認したことで、困難にみまわれていました。党はこの困難をのりこえる努力をかさね、六九年十月には、安保破棄・諸要求貫徹中央実行委員会と全国実行委員会のブリッジ共闘方式を脱する形で、統一した実行委員会方式による安保・沖縄問題での中央集会が実現しました。

統一実行委員会は、安保廃棄、沖縄の即時・無条件・全面返還を共同要求とし、運営は満場一致、

「統一行動の発展を阻害する団体」の参加をみとめず、「持続的な共闘の可能性」を追求することを確認しました。こうした形での共闘の成立は、安保反対国民会議の活動停止後はじめてのことで、日本共産党と社会党が対等・平等の立場で参加しました。

六九年十二月の総選挙は、安保条約の固定期限終了を半年後にひかえ、日本の進路をするどく問う選挙となりました。党は、安保・沖縄、暮らしと経済、大学問題など、すべての争点で、日本の進路をしめし、自民党とその追随勢力に対決しました。安保条約をめぐっては、第十条による「終了」通告での廃棄の道をしめし、安保廃棄後の安全保障と対外経済政策の展望も語って、安保条約をなくす現実的可能性を広く訴えました。選挙の結果、党は、九議席増の十四議席に躍進し、得票では、前回比百万票増で、四九年総選挙で獲得した二百九十八万四千票を上回る三百十九万九千票（得票率六・八一％）をえました。自民党は十六議席増の二百八十八議席、社会党は、五十議席減で九十議席に後退しました。

本格的な政策活動への道をひらく

党は、党活動の各分野で綱領路線にもとづく開拓的な努力を重ねました。

政策活動では、一九六五年七月の参議院選挙で、政治転換をめざす基本政策とともに、物価、税金、住宅、社会保障、農業、中小企業から保育園の問題まで、「くらしをよくする日本共産党の政策」を発表し、必要な財源対策をしめしました。これは、党の政治的立場を身近でわかりやすいものとし、全国区で五十万票増をかちとる力となりました。このような政策活動は、党としてはじめて開拓したもので、直後の東京都議選での活動とともに、スローガン的な政策を突破する経験となり、選挙戦の様相を変えてゆきました。

党は、六五年九月の中央委員会総会（第九回大会）で、この経験を検討し、政策活動を抜本的に発展させ、全世帯を対象にした大量宣伝とむすんで選挙戦をたたかうこと、また、日常的に大量政治宣伝を発展させることを決め、あらたな活動にのりだしました。

党は、六七年二月の会議（第十回大会三中総）で、政策とは、国民の切実な要求から出発して党としての解決策をしめすもので、国民の要求と綱領とを媒介するものだと定式化し、その後の政策活動の礎としました。会議では、「地域開発」について、「ただ反対」という単純な態度をとらず、政治的対決の全体のなかにこの問題を位置づけ、住民の暮らしと健康をまもり、地域の農業、産業を多面的に発展させる具体的な政策を提起する重要性を明らかにしました。六月の四中総でも政策問題を検討し、翌六八年六月、「都市問題の解決をめぐる二つの道」で、交通と生活環境をはじめ、都市政策でも住民本位の施策をすすめる立場をしめしました。

党は、六七年十一月、沖縄政策で、「基地つき返還」論を批判し、沖縄・小笠原の即時・無条件・全面返還の要求こそが、国民の立場にたった根本的解決の道であることをしめし、六八年一月に、独立・平和・中立の日本をめざす、党の安全保障政策を発表しました。党の安全保障政策は、その後、第二十回大会（九四年）、第二十二回大会（二〇〇〇年）で大きく発展させられます。

つづいて、一九六九年七月、革新都政下での初の都議選で、党組織をあげて政策問題にとりくみ、千二百をこえる地域政策を行政区、問題・分野別に発表し、十八議席へと議席を倍増させました。同年九月、全国活動者会議で、農業、中小企業など各分野での「構造改善事業」について、反対だけの機械的対応をいましめたことも、政策活動の重要な提起でした。

住民運動と力をあわせて

党の政策活動は、住民運動の力となり、多くの成果をあげました。党は、第九回大会（一九六四年十一月）で「全額無料の老人の健康管理と医療保障の実施」を要求し、六九年十二月、革新都政のもとで老人医療無料化が実現しました。この政策は、数年をへないうちに八割をこえる地方自治体で実施され、国の施策にもとりいれられました。

公害問題では、六七年八月、自民、民社、公明三党の賛成で公害対策基本法が制定されます。基本法には経済団体連合会（経団連）の主張で「経済発展との調和」条項がはいり、対策を大企業の活動を制約しない範囲にとどめようとしました。党は、この条項の危険性を指摘して実効ある公害対策を求め、七〇年、この条項は削除されました。

公害反対の住民運動は、四日市公害訴訟、イタイイタイ病訴訟、新潟・熊本水俣病訴訟など四大裁判闘争へと広がり、党は、「日本共産党の公害対策――公害から人民の健康と生活を守るために」（六九年十二月）を発表して、裁判闘争、住民運動に参加しました。

党は、財界からの政治献金の禁止など、汚職、腐敗を一掃する真の政治資金規制の確立を提唱し

（六六年）、大学政策では、すべての構成員の参加による運営など、大学問題の民主的解決の基本方向をしめしました（六八年）。さらに、国会運営の民主的刷新についての提案（六九年）、複数政党制の問題をふくめ、独立・民主日本、社会主義日本での政治的民主主義の保障についての見解（六九年）の発表など、一連の政策と見解を発展させました。

政策活動でも、外交面では別個の努力が必要で、日韓基本条約（六五年）のさいには、条約そのものの問題点を追及するとりくみをおこないました。党は、少数議席のために、条約を審議する委員会に入れませんでしたが、研究の成果を、「アカハタ」の大型解説などで発表し、国会審議と並行して特集「日本共産党は佐藤内閣を追及する」（「アカハタ」六五年一一月七日付）を組み、植民地支配への反省を欠いていることなどの問題点をしめし、紙上での論戦に挑みました。

条約論のとりくみでは、六八年五月、安保条約第十条にもとづく安保廃棄の道の提起、つづいて六九年三月、「千島問題についての日本共産党の政策と主張」を発表しました。千島政策は、ソ連の対日参戦の条件として千島ひきわたしを決めた米英ソ三国によるヤルタ協定が、領土不拡大の原則に反したものであり、サンフランシスコ平和条約における千島放棄条項（第二条c項）も是正されるべきことを明らかにして、国際的な大義のある要求として、千島列島と歯舞《はぼまい》群島・色丹《しこたん》島の全面返還を求めました。党はこの立場から、ソ連と直接、談判し、政府にも千島問題の解決をせまってきました。

党建設の開拓的な努力

第八回大会（一九六一年七月）は、「党勢拡大と思想教育活動の総合二カ年計画」をたて、目標をもって計画的に党建設をすすめることを決めました。党は、党建設の課題を独自の任務として追求する活動の前進に力をいれ、機関紙読者の減少がおきた場合には、これを放置しないで、全党的な力を集中して克服する活動を展開しました。

六二年十月の中央委員会総会（四中総）では、「機関紙中心の党活動」の方針をうちだし、「中央機関紙は、宣伝・扇動・組織者」であり、〝日常の活動と党建設を豊かにすすめる羅針盤、党と国民をむすぶきずなである〟と解明しました。党は、この見地から、読者の不断の拡大とともに、敏速で確実、安定的な配達・集金網の確立、読者との結びつきの改善につとめました。そして、日刊紙はおそくとも午前七時までの早朝配達、日曜版はおそくとも日曜日の朝までに配達することを決定し（六七年六月、第十回大会四中総）、その体制を全国的につくりあげてゆきました。こうして党は、六〇年代末から七〇年代初頭にかけて、日刊紙、日曜版あわせて百数十万部の「赤旗」を発行し、配達・集金をするという、科学的社会主義の事業にとっても、画期的な活動の道をひらきました。これは、堅忍、不屈の英雄主義を発揮した全党の献身に支えられた成果であり、党の発展を財政面からも支えるものとなりました。

第九回大会（六四年十一月）は、「統一戦線への発展をめざして、要求の獲得、大衆の自覚の成長と組織の強化、党勢拡大、この三つを統一してたたかう」という、日常活動、国民運動へのとりくみの観点を定式化しました。これは、第十一回大会（七〇年七月）で「社会的階級的道義の尊重」をくわえた四つの観点となり、現在の活動にひきつがれています。

全党は、要求活動と党勢拡大を「二本足の党活動」、今日では「車の両輪」と呼ばれる活動として相乗的に発展させることに執念をもってとりくみ、六〇年代半ばには、すべての党支部が「政策と計画」をもって党活動を自主的、自発的に発展させる方針をうちだしました（六五年九～十月の第九回大会三中総、六六年六月の幹部会の支部への手紙）。

国民のあらゆる階層のなかに党を建設する方針も、統一戦線に広範な国民を結集するという綱領路線にそったものです。党は、「すべての経営に労働組合と党を、すべての農村に農民組織と党を」を合言葉にして、とりくみをすすめました。

党建設の不可分の側面として、教育活動にとりくんだことも重要でした。六一年十二月の中央委員会総会（第八回大会二中総）で、独習を党員の自発的任務と位置づけ、中央・県・地区で党学校の開設を決定し、翌年二月に中央党学校を開校、五月には独習をすすめる基本文献を発表しました。また、六七年十月に「講師資格試験制度」をもうけ、六八年二月、初の講師資格試験を実施して、学習・教育活動の担い手をうみだしました。

選挙活動でも、党活動を発展させる重要な方針を確立しました。六二年の参議院選挙にさいして、党は、選挙戦を得票活動だけに解消する傾向を「選挙戦の二重のわい小化」ととらえ、党支持者の獲得と日常活動を発展させ、大量の政治宣伝活動によって党支持者のあらたな拡大をめざすこと、選挙戦のなかでも党勢拡大をすすめることを強調しました。これは、その後の選挙戦でのとりくみの基本態度となったものです。

党は、「五〇年問題」によっていったんは断ち切られた国民との深いつながりを、六〇年代の活動をつうじて、回復してゆきました。

党員は第八回大会時（六一年七月）の八万八千人から第十一回大会時（七〇年七月）の二十八万二千人へと、三倍以上に増えました。同じく機関紙読者は、三十四万四千人から百七十六万八千人へと五倍以上になりました。

六〇年当初、衆参両院で四人（衆院一人、参院三人）だった党の国会議員は、党建設の前進という強固な土台に支えられて、六〇年代末には二十一人（衆院十四人、参院七人）、得票は、百万票から三百万票以上になりました。党議員団にとって、提出される数多くの案件への態度が活動上の大きな課題となり、党は、六七年の特別国会（二〜七月）にあたって、「法案審議にかんする党国会議員団の態度」を決め、谷口善太郎議員の同名論文として、その内容を明らかにしました（『前衛』六八年二月号）。

党の地方議員は、五九年の統一地方選挙後の七百四十人から六九年末には千六百五十八人となり、住民生活のまもり手としての活動を広げ、三十一の地方自治体で議案提案権をもつ議員団をつくりました。さらに、京都府につづいて、東京都で革新都政を実現し、長野県の塩尻市（六七年）、山ノ内町（六八年）で党員首長が誕生しました。こうして、七〇年八月、党は、はじめて地方議員全国研究集会をひらきました。

（2）ソ連、中国・毛沢東派の干渉とのたたかい

党は、一九六〇年代にソ連、中国・毛沢東派からの激しい干渉攻撃をうけ、これと正面からたたかって打ち破り、自主独立の立場が全党の確信となってゆきました。

党と運動への干渉・攻撃をゆるさない、どの国・どの党とも対等の立場で話し合う、一致点での交流をすすめ、必要な場合は堂々と議論する、という党の外交活動の基本姿勢は、このたたかいのなかで確固となったものです。また、党は、このたたかいを通じてマルクス以来の科学的社会主義の理論を再吟味し、これを発展的に継承する立場を確立しました。

ケネディ政権と各個撃破政策

世界では、アフリカであらたに一七カ国が独立するなど、一九六〇年代初頭までに植民地体制の崩壊という構造変化が劇的に進展しました。国連総会は、六〇年十二月、「植民地独立付与宣言」を反対票なしで可決し、植民地体制を許さない国際秩序が確立しました。あらたに独立を果たした国ぐにが、大国主導の「陣営」のいずれにも属することを拒否し、国際政治への積極的関与を表明するなか

で、六一年九月一日にベオグラードで第一回非同盟諸国首脳会議が開かれ、帝国主義・植民地主義反対、軍事ブロック反対と平和共存などを掲げる非同盟運動が発足しました。

こうした世界の変化に対応して、アメリカのケネディ政権は、「平和」や「進歩」の言葉をかかげながら、戦争と侵略の政策を追求する二面政策を強めていました。

党は、ケネディ政権の発足当初から、干渉と侵略の政策に変わりがないことを指摘し、六三年十月の中央委員会総会（七中総）で、その世界戦略を「各個撃破政策」と特徴づけました。これは、アメリカが対ソ接近政策をとりながら、攻撃の矛先を他の地域に向けようとしていることを警告・解明したもので、分析の的確さは、アメリカのベトナム侵略の本格化によって証明されました。

各個撃破政策の展開は、ソ連と中国の対立を利用することを、重要な特徴としていました。

六一年十一月のソ連の党大会では、フルシチョフがアルバニア労働党を攻撃し、中国がこれに反論するなど、両者がきびしく対立しました。党代表団は、ソ連から求められたアルバニア非難への同調を拒否しましたが、多くの党はこれに同調しました。また、モスクワからの帰路、宮本書記長は、北京で中国共産党（劉少奇《りゅうしょうき》、鄧小平《とうしょうへい》）と会談し、中国がもちだした武力革命唯一論にきびしく反論していました。

ソ連共産党の干渉とたたかって

一九六一年九月、党は、ソ連に党代表団（団長・宮本書記長）をおくり、ソ連の党綱領草案が対米従属に触れない日本の現状規定をおこなっている点の修正を求め、ソ連側もしぶしぶ応じました。世界の共産主義運動のなかでは、ソ連の路線や理論を礼賛する流れが支配的で、日本共産党の自主独立の路線は、ソ連覇権主義の前にたちふさがる重大な障害でした。こうした状況のもとで、ソ連は、反党分派を育成し、世界の運動や諸団体も動員して党指導部を転覆させ、ソ連派の「日本共産党」におきかえる干渉作戦の開始を決定したのです（最初の作戦計画書は六二年四月に作成）。

当時、ソ連は、党指導部にいた野坂参三、袴田里見とひそかな関係をもち、志賀義雄、神山茂夫らを内通者として確保していました。野坂と袴田は、宮本書記長が病気で党の指導から離れざるをえなくなると、いそいで中央委員会総会（六三年二月、五中総）をひらき、〝宮本と相談している〟と偽って、ソ連共産党を「国際共産主義運動の一般にみとめられた前衛」とする一文をいれた決議を採択させました。党は、同年十月の七中総で「国際共産主義運動にかんする諸問題についての決定」を採択し、自主独立路線に反するこの誤りを是正しました。野坂らは、それぞれの理由でのちに党を除名されましたが、内通者としての活動は、数十年後、ソ連共産党解体後に党が入手したソ連側の内部文書によって判明することになります。

六三年八月、米英ソ三国が部分的核実験停止条約（部分核停条約）をむすび、ソ連はこれを、「核兵器全面禁止への第一歩」「帝国主義の世界全体をしばりあげる」ものと宣伝し、ケネディを〝平和の政治家〟ともちあげました。党は、地下核実験による核兵器開発を合理化して、保有国の核兵器独占体制の維持をはかる条約として、これに反対しました。核軍拡競争のその後の経過にてらして、このときの党の立場は先駆的な意義をもつものでした。

六三年の原水爆禁止世界大会では、部分核停条約への賛否が争点の一つとなり、ソ連代表ジューコフ（党攻撃の作戦計画書の立案者の一人）は、帰国後、ソ連共産党機関紙「プラウダ」で、部分核停条約問題にかんして公然と日本共産党を非難しました。また、訪ソした日ソ協会代表団などに部分核停条約を支持するよう圧力をかけました。

党は、ソ連に代表団をおくり、党と民主運動への干渉行為に抗議するとともに、論文「ケネディとアメリカ帝国主義」などを発表して、ソ連の無原則的な対米協調政策を、名ざしせずに批判しました（六四年三月）。六〇年の国際会議は、党と党とのあいだでおこった問題は内部的な協議で解決することを確認しており、党は、節度をもってこの確認をまもるとともに、国際的な論争問題（とくにアメリカ帝国主義とその政策の評価、部分核停条約の問題）については、真理を探究する立場から積極的に党の見解を明らかにする方針でした。

一方、フルシチョフらは、干渉の準備をととのえ、翌年から日本共産党への直接的な破壊活動にのりだします。

六四年四月、ソ連は党への書簡で、日本共産党の路線と行動が「国際共産主義運動の合意の路線」から「離反」していると決めつけ、帝国主義者は「〝力の立場〟にたつ政策を実施する物質的地盤」を失ったなどと、アメリカの戦略を美化しました。その後、わかったことですが、この書簡の送付も、志賀義雄が裏切りの旗を公然とかかげる日程にあわせたものでした。

六四年五月、志賀は、党と議員団の決定に反して部分核停条約の批准に賛成し（衆院）、公然と反党活動を開始、参院議員だった鈴木市蔵もこれに同調しました。この行動は、すべて事前にソ連側に通報されており、同時期のミコヤン第一副首相の来日も志賀の裏切りを激励するものでした。党は、八中総をひらいて二人を除名し、議員辞職を要求しました。

志賀の反党声明はただちに「プラウダ」に掲載され、ソ連は、七月十五日に発刊した志賀たちの反党機関紙「日本のこえ」を、「愛国者」の「戦闘的な機関紙」と賛美し、その数日後、日本共産党を攻撃した四月の書簡を一方的に公表しました。

こうしてソ連は、かれらに従う反党分派を利用して、党指導部を転覆し、ソ連追随の党に変質させる干渉攻撃に公然とつきすすみました。これには在日ソ連大使館の要員、資金、刊行物のすべてが動員され、日本向けの日本語モスクワ放送などもソ連共産党の目的にそった放送をくりかえしました。さらに、社会党や関係団体を、かれらの干渉の道具の一つに位置づけ、日ソ協会などの分裂もはかりました。

日本共産党は、ソ連の干渉者たちにたいする公開の反撃を開始し、八月二十六日、ソ連共産党の書簡への返書で、決定打となる反論を発表しました（「アカハタ」九月二日付）。党は、両党関係が悪化した原因、部分核停条約の評価、平和共存政策など、すべての問題で全面的な反論をおこない、干渉と党破壊をゆるさない断固とした態度を表明しました。党は、政権党からの干渉攻撃の犯罪性を糾弾し、この攻撃は「かならず失敗する」と返書を結びましたが、そこには、こんな攻撃をしかける党が、〝社会主義の勢力といえるのか〟という実感がこめられていました。全党は、新聞紙面で八ページにおよぶ長文の返書を学び、討議し、干渉を打ち破る力をつくりました。返書にたいし、ソ連側は最後まで何の反論もできませんでした。

大手の新聞は、こうした党の態度を「中共路線をえらんだ」(「読売」)とゆがめて書きたて、「朝日」は「国民の多くは、志賀氏の勇気を買うであろう」とソ連追随の反党活動を天まで持ち上げました。

フルシチョフが部分核停条約締結一周年の記者会見(六四年八月三日)で、米ソ間の「信頼感」の発展を世界平和への貢献と強調した翌日、アメリカは自らでっちあげた「トンキン湾事件」を口実に「積極的報復」を声明し、ベトナム侵略を本格的に開始しました。フルシチョフは、二カ月後、解任されました。

党は、第九回大会(六四年十一月)で、ソ連の覇権主義的干渉をきびしく批判し、自主独立の立場と綱領路線の正しさを確認しました。内通者や干渉者がどのような策謀をめぐらせようとも、全国の党員と党組織は、この路線で団結し、攻撃をしりぞけ、前進しました。

ソ連の後継者たちはその後も、志賀らに新党の結成を画策させ、六五年参院選では、東京地方区で党候補の当選を妨害する候補者擁立をおこないましたが、いずれも失敗しました。

一連の攻撃に失敗したソ連共産党は、六六年六月、両党関係の正常化を希望して会談を提案してきました。二年半余のやりとりの後、六八年一～二月、東京で両党会談がひらかれ、ソ連側(スースロフ政治局員)は、今後、志賀らの反党分派といっさい関係をもたないと言明しました。断絶状態にあった両党関係は、こうして正常化の方向をとることで合意されました(日本側団長・宮本書記長)。同時に、党は、この会談を、関係正常化への「出発点」と位置づけ、ソ連側の言明の真剣さをみきわめることにしました。その後もソ連と志賀らとの関係は清算されず、そのたびに党はきびしく抗議しました。

国際統一戦線をめぐって。ベトナム労働党との会談（一九六六年）

ケネディ暗殺（一九六三年十一月）後、アメリカ大統領となったジョンソンは、各個撃破政策をひきつぎ、その矛先をベトナムにむけました。六四年八月、アメリカは、トンキン湾の公海上で、北ベトナム艦艇が米駆逐艦を魚雷攻撃したとして報復を表明。翌年二月、ベトナム民主共和国（北ベトナム）への空爆と本格的な軍事攻撃にふみだしました。当時、北ベトナムには魚雷攻撃をする装備もなく、「トンキン湾事件」自体がアメリカの作りごとでした。

北爆開始後、アメリカは、数十万規模の地上軍を投入し、住民の虐殺、集落の焼き払い、枯葉剤の投下など横暴のかぎりをつくし、戦争の凶暴な拡大をすすめます。こうして、ベトナムは、侵略勢力と諸民族の独立と世界の平和を求める勢力との国際的なたたかいの焦点となりました。

日本は、安保条約の拡大解釈と運用によって、兵員や武器の補給基地とされ、沖縄は、六五年七月以来、B52爆撃機の北爆発進基地として使われはじめました。党は、ベトナム侵略を世界平和への「重大な挑戦」として糾弾し、佐藤内閣が戦争の共犯者となったことを、きびしく批判しました。また、ベトナム侵略反対、ベトナム人民支援の共同の闘争を、世界の民主勢力の緊急課題にしようと呼びかけました。ソ連との党関係は断絶状態でしたが、党は、かれらがアメリカの侵略に反対し、ベトナムを支援する立場にたつならば、国際統一戦線、統一行動にふくめるという立場でした。

この時期に、中国共産党は、ベトナム支援の国際統一戦線に頑強に反対しはじめました。〃ソ連はアメリカ帝国主義の共犯者だから、かれらをふくむ共同行動に反対する〃という主張です。この主張は、ベトナム支援の国際的な共同に反対することで、実際にはアメリカの侵略を助けるものでした。

党は、こうした状態を放置せず、ベトナムの実情を知り、まちがった方針をかかげる中国と話し合うことが国際的責務だと考え、六六年二月から、大型の代表団をベトナム、中国、北朝鮮に派遣することにしました（団長・宮本書記長、副団長・岡正芳、団員は蔵原惟人《これひと》、米原昶《いたる》、砂間一良《いちろう》、上田耕一郎、不破哲三、工藤晃、随員は立木洋、小島優）。

代表団出発を前にして、党は「赤旗」（六六年二月一日に題字を変更）に、論文「アメリカ帝国主義に反対する国際統一行動と統一戦線を強化するために」（二月四日）を発表し、国際統一戦線の問題についての考え方をしめしました。また、中国が国際論争でレーニンの言説をもちだしていることを考慮し、代表団では、戦争と平和の問題、統一戦線の問題など、予想される論点についてのレーニンの文章をテーマ別の小冊子にして読みあいました。

代表団は、海路で中国・上海に到着後、南寧をへて、空路でハノイに入り、二月十九日からベトナム労働党（のちのベトナム共産党）指導部（レ・ズアン第一書記、チュオン・チン政治局員ら）と、五日間のべ三十時間の会談をおこない、ベトナム人民支援の国際統一戦線の結成を求める共同コミュニケに調印、アメリカの爆撃を受けているタインホア省などの前線も視察しました。

このときの会談は、中国語を介した二重通訳でおこなわれ、ベトナム側は、前日にわたした二月四日論文（英文）をベトナム語に訳し、机上に置いて会談にのぞんでいました。会談では、一日ごとに相手側へのたがいの認識が深まり、両党間に堅固な共通点があることがわかりました。戦争と国際情勢についてのベトナムの見方は、ソ連や中国で支配的な路線への批判をふくめ、多くの点で党の分析、評価と合致していました。ソ連からの援助が強まっていることも知らされました。とくに重要だったことは、会談をとおして、党が提唱した国際統一戦線の方針が、ベトナム情勢の深刻かつ切実な要請にこたえたものであることが確証されたことです。会談中には、ホー・チ・ミン主席も姿をみせ、「我々が欲しいのはこういう援助です」と右手で握りこぶしをしめし、国際的な団結したとりくみを待望する思いを伝えました。

毛沢東との会談とコミュニケの破棄

党代表団は、ベトナム訪問をおえ、三月三日から北京で中国共産党代表団（団長・劉少奇）と会談しました。

中国側は、アメリカとソ連とを共同の敵として、ソ連をふくめた国際的な共同に反対し、意見は一致しませんでした。中国側が革命運動の唯一の道として武装闘争を絶対化する態度をとったのにたいし、宮本団長は、極左冒険主義の誤りは絶対にくりかえさないと、きっぱり表明しました。四日にわたった会談は、当面の中心問題での一致はえられませんでしたが、冷静に立場のちがいを議論し、双方が有益と認めた会談でした。

党代表団は、三月十一日に北朝鮮にむかい、朝鮮労働党代表団（団長・金日成《キム・イルソン》）と会談し、共同コミュニケを発表しました（三月二十一日）。当時、朝鮮労働党は、日本共産党にたいするソ連の覇権主義的干渉に反対する立場を表明した数少ない党でした。

党代表団が北京にもどると、中国側から共同コミュニケの作成などの提案があり、再度の会談がひらかれます。このときの中国側の代表団長は周恩来（首相）でした。会談では、ねばり強い努力によって、ベトナム侵略と空爆の即時停止の要求をふくむ、一致点にもとづく共同コミュニケがつくられ、周恩来が歓送宴の場で、共同コミュニケの成立を公表しました（三月二十七日）。

ところが、帰国を前にした党代表団と上海で会談した毛沢東は、ソ連を名ざし批判していないとして、コミュニケと中国側の会談参加者を「軟弱だ」と非難し、コミュニケの書きかえを求めました。党代表団がこれに反論すると、毛沢東は〝コミュニケも自分との会談もなかったことにしよう〟とのべ、共同コミュニケは破棄されました。ことの経過は異常なものでしたが、両党関係を断絶させるものではなく、党は、このいきさつも公表しませんでした。

党代表団と会談した同じ日、毛沢東は、「資本主義復活の道をあゆむ実権派打倒」の名のもとに、中国政府と党指導部を転覆し、毛沢東派の専制支配の確立をはかることを指示しました。これが、「文化大革命」発動への号令といわれるものです（一九六六年三月二十八日）。

毛沢東派は、党代表団の帰国直後から日本共産党に反対する大規模なキャンペーンをはじめ、日本の運動が中国流の「人民戦争」路線にたち、「毛沢東思想」の絶対化をうけいれるよう要求し、一部の追従者を利用して党破壊活動をはじめました。ただ、この時期の中国側の攻撃は、まだ、裏面工作の方法を主としていました。

数カ月後、毛沢東は、「日中人民の共同の敵」として、アメリカ帝国主義、ソ連修正主義、日本反動派とならんで日本共産党をあげるにいたりました（六六年七月）。これは、かれらが日本共産党を最初から「主敵」の一つに位置づけていたことをしめすものでした。

党は、問題を内部的に解決するという立場から、この段階では中国への名ざしの反論や批判はせず、ソ連と中国の覇権主義、干渉勢力に反対する「二つの戦線での闘争」という原則的な方針をうちだした第十回大会（六六年十月）でも、毛沢東との会談決裂の経緯は公表しませんでした。大会は、重要な意見の相違のある外国の党とも、日本にたいする干渉と破壊を基本態度としないかぎり、一致点での共同のための努力をつくす、干渉と破壊を基本態度とする党とは関係をもたないという方針を決めました。また、大会は、アメリカが「ベトナムなど大きくない国の撃破をまず確実にするために」、中国にたいしても一定の緩和策をとりうることを指摘しました。この予見は、アメリカが中国へのピンポン外交などを予告していたことをふまえ、大会初日の報告で明らかにしたもので、その後の経過のなかで実証される予見となりました。

毛沢東派は、日中友好協会、日本ジャーナリスト会議、日本アジア・アフリカ連帯委員会、アジア・アフリカ作家会議日本協議会などの民主団体、また、日中貿易関係など経済団体をつうじても、毛沢東路線を支持し日本共産党反対の立場にたつことを求め、干渉と分裂策動をおこないました。これをうけいれなかった日中友好協会にたいしては、社会党の黒田寿男ら中国追従者を脱退させて、別個の組織をつくりあげました。

毛沢東派の干渉攻撃をうちやぶって

一九六七年に入ると、毛沢東派の攻撃は公然としたものになり、無法も拡大しました。一月、北京・紅衛兵の壁新聞が、毛沢東のコミュニケの修正を拒否したと日本共産党を攻撃し、日本国内では、在日華僑《かきょう》学生も使って、日中友好協会本部への襲撃事件をおこしました。党は、毛沢東派の攻撃にたいし、論文「紅衛兵の不当な非難に答える」（六七年一月）を発表し、毛沢東との会談のいきさつを公表し、公然とした反撃にたちあがりました。

六七年八月、中国に駐在していた砂間一良党代表と紺野純一「赤旗」特派員が、北京空港で集団的暴行をうけ、重傷をおう事件が発生しました。

党は、毛沢東派の蛮行を糾弾し、「攪乱《かくらん》者への断固とした回答」、「毛沢東一派のわが党と民主運動にたいする干渉と攻撃の事実」（いずれも八月）をはじめ、一連の論文で反撃しました。論文「今日の毛沢東路線と国際共産主義運動」（十月）は、攻撃に反論するなかで、中国で展開されている「プロレタリア文化大革命」と「今日の毛沢東路線」の問題も検討し、その本質が、「党と国家にたいするその無制限な専制支配をうちたて、強化しようとし、そのために計画的にひきおこした政治闘争である」と解明しました。こうした解明は、思想・理論の広範な分野で、毛沢東派の攻撃の全体をうちやぶる力をもちました。この論文は、発表の日付をとって「十・十論文」と呼ばれました。十四年後、中国は、「文革」を〝指導者が誤って発動し、大きな災難をもたらした内乱〟と総括しましたが（八一年六月）、これは、六七年段階の党の分析の的確さを、中国側から実証したものでした。

毛沢東派の干渉攻撃の中心は、〝鉄砲から政権が生まれる〟という武装闘争論のおしつけにありました。七二年に日本でおきたニセ「左翼」集団による「連合赤軍事件」なども、「毛沢東思想」の影響下でおきたものです。

党は、論文「極左日和見主義者の中傷と挑発――党綱領にたいする対外盲従分子のデマを粉砕する」（六七年四月）を発表し、発達した資本主義国日本での議会活動の役割を否定する反議会主義と中国式「人民戦争」論を機械的に導入する極左冒険主義のくわだてを徹底的に批判しました。そして、レーニンの『国家と革命』などの言説を絶対化することに反対し、マルクス以来の科学的社会主義の理論と運動に「議会の多数をえて革命にすすむ」方針が一貫して流れていることを解明しました。毛沢東派の攻撃を理論的に粉砕したこの論文も、発表の日付をとって、「四・二九論文」と呼ばれ、全党は、綱領路線と科学的社会主義の革命論を豊かに発展させたその内容をくりかえし、学びました。

マスコミは、ソ連、中国・毛沢東派の干渉とたたかう日本共産党の立場を「自主孤立路線」（「読売」）などとひやかしました。しかし、この干渉は、攻撃をうけた日本共産党と民主勢力だけの問題ではなく、日本の内政への外国からの干渉という重大な性格をもっていました。当時、日本共産党以外に、日本への干渉を批判する政党はなく、反対に、自民党、公明党、社会党などは、「文化大革命」を礼賛し、中国首脳との太い関係をつくることをきそいあっていました。

こうした他党の卑屈ともいえる対外姿勢は、その後もくりかえしあらわれました。毛沢東派は、

「日本共産党（左派）」を名のった反党集団を日本の政党として認知させ、中国追従勢力の「大連合」をはかろうと、追従派と一部の野党が勢ぞろいする催しなどをけしかけました。七一年八月に東京でひらかれた集まりには、反党集団とならんで各党幹部が顔をそろえ、中国側は、「日本共産党（左派）、社会党、公明党、民社党の代表」など、「各界の友好人士」が参加と報じたものでした。

一九六八年の北朝鮮訪問――「南進」問題の誤りをただす

このころ、東アジアの平和の見地から大きな懸念をひきおこす動きが、北朝鮮で表面化していました。一九六七年の終わりごろから、北朝鮮が〝南の革命的大事変を主動的にむかえる〟と称して、〝武力南進〟をくわだてる動きをみせたことです（六七年十二月、「十大政綱」）。

六八年一月には、北朝鮮が送り込んだとみられる武装グループが韓国・ソウルの大統領官邸を襲撃するなど、憂慮すべき事態が生まれました。アメリカがベトナム戦争で手いっぱいのときに何かをやろうとしているとしか思えない動きでした。

党は、これを黙過できない事態と考え、六八年八月、党代表団（団長・宮本書記長）を北朝鮮に派遣し、「南進」のくわだての誤りをただすことにしました。会談で、党は武力介入の危険性と有害性を指摘し、金日成は、「主動的に〔自分の方から〕戦争をはじめるつもりはない」と言明しました。このときは、武装グループの活動も収束に向かいました。

この訪問のさいに、党代表団は、宿舎に盗聴器をしかける北朝鮮の秘密警察的なふるまいと遭遇し、金日成への個人崇拝の強まりも目撃しました。その後、北朝鮮からは、日本の運動に金日成崇拝と外交路線への支持をおしつける態度がつづき、七〇年四月には、「よど号」乗っ取り犯が、北朝鮮に「亡命」し、反共攻撃に利用されました。

チェコスロバキア侵略へのきびしい批判（一九六八年）

一九六八年八月、ソ連は、ワルシャワ条約の加盟諸国（ソ連、東ドイツ、ポーランド、ブルガリア、ハンガリー）の軍隊でチェコスロバキアを侵略し、政府・党の指導部を逮捕、全土を占領する重大事件をひきおこしました。

チェコスロバキアでは、この年のはじめから、それまでのスターリン型の専制と人民抑圧体制からぬけだす動きが党と政府のなかで強まりましたが、ソ連は、それを「社会主義共同体」の共同の安全保障をおびやかす動きとして〝国際的な非難〟を組織していました。

党は、チェコスロバキア共産党への七月の電報で、〝チェコスロバキアの問題は、あなた方自身が人民とともに解決すべき問題〟〝いかなる党も干渉する権限などもたない〟として、自主的態度を堅持して前進するよう、激励していました。

党は、ソ連の侵略にたいし、幹部会声明を発表し、干渉の即時中止と軍隊の撤退を要求しました。声明は、チェコスロバキアのラジオ放送で伝えられ、同国の共産党第一書記代行だったシルハンは、後に、この声明を「貴重な励ましだった」と語りました。

党は、その後の事態も研究し、九月に論文「チェコスロバキアへの五カ国軍隊の侵入問題と科学的社会主義の原則の擁護」を発表しました。論文は、ソ連などの行為が独立と主権をおかした侵略であることをしめし、侵略とチェコスロバキアの従属化をきびしく糾弾しました。さらに、民族自決権の擁護が科学的社会主義の原則であることを明らかにして、ソ連の行為がこれをふみにじる決定的な誤りであると痛烈に批判。覇権主義の害悪を克服するたたかいを世界の運動の「もっとも重要な共同の任務の一つ」と意義づけ、この任務にとりくむ党の立場を内外に表明しました。

イタリア、フランスなど西ヨーロッパの多くの共産党は、ソ連などの侵略にたいし批判的見解を発表しながら、同時にソ連共産党との連帯も確認するという、一貫しない態度をとりました。また、この事件を科学的社会主義の原則にかかわる基本問題ととらえず、ソ連と論戦することもほとんどありませんでした。

チェコスロバキア事件は、ソ連の指導部が、他国の主権を踏みにじる軍事侵略という、最悪の帝国主義的行為をも辞さない勢力であることを、私たちが事実をもって確認した点で、ソ連覇権主義との闘争上、重大な画期をなすものでした。

当時党が発表した論文のなかには、チェコスロバキアの改革運動の評価について、政治的民主主義が社会主義のもとでどうひきつがれるのかについて、まだ研究をつくさない段階での不用意な批判的論及がふくまれていました。党はこの直後から、社会主義のもとでの民主主義のあり方の探究を本格的に開始しました。その成果は、六九年三月、宮本書記長が出席した「毎日新聞」での各党論戦に反映され、自民党からの質問にたいし、将来の日本での政治的民主主義の展望について、政府に批判や反対の態度をとる政党をふくむ複数政党制をとることを明らかにしました（『〝共産党政権〟下の安全保障』、毎日新聞社）。

この見解のより詳細な内容は、党創立四十七周年記念演説会での蔵原惟人幹部会委員の演説「不屈の革命的伝統をうけついでさらに前進しよう」（六九年七月）、『前衛』十月号論文「日本革命の展望と複数政党の問題」（不破哲三）でしめされました。こうして、第十一回大会（七〇年七月）は、社会主義の政治体制の問題を正面からとりあげ、複数政党制、選挙の結果によって政権を交代する政権交代制が社会主義日本に発展的に継承されることを明らかにしました。

（3）日本共産党の「第一の躍進」――一九六〇年代末～七〇年代

日本共産党は、一九六〇年代末～七〇年代にかけて、六一年綱領確定後の「第一の躍進」をかちとってゆきます。この躍進の重要な特徴は、六〇年代に粘り強く続けられた党建設の飛躍的発展という強固な土台のうえに実現した躍進だったところにありました。この「第一の躍進」にたいして、支配勢力は激しい反共キャンペーンでこたえますが、わが党の躍進の流れは簡単には抑えることができず、七〇年代末まで続きました。

総選挙（六九年十二月）での党の躍進は、〝国会のことは赤坂の料亭で決まる〟といわれた〝なれあい政治〟をうちやぶり、国会論戦に新しい風をもたらしました。党は、国会での地歩を広げ、現実政治と直接きりむすぶ活動をいっそう本格的に展開してゆきます。

この点では、公明党・創価学会の出版妨害事件をめぐる論戦が、重要な意義をもちました。六九年末、公明党委員長らが創価学会批判の著作の出版を妨害し、田中角栄自民党幹事長もこれに関係していたことが表面化しました。党は、この事件を国政の大問題として位置づけ、不破哲三議員が衆院予算委員会での論戦にたち（七〇年二月）、これを契機に、「言論・出版の自由をまもれ」の世論が沸騰し、創価学会への批判を〝タブー視〟していたマスコミも、きびしい批判を加えました。創価学会の池田大作会長は、「猛省」を表明し、「政教分離」（創価学会と公明党の分離）を公約するなど、方向転換を余儀なくされました（五月）。しかし、この公約はまもられず、その後、言論出版妨害事件での批判を「仏敵」による「極悪の犯罪」とまで呼ぶにいたっています（二〇〇一年七月）。

一九七〇年四月の京都府知事選は、マスコミによって〝天下分け目の戦い〟と呼ばれ、自民党が公明、民社両党と連合して、蜷川《にながわ》民主府政に対抗しました。党と民主陣営は、反共反革新の攻撃をはねかえし、蜷川知事の六選をかちとりました。

第十一回大会。発達した資本主義国での革命（一九七〇年）

一九七〇年七月、党は、第十一回大会をひらき、これ以後、大会の全日程がマスメディアに公開されることになります。

大会は、安保・沖縄問題、「高度成長」政策が生みだした経済的諸矛盾の激化や政治戦線の動向を分析し、七〇年代は〝自共対決〟が政治の軸になることをしめし、革新統一戦線によって民主連合政府をつくり、自民党政治を終わらせる展望を明らかにしました。

大会は、綱領のなかに明確に規定されていた議会と選挙にたいする党の立場を「人民的議会主義」の言葉で特徴づけ、発達した資本主義国での変革の事業は「新しい、人類の偉大な模索と実践の分野」だとのべ、新しい可能性を大胆に探究することをうちだしました。

大会は、第七回大会以来の党建設の経験を総括し、党の量的な拡大とともに質的強化を重視し、「真のプロレタリア的ヒューマニズムにたった党風」を強調しました。大会は、規約を改正し、中央委員会議長、幹部会委員長、書記局長という中央委員会でのあらたな任務の分担を決め、党の基礎組織の呼称を「細胞」から「支部」にあらためました。

こうして、党の代表者は幹部会委員長（宮本顕治）となり、書記局が幹部会、日常的には常任幹部会のもとで党務の執行にあたることになりました（書記局長は不破哲三）。

七一年一月、党は、革新統一戦線のための革新三目標（①日米軍事同盟と手を切り、日本の中立をはかる、②大資本中心の政治を打破し国民のいのちと暮らしをまもる政治を実行する、③軍国主義の復活・強化に反対し、議会の民主的運営と民主主義の確立をめざす）を提唱しました。党の提唱をめぐって、野党間の論争が活発化し、民社党は非共産・親自民の社公民連合を、社会党は「全野党共闘」を提唱しました。「全野党共闘」論は、日本共産党を排除しない点では、反共連合政権への一定の歯止めの意味をもちましたが、「非共産」をとなえる民社党の参加を条件とする点で、実現不可能な構想でした。

七一年四月の統一地方選挙で、党の地方議員は、はじめて二千人をこえ、社会党につぐ野党第二党となり、東京の革新都政をまもり、大阪で革新府政（黒田了一知事）、神奈川県の川崎で革新市政をうちたてました。

七一年から七二年にかけて、日米沖縄協定の内容が政治的焦点となり、党は、沖縄の米軍基地の実態調査もおこない、核基地化の実態と核部隊の存在を暴露して、「核も基地もない沖縄の全面返還」を求めました。六九年十一月の日米首脳会談（ニクソン大統領、佐藤首相）では、核兵器関連施設の存続と有事の際の沖縄への核持ち込みが「密約」されていました。日米沖縄協定は、七二年五月に発効し、米軍の直接統治は終了しましたが、沖縄に米軍基地はのこされ、基地問題の解決ははかられませんでした。党は、尖閣《せんかく》諸島問題でも、その歴史を調べあげ、七二年三月、これが日本の領土であることを明らかにしていました。

沖縄返還を一つの転機に佐藤長期政権が終わりをつげ、七二年七月、田中角栄内閣が誕生し、九月には、日中両国の国交が回復しました。田中首相は就任前に「日本列島改造論」を発表し、八五年までに国民総生産と工業生産で七〇年の四倍以上の「超高度成長」をめざし、工業再配置と国土再編をすすめる構想をうちだしました。党は、これが、大資本の要求を政策化したもので、国民には「公害列島化」をもたらし、インフレ財政で物価上昇をまねくほか、大資本による土地買い占めによって、都市と農村の破壊がすすむときびしく批判しました。「列島改造論」の問題点をつき、正面から批判した政党は、日本共産党だけで、その後の土地投機と地価暴騰、公害と乱開発の拡大、「石油危機」を契機とした物価の急騰などは、「列島改造論」の破たんをうきぼりにし、党の批判の的確さを裏づけました。

一九七二年総選挙での党の躍進

一九七二年七月、党は創立五十周年記念式典をひらき、宮本顕治委員長が半世紀の試練をへた日本共産党の伝統と歴史の教訓、到達点をしめす記念講演をおこない、まとまった形での党史としてははじめての文書となる「日本共産党の五十年」を発表しました。

七二年十一月、田中首相は、日中国交回復と「列島改造論」を売りものにして、衆議院を解散します。党は、自民党政権が大企業のための「高度成長」計画をうちだしても、国民のための社会保障の年次計画すらだしたことがないと批判し、「いのちとくらしをまもり住みよい国土をつくる総合計画」を対置して、たたかいました。

総選挙で、自民党は三百から二百八十四に議席を減らし、党は十四から三十八へと議席を二倍以上に増やし、民社党、公明党をぬいて野党第二党に躍進しました。党推薦の沖縄人民党・瀬長亀次郎と革新共同・田中美智子も当選をかちとりました。さらに翌年六月、参院大阪補選で自民党、社会党候補をやぶって勝利し（沓脱《くつぬぎ》タケ子議員）、七月の都議選では、議席を十八から二十四にふやし、都議会与党第一党となりました。

党の躍進に衝撃を受けた田中内閣は、七三年、衆議院への小選挙区制の導入をはかります。党は、これを「四割台の得票で八割の議席」を獲得し、自民党一党独裁をめざすものと暴露・批判し、共産、社会、公明三党が加わる共闘組織を結成して、法案提出を阻止しました（五月）。自民党から〝「赤旗」にやられた〟との声があがったのは、このときのことです。

この時期に、大商社が、コメから石油までの買いしめ、売り惜しみ、投機をおこなっていたことがわかり、七三年四月、総合商社六社代表を呼んでの国会追及が実現しました。大企業の悪徳商法にたいする国民の怒りは、経済団体連合会（経団連）にもむかい、五月には経団連に抗議のデモ隊がおしよせ、六月、共産、社会、公明、総評など十八団体の代表が経団連会長に直談判するまでになりました。六〇年代末の公害問題以来、大企業、財界の横暴への批判はマスコミでも当然視され、公明党さえその立場をとったのでした。また、七三年九月の大会で、公明党が安保条約「即時廃棄」を決めたことで、共産、社会、公明の野党三党が、形の上では足並みをそろえて安保条約の廃棄をかかげることになりました。

こうして、世論と運動は、日米軍事同盟と大企業応援型の自民党政治を変えようという方向に大きく動きました。この時期には、多くのメディアも日本共産党の躍進に注目し、新聞、テレビ、週刊誌などで、党の歴史や路線を特集的に紹介する動きをみせていました。

沖縄人民党の日本共産党への合流

一九七三年十月、沖縄で不屈のたたかいをくり広げてきた沖縄人民党が、日本共産党への合流を決定し、沖縄県委員会（瀬長亀次郎委員長）を確立しました。

四七年七月に創立された沖縄人民党は、米軍の苛酷な弾圧に抗して、祖国復帰運動の先頭に立ち続けてきました。そこには、県民が島ぐるみで団結するならば、アメリカの植民地的な支配の現状を必ず変えられるという強い信念と、たたかいの前途を科学の力で見通してゆく先駆性がありました。「祖国復帰」を口にするのがまだタブー視されていたときに人民党は「祖国復帰」を堂々と訴え、「カメさん（瀬長亀次郎）の背中に乗って祖国の岸へ渡ろう」というキャッチフレーズも生まれて、「祖国復帰」が全県民の要求となってゆきました。人民党は、五〇年代から〝沖縄を日本から分離する〟サンフランシスコ平和条約第三条の撤廃を要求し、その後、この要求は沖縄県祖国復帰協議会（復帰協、六〇年四月結成）の活動方針に掲げられ、統一戦線組織の合意となりました。日米安保条約をめぐっても、人民党はその廃棄を掲げながら、復帰協での安保条約の学習にとりくみ、やがて、日米安保条約の廃棄が復帰協の闘争目標にすえられました。こうして、六八年十一月に実施された琉球政府主席・立法院・那覇市長の「三大選挙」での革新民主勢力の歴史的勝利が決定的な力となって、七二年、ついに沖縄の施政権返還が実現します。沖縄県民の島ぐるみのたたかいは、条約上不可能と言われた壁をのりこえて、祖国復帰をかちとったのです。

沖縄人民党のたたかいには、日本共産党の六一年綱領との深い理論的な響きあいがありました。この点については、瀬長亀次郎党副委員長のつぎのような回想があります。

「第八回大会での宮本書記長（当時）の『綱領報告』は、本土におけるアメリカ帝国主義の支配を正しく位置づけることのできない日和見主義者たちへの痛烈な批判を行なっているが、その中で沖縄県民のたたかいの経験が大きな比重を占めている。当時、この報告をよみ、沖縄人民党をはじめとする沖縄県民のたたかいへの評価を感動的に受けとめるとともに、われわれのたたかいが綱領路線確定に寄与できたことに大きなよろこびを感じた」（瀬長亀次郎「『沖縄人民党の歴史』刊行にあたって」、同書三五～三六ページ、沖縄人民党史編集刊行委員会）

本土は沖縄のたたかいに学んで六一年綱領を確立し、沖縄は綱領から大きな激励をうけとったのでした。

七三年の日本共産党と沖縄人民党との合流――沖縄人民党の科学的社会主義の党への前進は、不屈のたたかいと連帯を通じての歴史的必然でした。こうして、戦前、戦後をつうじてはじめて、日本共産党の旗が沖縄にひるがえることになりました。

第十二回大会と民主連合政府綱領の提案（一九七三年）

一九七三年十一月、党は、第十二回大会をひらきました。

大会は、「民主連合政府綱領についての日本共産党の提案」（報告者・上田耕一郎）を採択し、革新・民主勢力の一致しうる共同政策を提案し、民主連合政府を「革新三目標、すなわち日本の主権と安全、平和・中立、政治的民主主義と経済民主主義という、現段階における国民的目標の実現をめざす、国民生活防衛と民主的改革の政府」と位置づけました。

この提案は大きな反響を呼び、提案を収録したパンフレットは百数十万冊、普及されました。他の野党も、「中道革新連合政権の提言」（公明党）、「革新連合国民政権の提案」（民社党）を発表し、社会党も七四年一月の党大会で「国民連合政府綱領案」を採択しました。

党の国会論戦と政治闘争も、国政を大きく動かしはじめていました。

六四年からはじまったアメリカの原子力潜水艦の日本への寄港は、放射性物質で港を汚染しないことを前提にしており、政府は、海水と海底土の放射能調査をおこなう体制をとっていました。ところが、この調査を独占的に委託されていた「日本分析化学研究所」の測定データそのものがインチキで、党は、この問題を突き止め、七四年一月、データの大規模なねつ造をきびしく追及しました（衆院予算委員会、不破書記局長）。新聞各紙はいっせいに社説でこの問題をとりあげ、政府は、データの三六～四〇％がねつ造だったとみとめ、監視の新しい体制ができるまで、百八十三日にわたって、アメリカの原子力潜水艦の寄港を止めざるをえませんでした。

この時期に、「狂乱物価」といわれる急激な物価上昇と生活用品の「物不足」が重大な政治・社会問題になります。これは、第四次中東戦争（七三年十月）にともなう「石油危機」のもとで、大企業が大規模な便乗値上げと投機活動をおこなってつくった混乱でした。党は、この問題を追及する先頭にたち、七四年二月、商社、業界団体を参考人とした衆院予算委員会で、石油危機を「千載一遇のチャンス」と呼んで価格をつり上げたゼネラル石油の内部通達を暴露、悪徳商法ぶりを追及し、大きな注目をあつめました。

七四年七月の参議院選挙で、自民党は八議席減の六十二議席に後退し、追加公認でかろうじて過半数を維持、党は、九議席増の十三議席をえて、非改選とあわせて二十議席の参議院議員団を確立しました。党は、参院選政策で豊かな情操と市民道徳の育成を重視しましたが、これは、自民党の「教育勅語」復活型の道徳教育論にたいし、「道徳教育反対」という機械的立場でなく、子どもの教育に真に責任を負う立場からの提起でした。また、「赤旗」主張「教師＝聖職論をめぐって」（四月）を発表し、教師は労働者であるとともに教育の専門家として、子どもの人間形成をたすける大きな責任をもつことを明らかにしました。

七四年秋、田中首相の「金脈」が大問題になり、党は、徹底した調査で自民党政治の病根を追及しました。田中首相は辞任においこまれ、十二月、三木武夫内閣にかわりました。

七六年二月、アメリカ議会の証言でロッキード事件が発覚し、日本の政局をゆるがしました。これは、アメリカの産業界、政界などが一体となって、田中角栄をふくむ各国の政治家にわいろをばらまき、航空機売り込みをはかった国際的疑獄事件でした。党は、アメリカに調査団をおくるなど、究明と追及の先頭にたち、国会の証人喚問を要求し、その一部を実現させました。さらに、五党党首会談をおこない、ロッキード問題の徹底究明、調査特別委員会の設置など六項目の「議長裁定」という、問題解明への道をひらきました（七六年四月）。

七六年七月、田中前首相がロッキード事件で逮捕され、党は疑獄真相究明の一千万人署名運動をすすめ、幕引きをはかる政府、自民党の策動を糾弾して院内外のたたかいを広げました。こうして、十一月、法務省が疑獄事件にかかわった十八人の〝灰色高官〟の官職名を公表し、五人の自民党議員の名前が明らかになりました。

反共戦略とのたたかい

日本共産党の前進が国会の様相をかえ、地方政治でも革新自治体が広がり自民党政治を脅かすという事態は、日本の支配勢力にとっての大きな衝撃でした。体制的な危機感を感じとった支配勢力は、一九七〇年代前半から、〝日本共産党封じ込め〟の戦略をねり、「自由社会を守れ」のスローガンのもと、党を〝暴力と独裁〟の党だとする反共キャンペーンを展開し、民社党、公明党につづいて、社会党を反共の陣営にとりこんで革新統一戦線を阻止し、共産党を封じ込める反共戦略を本格化させました。

党は、こうした政治情勢の展開にてらして、党の前進が〝結束した強力な反革命〟をつくりだし、それに正面から立ち向かうことによって、党が鍛えられて、「ほんとうの革命党に成長する」という〝階級闘争の弁証法〟を明らかにしたマルクスの言葉（『フランスにおける階級闘争』、一八五〇年）を紹介して、支配勢力の攻撃と対決して前進への道をきりひらこうと呼びかけました（第十二回大会、一九七三年十一月）。

自民党の反共戦略に機敏に対応したのが、公明党でした。七二年の総選挙で敗北した公明党は、一時的に「革新ポーズ」をとり、社会党・総評との一定の共同関係をもつようになっていましたが、路線と行動をふたたび右に転換させ、革新連合政権の論議にあからさまな党攻撃をもちこみ、革新統一戦線の結集を妨害しました。党は、公明党が持ち出したすべての論点に全面的な反撃をおこない、かれらを反論不能に追いこみました。

こうした時期に、作家の松本清張氏をつうじて、創価学会から交流と共同が党に申し入れられました（七四年十月）。党は、公明党が反共主義の立場をとっているもとでは、安定的な交流・共同は不可能だと考え、そのことを創価学会に指摘しました。創価学会は、反共主義の立場をとらないことを今後の基本態度とすると確約し、公明党がどんな態度をとっても、それを創価学会と日本共産党との関係に影響させないと言明しました。党は、その確認にもとづいて、申し入れに応じ、協議の結果、十二月、「日本共産党と創価学会との合意についての協定」をむすび、翌日、この話し合いの全体をしめくくるものとして、宮本委員長と池田創価学会会長との会談もおこなわれました。「協定」は、創価学会が「科学的社会主義、共産主義を敵視する態度はとらない」ことを明記し、双方が平和と核兵器廃絶などの問題で努力、協調することを合意したものでした。

党は、十二月末の中央委員会総会でこの協定を確認し、その内容と精神をまもる対処をおこないました。これにたいし、創価学会は、公明党の抵抗があることを口実に協定の発表をしぶり、七五年七月の発表のさいには、協定によって「共産党との敵対関係は変わらない」ことを内部で確認するなど、卑劣な対応に終始しました。

これらの経過は、創価学会の申し入れがかれらへの批判をかわす術策であり、協定の実行に責任を負う意思がないことをしめすものでした。こうして協定は死文化し、党は、七五年十二月の中央委員会総会で、協定をめぐる経過と創価学会にたいする原則的批判を明らかにしました。協定は、十年後に「再協定」を協議するとしていましたが、党は、八四年十月の中央委員会総会で、死文化した協定は、「死文として葬る」ことを確認しました。

こうしたなかで、支配勢力は、さらなる反共戦略をめぐらし、『文藝春秋』誌で「日本共産党の研究」（立花隆）という党攻撃の連載をはじめ（七六年一月号～七七年十二月号）、民社党春日一幸委員長の国会質問（七六年一月）で、国会を反共攻撃の舞台にしました。かれらは、戦前の治安維持法と特高警察の権力犯罪を肯定する「特高史観」の立場から、治安維持法違反事件をつかって党の活動を攻撃し、〝宮本顕治の刑期はまだ終わっていない〟などと中傷攻撃をあびせました。これ以降、マスメディアでも、なにかことあるごとに、日本共産党に攻撃を集中する異常なキャンペーンが展開されるようになってゆきました。

党は、「宮本顕治公判記録」を発表し、国会論戦と全戸ビラ、パンフレット、また『文化評論』特集号（七十五万部）などで、戦前の党活動の意義を語り、この攻撃に徹底的に反撃しました。抗議の世論も高まり、政府も「宮本氏の復権は、法的決着がついている」ことをみとめ、この事件を国会で論議すること自体を「違憲」といわざるをえませんでした。その後、立花論文と春日質問でつかわれた攻撃材料が、権力機構をつかって不法に入手されたものであることも明るみにでました。

この攻撃のさなか、宮本委員長は、ロッキード事件の追及と国会審議の正常化にむけた五党党首会談、衆院議長裁定への筋道をつける役割を果たしており（七六年四月）、前進してきた党の活動は、反共攻撃でもおしこめることはできませんでした。

第十三回臨時大会。「自由と民主主義の宣言」（一九七六年）

党は、反共攻撃に反撃しつつ、日本の社会進歩の前途についての探究を積極的におこない、「社会主義と自由」にかかわる一連の解明をすすめました。その内容は、ソ連が「発達した社会主義の国」を名のり、「超大国」の一つとして世界でわがもの顔にふるまっていた時代に、ソ連の実態をきびしく批判・告発するものでした。

第十二回大会（一九七三年十一月）では、農業や中小企業などの社会主義化にあたっては、自発性の原則にもとづき、納得によって協同組合化の道をとる方針を明らかにしました。これは、スターリンの強制的な「農業集団化」を批判するもので、社会主義の経済論での重要な発展でした。

七四年二月、ソ連が反政府作家ソルジェニツィンを国外追放したことにかんして、党は、「科学的社会主義と言論・表現の自由——ソルジェニツィン問題にかんするわれわれの見解」を発表し、ソ連の措置を批判して、「科学的社会主義は、言論・出版の自由をもっとも戦闘的に擁護する」ことをしめしました。六月には、生存の自由、市民的政治的自由、民族の自由の「三つの自由」論を提起して、科学的社会主義の本来の見地と日本共産党こそ自由と民主主義をまもり発展させる党であることを明確にしました。これは、自民党などの反共キャンペーンに反撃し、国民にわかりやすい形で党の立場をしめすものでした。

また、七四年七月、宮本委員長の記者会見で、①国民主権と国家主権、②恒久平和、③基本的人権、④議会制民主主義、⑤地方自治、を憲法五原則と定式化し、日本社会の進歩・発展のなかで、これらを将来にわたって擁護・発展させなければならないことを明らかにし、つづいて十月、党のめざす社会では、党と国家は明確に区別され、科学的社会主義を「官許の哲学」（「国定の哲学」）にすることはないという見解を発表しました。これは、ソ連や中国などにみられた、特定の「世界観」に特権的地位をあたえることを否定したものです。

翌七五年九月、党社会科学研究所の主催によって、「理論・政策問題についての会議」をひらき、これまでの理論・政策分野での成果を確認し、反共攻撃にたちむかい、この分野での活動をいっそう前進させ、現代の新しい問題についての探究を創造的に発展させようと呼びかけました。

党は、七五年十二月、「宗教についての日本共産党の見解と態度」を発表し、世界観や思想・信仰の違いをこえて、地上の問題で宗教者との可能な協力をめざす立場を鮮明にしました。さらに、七六年三月、国家権力の民主的な運営と執行という見地から、社会主義日本においても三権分立の原則を発展的に継承する立場を明らかにしました。

第十三回臨時大会（七六年七月）で決定した「自由と民主主義の宣言」（報告者・榊利夫）は、こうした一連の探究をふまえたもので、日本の政党史上はじめてとなる自由と民主主義についての包括的な宣言でした。

党は「自由と民主主義の宣言」で、自由と民主主義の全面的で本格的な発展こそ、マルクス、エンゲルス以来の科学的社会主義の立場であることを明らかにしました。そして、社会主義と市場経済の結合が、世界のどこでも問題になっていない時期に、社会主義日本でも市場経済を活用することを明確にしました。七年後、「宣言」の内容を知ったドイツの新聞は、モスクワで刻印された教条的共産主義者には、〝「異端者」の声として響く〟と、驚きの声をあげました（八三年四月、「フランクフルター・アルゲマイネ」）。

臨時大会は、綱領と規約の一部改定をおこない、「プロレタリアート執権」という用語を削除し、党の理論については「マルクス・レーニン主義」の呼称をやめ、「科学的社会主義」という本来の呼称を用いると決めました。「プロレタリアート執権」は「労働者階級の権力」のことであり、強力革命やソビエト型権力などと結びつけることは誤りであること、科学的社会主義の学説と運動は不断に発展するもので、個人名を冠した呼称は適切でないことなどがその理由でした。この決定は、ソ連でつくりあげられ、「マルクス・レーニン主義」の名で〝定説〟扱いされてきた体系そのものに問題があることを確認し、これと手をきって、マルクスの理論の全面的な研究をすすめる大きな転換点となりました。

革新自治体の広がりと共・社両党首間の三度の合意

党は、反共反革新の攻撃とたたかいながら、革新勢力の共同の前進に力をつくしました。

「部落解放同盟」（「解同」）朝田派とのたたかいもその重要な一環でした。一九六〇年代後半から部落解放運動のなかに、未解放部落住民以外のすべての人びとは本来的に差別者であるとする立場から、反共と暴力をことととする潮流が台頭しました。かれらは、自治体幹部や職員、教員への暴力的糾弾を武器に利権あさりをすすめ、地方自治体の同和行政・事業を「窓口一本化」と称して私物化し、財政破たんに追いこむなどの無法を広げました。七四年秋には、「解同」が強要した「解放教育」をおこなわなかったとして兵庫県の八鹿《ようか》高校の教職員を襲撃し、五十八人もの教職員に重軽傷を負わせる事件までおこしました。

党は、「解同」朝田派の無法は日本の民主主義の重大問題であると考え、その無法とたたかいました。かれらの主張と行動にたいして敢然とたたかった政党は、日本共産党だけで、「赤旗」は、「解同」タブーをうちやぶって、無法を糾弾する報道をつづけました。このたたかいは、党への信頼を強め、「解同」朝田派からの介入をうけていた大阪の羽曳野《はびきの》市（七三年）、松原市（七四年）などで、公正民主の市政を生みだしました。

七五年四月の統一地方選挙でも、不公正な同和行政が大きな争点となり、党は、この問題の本質を明らかにしてたたかいの先頭にたちました。選挙では、公明党が「民主連合政府は命にかけて阻止」（竹入義勝委員長）すると叫ぶなど、反共攻撃を強め、自民党は、地方財政危機の原因は地方公務員給与にあるとして革新自治体に集中攻撃をかけました。党は、「住民奉仕の行政を効率的な機構で」を発表し、自治体労働者の生活と権利のための闘争を「全体の奉仕者」としての立場と結合すべきであることなどを提起し、東京と党単独推薦の大阪の知事選で革新都府政をまもりました。

党の発表した教師論（七四年四月）、自治体労働者論（七五年四月）にたいして、社会党や同党支持の立場にたつ関係労組が強く反発しました。党は、論争のなかで、機械的に権利を主張するだけの「労働者」論では、運動を国民から孤立させ、弱体化させることを指摘しました。その後、党の提起した方向は、これらの運動のなかでも当然の立場となっています。

地方政治の分野では、京都、東京につづいて、七〇年代前半に、大阪、沖縄、埼玉、岡山、香川、滋賀、神奈川の九都府県で革新自治体を誕生させ、京都、名古屋、横浜、神戸、川崎などの政令指定都市をはじめ、多くの地域の首長選挙で革新勢力が共闘し、勝利していました。この結果、七五年四月には、日本共産党を与党とする革新自治体は二百五団体、人口四千六百八十二万人、日本の総人口の四二・七％に広がるという、革新の〝上げ潮〟の状況をつくりだし、党の地方議員数は、はじめて三千人をこえました。

革新自治体の広がりは、住民本位の民主政治の流れをうみだしました。とりわけ、憲法にさだめられた生存権・幸福追求権の保障が重視され、憲法と地方自治を守るつどいの開催のほか、公害対策の重視、老人医療費の無料化、中小企業にたいする無担保・無保証人融資制度の実現、女性たちの広範な運動の展開をうけ、保育所の増設、ゼロ歳児保育の充実、保育士の待遇改善、無認可保育所への助成、大企業への課税限度額いっぱいまでの超過課税をはじめ、多くの実績をつくり、これらは、国民の暮らしを支える制度として広がりました。また、党が六〇年代に提唱した学童・園児の安全のための交通対策の政策も多くの自治体で具体化されました。こうして、老人医療費無料化、児童手当の拡充、公害規制のように、革新自治体が実行した施策は、国政でも実施されるようになり、国の政治を動かしました。

国政上の共同行動は、議席数の少なさを口実にした共産党排除論によって、七〇年代初頭までは、たいへんおくれていました。七二年の総選挙での党の躍進で、排除論が根拠をうしない、国会では、小選挙区制反対（七三年）、ロッキード事件の解明（七六年）など、社会党などとのあいだで共闘関係が生まれました。

党は、七五年七月、「救国・革新の国民的合意への道を寛容と相互理解に立って」（宮本委員長談話）を発表し、経済、道徳、文化、教育問題などの緊急課題での国民的な合意と運動を広げようと呼びかけました。これは、可能なところから国民の共同をはかり、あらたな統一戦線結集への力を強めるもので、党と諸団体との対話と懇談は、同年十二月までに中央、地方をあわせ三千三百回にのぼりました。また、宗教者との対話、懇談も多面的に展開され、大きな反響を呼びました。

こうしたなかで、国政と地方政治での共闘の経験を基礎にして、七六年から七八年にかけて、日本共産党と社会党の党首間で、革新統一戦線の結集をめざす合意が三度にわたってむすばれました。七七年六月の両党党首会談は「参院選地方区選挙共闘に関する合意書」に調印し、国政レベルでの政策協定をはじめてむすびました。確認された「三つの基本目標」は、内容的には、革新三目標にそったもので、国政の革新にまじめにとりくもうとするなら、避けるわけにゆかない共通の統一目標としての意義をもつことを実証しました。

党は、革新統一戦線の結成をめぐって、社会党との論争もおこないました。両党のあいだには、七七年の政策協定に明記されたように、安保条約の廃棄をふくむ革新的な諸目標についての一致があり、党は、東京で革新勢力が統一戦線に足をふみだしたように、国政でも政治革新の統一戦線にふみだすべきだと主張しました。

この方向が実をむすべば、自民党政治にたいしても、また、日米軍事同盟体制にとっても、重大な脅威となったであろうことは、中央・地方での統一戦線と統一行動がそれまでにおさめてきた成果からみても明瞭でした。しかし、社会党は、反共連合をねらう公明党や民社党の態度が変わるのを待つという態度をとりつづけました。

公明党右傾化の新段階と福田・大平内閣

一九七六年十二月におこなわれた総選挙で、自民党は追加公認でかろうじて過半数を確保しました。自民党から分かれた新自由クラブは十七人を当選させ、公明、民社両党は議席をのばし、社会党は停滞しました。反共攻撃は、党が議席をもっていた選挙区に集中し、党は、そこでの激戦にせりまけ、二十一議席減の十九議席に大きく後退しました。同時に、得票は約三十三万をふやして六百三万二千余票（得票率一〇・七％）を獲得し、国民のあいだでの地歩を基本的に維持する成果をえました。

総選挙の結果、三木内閣が退陣し、福田赳夫《たけお》内閣が発足します。福田内閣は、ロッキード事件の幕引きをすすめ、財界のための景気対策をいちだんと強化しました。七〇年代後半から、日本経済は不況の長期化、深刻化とインフレの併発というあらたな問題にみまわれていたからです。

党は、七七年六月、『日本経済への提言』を発表し、大企業本位の経済政策にとってかわる国民本位の経済発展の道をしめし、大企業への民主的規制、日本経済の対米従属・依存からの脱却と自主的経済外交などをふくめ、転換の具体的な政策体系を提案し、経済政策の面でも政権担当能力をしめしました。

七七年の参院選挙で、自民党は六十三議席とかろうじて過半数を維持し、党は、改選九議席にたいして当選五議席で、六〇年代以降はじめて、議席、得票数、得票率のすべてを後退させました。参院選挙と同時にたたかわれた東京都議選でも、党は改選二十一議席を十一議席に半減させました。

党は、七七年十月、第十四回大会をひらき、国政選挙での後退を分析し、党の活動を理論・政策活動、経済闘争、政治闘争など、階級闘争の「三つの側面」から全面的に総括し、国政革新をすすめる活動方針を決めました。また、反共攻撃や論壇の一部に党の民主集中制の規律を否認し、その弱化を求める議論があることを重視して、これが発達した資本主義国における政治闘争の独自のきびしさや複雑さをみずに、革命政党を弱体化させる解党主義の議論に帰着することを解明しました。

公明、民社、新自由クラブの三党は、七七年の参院選後、大企業本位の公共投資の拡大、国債増発を中心とする大型補正予算案に賛成し、これを無修正で成立させました。公明党は政府提出予算案にはじめて賛成し、〝新与党〟としての立場をみずからしめしました。

福田内閣は、七八年度の大型予算の財源を赤字国債に求め、国債依存率は三〇％をこえました。日本共産党以外の諸党は、国債増発に賛成しましたが、その後の国家財政の深刻な破たんは、ここに端を発したものです。

七七年三月、党の主張と奮闘もあって、政府は、減税規模を拡大する予算修正を自民党政権下ではじめておこないました。また、党が追及した千葉県柏市のロランC基地（核兵器を積んだ原子力潜水艦などのための通信施設）建設問題と下請け企業の苦境への対策（七八年二月、衆院予算委員会）では、福田内閣が、基地予定地の全面返還をすすめ（七九年二月）、下請け保護にあたる担当官の人員強化をはかりました。当時の自民党政治には、党の道理ある提起にときにはこたえる面がまだありました。

公明党は、七八年一月の大会で、「将来の共同政府づくり」のためとして、自衛隊や日米安保条約の容認、企業献金や原子力発電肯定の方向をうちだし、自民党をふくむ連合政権協議を呼びかけ、福田首相は「感銘を覚えた」と異例の電報でこれに応じました。党はこの動きを〝公明党右傾化の新段階〟ときびしく批判しました。

七八年三月、京都で七期二十八年にわたって知事をつとめた蜷川虎三が勇退しました。蜷川府政は、自主・自治の精神をつらぬいて国のまちがった政策に同調せず、「憲法を暮らしの中に生かそう」の政治姿勢のもと、独自の教育・産業・地域開発にとりくみ、「地方自治の灯台」として、革新・民主の政治の象徴的存在となっていました。七八年の知事選は、自民党勢力と革新勢力との政治対決の焦点の一つとなりましたが、社会党が社公民連合を結成して民主府政の継続・発展に対抗し、自民党府政の誕生をゆるすことになりました。この選挙では、統一協会＝国際勝共連合が反共反革新の攻撃を展開し、選挙活動を妨害しました。

七八年七月、福田首相は、有事立法と統合防衛作戦研究などを指示し、十一月、「日米防衛協力のための指針」（ガイドライン）を閣議で了承しました。党はこれを、事実上の安保条約改悪としてきびしく批判しました。

七八年十一月、自民党の総裁予備選が実施され、田中角栄の支援をうけた大平正芳が新総裁となり、大平内閣が成立しました。大平首相は、七九年一月の国会で、財政難のつけを一般消費税で国民にしわよせする計画をうちだしました。党は、反国民的な内容を追及し、大企業優遇税制の改革、軍事費の大幅削減などの財源対策をとれば、赤字国債を増発せず、一般消費税導入なしで国民本位の財政再建が可能であることを明らかにしました。

七九年四月の統一地方選挙で、党は、道府県議選での現職十人の落選はあったものの、全国で、二百二十七人の議席増をかちとり、地方議員数は三千五百五十五人となりました。しかし、東京、大阪の革新都府政の継承はできませんでした。

自民党は、七九年十月の総選挙で過半数割れの二百五十議席と惨敗し、党内抗争に発展しました。社会党は百二十三議席を百七に減らし、これも一つの契機に、翌八〇年の「社公合意」にいたる右転落への道をすすむことになります。

七九年の総選挙も大規模な反共攻撃のなかでの選挙戦でした。党は、議席を争う重点区での勝利に力をいれ、党と革新共同の議席を十九から四十一にのばしました。七〇年代最後の国政選挙での党の躍進は、自民党がくわだてていた一般消費税の導入を阻止する力となり、選挙直後、ある雑誌は「共産党勝って『増税なし』サンキュー」と報じました。

こうして党の国会議員は、一進一退をへながら、衆院四十一人、参院十六人、合計五十七人に到達し、六〇年代末の二倍以上となりました。衆院選の得票率は、六九年の六・八一％、七二年の一〇・七五％をへて、七九年に一〇・六八％でした。

党は、党勢拡大の集中的運動にもくりかえしとりくみ、第十一回大会（七〇年七月）当時二十八万人だった党員は、七九年末に四十万人をこえました。同じく百七十七万人だった機関紙読者は、三百九万人に達しました。

七九年の総選挙での党のがんばりとその成果は、反共作戦で〝共産党抑え込み〟をねらった支配勢力にとっては手痛いもので、かれらは、党を国政の舞台で決定的に孤立させるため、社会党を反共の側にとりこむ政界工作に力を注いでゆきました。

一九七〇年代の世界と日本共産党

一九七〇年代をむかえた世界では、アメリカのベトナム侵略がひきつづき、重大問題でした。アメリカは、ベトナム戦争での態勢を立て直そうと、七〇年四月にカンボジア、七一年一月にはラオスに侵略を拡大しました。党は、アメリカの侵略に反対する国際統一戦線の旗を高くかかげて、ベトナム人民支援の運動にとりくみました。

アメリカは、ベトナム侵略の拡大と同じ時期に、中国に国交交渉をはたらきかけていました。毛沢東がこれをうけいれると、キッシンジャー大統領補佐官がひそかに北京に飛び、七一年七月、ニクソン大統領の訪中が発表されました（訪中は七二年二月）。米中が対立しているようにみえていただけに、この発表は世界を驚かせました。世界には、これでベトナム侵略は終わる、侵略しながらの訪中を北京が受け入れるはずがないとの受けとめがありました。

党は、〝米中接近〟などのあらたな展開があることを、すでに第十回大会（六六年十月）で予見していました。党は、事態の展開に驚いたり、欺かれたりすることなく、論文「ニクソンとアメリカ帝国主義」（七一年八月）を発表し、内外に広くみられたアメリカ美化論の誤りを明らかにしました。

七二年五月、ニクソン米大統領は、北ベトナム爆撃の強化、全港湾の機雷封鎖を決定し、ソ連を訪問しました。アメリカは、ニクソン大統領が北京とモスクワで歓迎されている写真を添えたビラをベトナムにばらまき、ベトナム爆撃を強化して屈服をせまりました。

こうしたアメリカの戦略を解明し、中国やソ連の態度を批判した党の論文「米中共同声明とニクソン美化論の新段階」（七二年三月）は、ベトナム語に翻訳され、ベトナム各地で学習・討論がすすめられるなど、そのたたかいを励ましました。

七五年四月、サイゴンかいらい政権が降伏し、南ベトナムの完全解放が実現します。十一月には南北ベトナム政治協商会議がひらかれ、七六年七月、統一したベトナム社会主義共和国が成立しました。党は、アメリカの侵略の手口を解明して侵略性の過小評価論をうちやぶるなど、さまざまな支援の運動を展開し、ベトナム人民の勝利に貢献しました。

世界の資本主義は、七四年、第二次世界大戦後はじめて本格的な世界恐慌におちいり、七五年十一月には、フランスのランブイエで、西側主要国首脳会議（サミット）がひらかれます。この会議は、資本主義諸国の政治的経済的な危機への対応としてはじまったものですが、この問題での本質的な解決策も見いだせないまま、現在もつづいています。

七〇年代にはいると、非同盟運動は、経済的独立の追求、「新国際経済秩序の樹立」などをかかげて発展し、七六年八月の第五回首脳会議までに、正式加盟国八十六、総人口十四億へと成長しました。党は、「民主連合政府綱領提案」（七三年十一月、第十二回大会）で、日米軍事同盟から離脱後の日本が「非同盟諸国運動に積極的に参加し、反帝・平和の連帯を強化する」ことを明らかにしました。また、党は、七三年十二月、パレスチナ問題についての見解を発表し、問題解決のためには、イスラエルによるアラブ領土の占領継続をゆるさず、パレスチナでのアラブ人の民族自決権を認めることが原則だとのべるとともに、「イスラエル抹殺」論にくみせず、「イスラエルという一つの民族国家をつくる権利は認める」べきとの見解を表明しました。

干渉の誤りをみとめさせた日ソ両党首脳会談（一九七九年）

中国は、一九七二年のニクソン訪中のころから、それまでの「反米反ソ」論を転換してソ連主敵論をとるようになり、日中関係でも自民党政治を美化し、日米軍事同盟を肯定するようになりました。七六年九月、毛沢東が死去し、鄧小平のもとで「文革」の見直しがすすみましたが、日本共産党への干渉問題は清算されませんでした。

カンボジアでは、七五年四月、毛沢東追従集団のポル・ポト派が政権をにぎり、首都プノンペン市民の農村への強制移住、住民の大量虐殺などをおこす一方、七七年末、ベトナムとの国交を断絶し、ベトナム国境の侵犯を開始しました。七八年十二月、ポル・ポト政権の圧制に反対する国内での運動がおこり、国境侵犯にたいするベトナム軍の反撃とあいまって、ポル・ポト軍を崩壊させ、七九年一月、カンボジア人民共和国の樹立が宣言されました。党は、ベトナム軍によるポル・ポト派への自衛の反撃を「ベトナムの侵略」とみる立場をとらず、同時に、カンボジア人民の民族自決権擁護を重視する立場を表明しました。

七九年二月、五十万の中国軍が「懲罰」と称してベトナムへの軍事攻撃を開始しました。「赤旗」ハノイ電が世界への第一報でした。国連安全保障理事会では、アメリカ、イギリスなどが「中国軍の撤退とベトナム軍のカンボジアからの撤退」の「双方撤退」論を主張し、日本政府も同調して、事実上中国の明白な覇権行為、侵略行動を擁護しました。

党は、中国のベトナム侵略をきびしく糾弾し、即時中止と全部隊の撤退を要求しました。ベトナムの反撃で中国の侵略は失敗し、三月五日、中国は「撤兵」を表明しました。しかし、その二日後、ランソンで戦地の実態を取材していた高野功「赤旗」特派員が中国軍の銃弾をうけ、殉職しました。

ソ連共産党との関係では、七九年十二月、日本共産党代表団（団長・宮本委員長）がモスクワを訪問し、ソ連共産党代表団（団長・ブレジネフ書記長）と会談しました。首脳会談は、東京とモスクワでの予備会談（七九年二～四月）で、ソ連側が干渉の誤りを公式に表明したことをうけてのもので、ソ連に干渉の誤りをみとめさせた政党は、日本共産党がはじめてでした。

首脳会談で合意された共同声明は、干渉の誤りを認めた予備会談での合意内容を確認し、各国の党の自主独立、革命運動の自主性の擁護、さらに民族自決権の擁護の重要性をうたいました。しかし、これがソ連側の本心でなかったことは、直後におこったソ連軍のアフガニスタン侵略によって明白となりました。

党は、首脳会談で、日ソ両国間の「領土問題は解決ずみ」というソ連側の主張を事実と道理で論破し、日ソ間に未解決の領土問題が存在することをソ連側にみとめさせ、その問題もふくめて今後も協議をつづけることを確認しました。

また、党は、「発達した社会主義」の建設をすすめていることを共同声明に記述してほしいという、ソ連側の執ような要求を拒否しました。党は、ソ連などの実態の検討にたって、現存する社会主義はまだ「生成期」にあるにすぎないとみていたからでした（第十四回大会決定、七七年十月）。しかし、ソ連などの現状を、「生成期」とはいえ、社会主義に向かうレールの上に位置づけている点で、これは、認識の制約と理論的限界をまぬがれないものでした。その後、党は、崩壊前のソ連は社会主義への過渡期でさえなく、社会主義とは無縁な人間抑圧型の社会に変質していたという見地に到達してゆきます（第二十回大会、九四年）。

第四章　綱領路線の確立以後（二）——一九八〇～九〇年代

(1) 「オール与党」体制とのたたかい――一九八〇年代

一九八〇年代、国政では、社会党が「社公合意」によって反共路線に転落し、日本共産党をのぞく「オール与党」体制がつくられました。これによって、日本共産党以外の野党はすべて、対米従属と大企業奉仕という自民党政治の枠組みのなかに組み込まれます。「オール与党」体制のもとで、日米軍事同盟の強化と国民生活に犠牲を強いる悪政がすすめられました。党は、困難な情勢のもとで新しい統一戦線運動を多くの団体・個人と手を携えて開拓し、自民党政治にたいする唯一の革新的対決者となってたたかいました。

「社公合意」と革新懇運動の提唱

一九七九年十一月から公明党との政権協議をはじめていた社会党は、八〇年一月、公明党とのあいだで、日本共産党の排除という反共路線をうたった「連合政権についての合意」をとりきめました。「社公合意」の最大の特徴は、自民党批判は明記せず、「現状においては、日本共産党は、この政権協議の対象にしないことで合意した」と、日本共産党排除だけを明確にしたことでした。「政策の大綱」では、安保条約の存続を容認する態度をとりました。

「社公合意」によって、七〇年代以来、公明党が要求してきた日本共産党との共闘の否定と安保条約容認という立場を社会党がうけいれたことで、共産党排除と安保条約容認を共通の基盤とする反共野党連合がつくられました。

「社公合意」によって、日本共産党と社会党との共闘は、中央レベルでは原則的に否定され、これ以降、国会運営では、「日本共産党をのぞく」という体制が続きました。六〇年代からきずかれてきた地方政治での日本共産党と社会党との革新統一も、八〇年代にはいるとつぎつぎくつがえされ、「オール与党」体制がつくられました。

日本共産党排除という無法な体制は、国民運動にも影響をあたえます。

原水爆禁止世界大会は、七七年以来、運動の国民的な統一を願っての日本共産党と総評との話し合いを背景に、原水爆禁止日本協議会（原水協）と原水爆禁止国民会議（原水禁）が合意し、実行委員会方式で統一開催されてきました。しかし、八六年の大会を前に、総評・原水禁は核兵器廃絶を緊急課題とすることなどに反対し、脱落しました。労働戦線の右翼的再編の動きも強まり、八〇年一月の全日本労働総同盟（同盟）大会が、反共主義を前提とする「労働戦線統一」の方針を明確にしたのにつづき、二月の総評臨時大会も「社公合意」を支持しました。

党は八〇年二月、第十五回大会をひらき、「社公合意」によって社会党が反共路線に転落したもとで、「無党派の諸勢力との共同を軸に、新しい統一戦線運動をおこす」という方針を決定し、革新統一懇談会の結成を提唱します。これは、統一戦線が政党の組み合わせ以外にないとみる固定的な見方を排して、要求で一致する団体・個人が共同する方向を明らかにしたことで、日本の統一戦線運動を大きく発展させるものとなりました。

党大会後、平和と憲法、国民生活の問題と革新統一の問題とをむすびつけたシンポジウムや講演会が活発におこなわれ、八一年五月、「平和・民主主義・革新統一をすすめる全国懇話会」（全国革新懇）が結成されます。全国革新懇への参加・賛同の団体・個人は、発足当初で三百九十万人の規模に達し、革新懇運動は、平和・民主主義・生活向上の「三つの共同目標」をかかげ、党と無党派との共同を軸に発展をとげました。

また、第十五回大会は、労働戦線で新しい階級的民主的ナショナルセンターの確立が求められていることを確認し、その原則として、「資本からの独立」「政党からの独立」「労働者の要求の一致にもとづく行動の統一」の三つを明らかにしました。

その後、労働戦線の再編のなかで、八七年十一月、同盟が解散し、同盟を中核として全日本民間労働組合連合会が結成され、八九年十一月には総評系官公労の一部などを吸収して、日本労働組合総連合会（連合）が発足しました。

労働戦線の右翼的再編に反対して七四年につくられた統一戦線促進労働組合懇談会（統一労組懇）は、階級的ナショナルセンターの確立をめざして活動を強め、八九年十一月には、労働者、国民の生活と権利を擁護し、平和と民主主義の日本をめざしてたたかうナショナルセンターとして、全国労働組合総連合（全労連）が結成されました。こうして、日本の労働運動は、全労連と連合という二つのナショナルセンターの時代にはいりました。

臨調「行革」、新自由主義路線と対決して

一九八〇年代、自民党政権は、総理府の諮問機関として「臨時行政調査会」（第二次）を設置し、ここで「国策」の根幹を決定し、軍拡と大企業奉仕の政治を推進します（臨調「行革」）。これに正面から対決したのが日本共産党でした。

臨調「行革」は、イギリスのサッチャー政権、アメリカのレーガン政権などがすすめた新自由主義――多国籍大企業の利益を最大化するために、国民生活を守るための規制を取り払い、公共サービスを切り捨てる経済路線を、日本に持ち込み、具体化していくはじまりでした。それはまず社会保障削減や公共部門の民営化にあらわれ、ついで労働法制の規制緩和がおこなわれ、ただでさえ国際水準に照らして立ち遅れていた日本の暮らしと権利を守るルールをさらに弱体化させる破壊的影響を及ぼしました。

八〇年五月、大平内閣不信任決議案が可決され、六月に国政史上初の衆参同時選挙がおこなわれました。自民党は、大平首相急死への「同情票」集めの作戦で、十年ぶりに衆参両院で安定過半数を回復しました。

選挙後、発足した鈴木善幸内閣は、翌年、臨時行政調査会（会長・土光敏夫経団連名誉会長）をもうけ、「行革大綱」を決定し、十一月には「行革」一括法案を成立させます。これは、七〇年代後半以降の財政危機のなかで、大企業の利益の擁護と日米軍事同盟体制下の軍備拡大の実行のために、行財

政の反動的再編をおしすすめ、国民的な運動でつくられてきた民主的諸制度を一挙にくつがえそうとするものでした。しかも、総理府の一諮問機関を、事実上国会の上にたつ最高機関扱いし、財界が直接指揮権を握って、国民不在で軍拡優先や福祉切り捨てを決定しました。しかし、その危険な本質を見抜いて、設置に反対したのは日本共産党だけでした。

八二年七月、党は第十六回大会で、臨調「行革」をきびしく批判するとともに、「長期不況」「財政破たん」「貿易摩擦」という日本経済の〝三重苦〟を克服し、経済再建をはかるために、国民生活を優先した国内市場の拡大、軍事費と大企業奉仕の二つの聖域にメスを入れる財政構造の転換、国民本位の効率的な行政をめざす民主的行政改革、対米追従外交と手をきり非同盟・中立政策にもとづく自主的経済外交への転換を提起しました。新しい中央委員会は、議長に宮本顕治、幹部会委員長に不破哲三、書記局長に金子満広を選びました。

八二年八月、鈴木内閣は、七三年以来、国の制度として無料となっていた老人医療費を有料化する老人保健法案を強行成立させ、十年続いた老人医療無料化制度を廃止しました。

国民の批判をあびた鈴木首相は、八二年十一月、政権を投げ出しましたが、かわって発足した中曽根康弘内閣は、臨調「行革」路線を本格化させます。軍事費は十年間で二倍近くに増大し、社会保障は「自立・自助」にゆだねるとされ、医療、年金などの制度改悪を次々強行してゆきました。

八三年五月、中曽根内閣は「新行革大綱」を決定し、六月には臨時行政改革推進審議会（土光敏夫会長）を発足させ、本人一割負担導入の健康保険法改悪（八四年八月）、専売公社や電電公社の民営化（八五年四月）、「民間活力」導入の名のもとに大企業・ゼネコン奉仕をすすめる「民活」法（八六年五月）やリゾート法（八七年五月）などを推し進めました。また、八五年から、「地方行革」の名による国庫負担金、補助金の大幅削減をおこない、多くの地方自治体で、福祉、教育が削られてゆきました。

国鉄の「分割・民営化」（八五年閣議決定）にたいして、党は国鉄再建政策を発表し、「分割・民営化」策が、膨大な設備投資で国鉄をくいものにした歴代自民党政府の責任を免罪し、公共交通機関を解体して、国民に負担と犠牲をおしつけるものだと批判しました。八六年十一月、「分割・民営化」は自公民三党の賛成で強行され、これによって多数の労働者が解雇されたうえ、利潤最優先の営業のおしつけでローカル線のあいつぐ廃止や安全性を軽視した列車運行がもたらされ、党の批判と警告の正しさは事実をもって明らかになりました。

八〇年代、さらに日本経済に重大な影響を及ぼしたのは、中曽根内閣の対米追従の経済政策です。八五年九月、ニューヨークのプラザホテルで開かれた五カ国蔵相・中央銀行総裁会議（G５）では、アメリカの財政赤字の拡大と債務国への転落のもとで、各国がアメリカの低金利政策に協調することを決めました。「プラザ合意」によるドル切り下げ・円高誘導のもと、日本経済は円高不況にみまわれました。さらに、日銀による超低金利政策は、通貨供給量を異常にふくらませ、不動産・証券価格の暴騰など、異常な「バブル経済」とその破たんを引き起こす要因となりました。

八六年四月の日米首脳会談で、中曽根首相は、首相の私的諮問機関の報告書（前川リポート）の実行を、日米間の貿易不均衡を打開する対米公約としました。これは「産業構造の転換を推進する」として、中小企業、農業、石炭産業つぶしをすすめ、日本経済の基盤をうちこわすものでした。

党は、八六年六月、「円高不況を打開する日本共産党の提言」を発表し、「前川リポート」実行の対米公約の撤回を要求しました。八七年一月には、経済政策「大資本による産業の〝空洞化〟をゆるさず、国民本位の経済再建を」を発表して、異常円高の是正や「構造調整」政策の中止など、緊急対策を実施し、大企業に社会的責任と義務を果たさせるよう提起しました。

「戦後政治の総決算」路線とのたたかい

一九八〇年代は、「オール与党」政治のもとで、日米軍事同盟強化の政治が激化し、党は、非核・平和を求める国民的なたたかいをつくるために力を注ぎました。

八一年五月、鈴木首相はレーガン米大統領との首脳会談をおこない、日米関係をはじめて公式に「同盟」関係とのべ、日本の「防衛」対象を「周辺海域数百カイリ、航路帯一千カイリ」と表明しました。党は、日米共同声明を安保条約の攻守同盟化と批判しました。

八二年十一月に政権についた中曽根首相は、所信表明で「戦後政治の総決算」をとなえ、アメリカの核先制使用の容認、軍事費の「対GDP比一％枠」の撤廃に言及し、軍拡路線推進をうちだしました。八三年一月には、レーガン米大統領との会談で、日米関係を「運命共同体」と特徴づけました。党は、二月の中央委員会声明で、中曽根内閣の日本型ファシズムと〝日米軍事同盟体制国家づくり〟のたくらみを阻止する国民的運動を呼びかけました。

八四年にはいると、中曽根首相は、公海上なら自衛隊艦が核トマホーク搭載米艦との共同作戦ができるとし、核兵器使用は「保有国の勝手」とのべるなど、〝好核姿勢〟をあらわにしました。党は八四年十月の中央委員会総会で「非核の政府」を提唱し、八六年五月、核兵器全面禁止・廃絶を求める国民運動が広がるなかで、広範な団体・個人を結集する「非核の政府を求める会」が結成されました。

中曽根政治の危険性は、民主主義への攻撃にもあらわれます。八五年六月、中曽根内閣は、「スパイ防止」を口実に、防衛や外交にかかわる問題を「国家機密」とし、国民の「知る権利」をうばう国家機密法を国会に提出しましたが、国民の反対世論の高まりはこれを許しませんでした。

党は、八五年十一月の第十七回大会で、中曽根内閣の「戦後政治の総決算」路線が、国民の利益と日本の前途を、平和、民主主義、国民生活・環境の全般にわたって深刻におびやかしていることを明らかにし、社会の究極的動向を決定する「深部の力」――自民党政治と国民大多数の利益との矛盾の激化は避けられず、ここに国政革新の事業が最後には勝利をかちとりうる展望と根拠があることを強調しました。そして、平和と革新の勢力の強化を呼びかけ、「革新三目標」を情勢にそくして充実させました。

第二次世界大戦終結四十周年にあたる八五年八月十五日、中曽根首相は、憲法の政教分離原則をふみにじって、国民を侵略戦争に動員するシンボルだった靖国神社を、はじめて「公式参拝」しました。これは、西ドイツのヴァイツゼッカー大統領が、ナチス・ドイツの侵略戦争と大量殺りくに真剣な反省を表明したことと正反対の態度であり、国際社会を驚かせました。党は、首相・閣僚の靖国神社「公式参拝」にきびしく抗議し、アジア諸国からも、首相の参拝に批判の声があがりました。そして翌八六年、自民党政府は、内閣官房長官談話で、公式参拝の中止を表明せざるをえなくなりました。

八九年一月、前年秋から重体がつづいていた昭和天皇が死去しました。党は、中央委員会声明「天皇の死去にさいして」を発表し、昭和天皇の侵略戦争と暗黒政治の責任を問い、新元号「平成」の使用を国民に強制しないよう求めました。

政府は、地方自治体と国民に弔意を強制し、二月には昭和天皇の葬儀を戦前そのままの神道形式で強行しました。マスコミは「崩御」などと戦前と同じ用語をつかい、歴史的事実に反して天皇を「平和の人」と描くなど、天皇美化のキャンペーンを展開しました。党は、民主主義の立場から天皇賛美を批判し、弔意の強制に反対しました。党の見解は世界の注目を集め、米紙「ニューヨーク・タイムズ」や仏紙「フィガロ」などでも紹介されました。

消費税導入をめぐる攻防

一九八〇年代後半は、大型間接税（売上税・消費税）の導入をめぐって自民党・「オール与党」との激しいせめぎあいがつづきます。

中曽根首相は八六年七月の衆参同時選挙で、みずから「大型間接税はやらない」という公約を宣伝したにもかかわらず、その公約を反故にし、八六年十二月、売上税導入をふくむ「税制改革」の基本方針を打ち出しました。

これにたいして売上税導入とマル優（少額貯蓄非課税制度）廃止に反対する世論と国民運動が高揚し、翌年八七年四月の統一地方選挙で、自民党は前半戦の道府県議選で百以上も議席を減らす大打撃をうけました。自民党は、後半戦での後退も避けられないとみて、売上税問題で衆院議長による「あっせん」案を提起しました。他党は「あっせん」案を受け入れましたが、日本共産党は、これが「直間比率の見直し等今後できるだけ早期に実現できるよう各党協調し、最大限の努力をはらう」と新大型間接税導入の火種を残していることを見抜き、拒否しました。

党は、八七年十一月の第十八回大会で、「売上税導入・マル優廃止」にたいする国民的反対闘争や、国家機密法を廃案においこんだ民主主義擁護の運動が示す国民のエネルギーをたたえ、革新統一のためのたたかいを広げる党の任務を明らかにしました。また、日本の大企業が本格的な多国籍企業化を追求し産業空洞化をすすめるなど、大企業の横暴の新しい特徴をふまえ、大企業に社会的責任を果たさせる「大企業の民主的規制」の課題を提起しました。大会で選出された新しい中央委員会は、議長に宮本顕治、副議長に不破哲三、幹部会委員長に村上弘、書記局長に金子満広を選びました。

八七年十一月、中曽根内閣の後継として発足した竹下登内閣は、減税を取引材料に、社公民三党を大型間接税導入の論議にひきこみ、法案提出の口実をつくる工作を強めました。八八年三月、自社公民四党は〝与野党の政策協議〟の場をつくることで合意し、九月には、消費税法案の受け皿となる税制問題特別委員会の設置に合意しました。

党は、消費税反対の運動を全国でくり広げて徹底抗戦しましたが、八八年十二月、ついに消費税関連六法案が可決されてしまいます。党は、自民党・竹下内閣をきびしく糾弾し、消費税の成立に手をかした公明・民社両党の背信行為を批判しました。

消費税関連法案は強行されたものの、国民の怒りは、自民党を追い詰めてゆきます。

八九年四月、消費税三％強行に対する国民世論は日本列島をゆるがし、三月の千葉県知事選、四月の名古屋市長選で、政党としては日本共産党だけが推薦する革新候補が、「オール与党」勢力の候補と対決して、四〇％以上の得票を獲得しました。マスコミでも「地殻変動」という言葉が飛び交いました。

四月、竹下首相は世論に追い詰められ、八九年度予算成立を条件に退陣を表明しました。しかし自民党は、社公民各党との密室協議で国会審議再開に道をつけ、四月下旬、消費税増税をふくむ八九年度予算を単独採決しました。

八九年六月、宇野宗佑内閣が発足しましたが、消費税や前年に発覚したリクルート事件にくわえ、首相自身の女性スキャンダルもあって、発足当初から国民のきびしい批判にさらされました。党は、他党も企業献金廃止を共同要求とし、消費税廃止を提起した変化に注目し、「消費税廃止」「企業献金禁止」「コメ輸入自由化阻止」の三つの緊急課題で同意する政党、団体、個人が共同する暫定連合政府を提唱しました。

七月におこなわれた参議院選挙では、自民党は、比例代表の得票率ではじめて二割台に落ち込み、当選者数はほぼ半減の三十六議席となり、過半数を大幅に割り込む結党以来の大惨敗を喫しました。選挙翌日に宇野首相は退陣を表明し、海部《かいふ》俊樹氏が総裁に選出されました。

選挙後、衆議院は海部氏が、参議院は決選投票で社会党・土井たか子委員長が首相に指名され、憲法の規定により、海部氏が首相となりました。衆参両院で異なる首相が指名されたのは、四十一年ぶりのことでした。党は、社会党から決戦投票になった場合の土井委員長への投票要請をうけ、「社公合意」にもとづく政権構想は容認しないものの、参議院が「反自民」の意思を示すことを重視する立場から、決選投票で土井氏に投票しました。

八九年十二月、参議院で、消費税廃止法案が日本共産党など野党による賛成多数で可決されましたが、衆議院では、自民党などの妨害によって審議されないまま廃案となりました。一方、政府・自民党は、消費税を織り込んだ九〇年度予算案をとおすことで消費税の定着をはかろうとしました。九〇年六月、予算案は参議院で日本共産党などの反対多数で否決されましたが、その後、両院協議会を経て成立しました。しかし予算案が一院とはいえ否決されたのは、はじめてのことでした。

党は九〇年三月の中央委員会総会で、消費税廃止のたたかいを長期的展望のなかに位置づけて国民的政治組織の結成を呼びかけ、九〇年六月に、「消費税をなくす全国の会」が結成されました。

「一進一退」となった国政選挙と党づくりの努力

一九八〇年代、日本共産党を封じ込める「オール与党」体制のもとで、党は国政選挙で「一進一退」を余儀なくされました。

八〇年六月の衆参同時選挙では、ソ連のアフガニスタン侵略を利用した反共攻撃、「社公合意」による反共野党連合の形成という七〇年代とは異なる情勢下で、党は、衆議院で前回比十二議席減の二十九議席、参議院で四議席減の七議席となりました。得票は衆院で五百九十四万票（得票率一〇・一％）を獲得し、前回より得票数を増やしましたが、参院全国区では前回の四百二十六万票（八・四％）から四百七万票（七・三％）に後退しました。

八三年六月の参議院選挙は、選挙区選挙とならんで比例代表制が導入され、政党そのものに投票するはじめての選挙となりました。党は、マスコミの三百万票台との予想をくつがえして、比例代表で四百十六万票（得票率八・九％）、二議席増の五議席を獲得し、選挙区選挙とあわせて七議席を得ました。しかし、つづく十二月の衆議院選挙では、二議席減の二十七議席、得票は五百四十四万票（九・六％）でした。

八六年七月の衆参同時選挙では、自民党の強権政治と対決して、日本の平和と安全、革新の政策を訴えてたたかい、党は衆議院で五百四十三万票（得票率九・〇％）を獲得して二十七議席を維持し、参議院では比例代表で五百四十三万票（九・五％）にのばし、選挙区選挙とあわせて七議席から九議席へ二議席増を果たしました。

八九年六月から七月にかけてたたかわれた東京都議選と参議院選挙では、リクルート事件などの金権腐敗政治への怒りが広がるなか、日本共産党は自民党政治に対決する唯一の党として、〝躍進必至〟といわれました。しかし、八九年六月におこった中国・天安門事件が情勢を一変させ、これを利用した自民党や公明党などの激しい反共攻撃がおこなわれ、参院選では五議席（比例四、選挙区一）に後退しました（比例三百九十五万票、得票率七・〇％）。

九〇年二月の総選挙では、今度は東欧諸国における激変と旧体制の崩壊を利用した「社会主義崩壊」論、「体制選択」論などの反共攻撃が吹き荒れ、党は、これに果敢に反撃しましたが、議席は、二十七から十六に後退しました。しかし、得票は五百二十三万票（得票率八・〇％）を獲得し、八〇年代の基本的な地歩を維持しました。

党は、配達・集金活動の乱れの根絶からはじまった〝機関紙革命〟と呼ばれる抜本的改革と機関紙読者の拡大、党大会決定や中央委員会決定の読了と討議を第一義的課題にすえる党の質的建設の重視など、ねばり強い努力を全国で重ねました。

しかし、八〇年代から九〇年代にかけての時期は、国内での反動攻勢、東欧・ソ連の崩壊という世界的激動のもとで、反共の逆風が吹くという客観的条件が、党勢拡大に重大な困難をもたらし、「赤旗」読者数も八〇年をピークに漸減傾向をたどりました。また、この時期には、党員拡大と機関紙読者拡大を、「党勢拡大の二つの根幹」と位置づけることによって、党員拡大を事実上後景におしやる弱点も生まれました。

同時に、逆風のもとでも、党綱領と党規約にもとづく団結を強め、党の陣地をもちこたえたことは、きわめて大きな意義をもつものでした。その根本には、党の綱領路線の正確さと、それにもとづく全国の支部・党員の不屈のがんばりがありました。

（2）覇権主義とのたたかいとソ連・東欧の支配体制の解体

一九八〇年代、世界では、米ソの覇権主義が世界の平和と民族自決の流れとぶつかりあい、矛盾を広げ、ソ連・東欧諸国の支配体制の解体にいたる、大きな激動が起こりました。

党は、各国の主権と世界の平和秩序を破壊する覇権主義とたたかい、ソ連によって運動におしつけられた誤った理論を一つひとつ克服する努力を重ね、核兵器廃絶をはじめ世界の平和と進歩のために力をつくしました。その活動は、科学的社会主義の事業の前途に展望と確信をもつ、日本共産党ならではのものでした。

ソ連のアフガニスタン侵略と大国主義・覇権主義への批判

一九七九年十二月下旬、ソ連は、アフガニスタンに軍隊をおくり、アミン首相をクーデターで殺害して、ソ連などの庇護《ひご》下にあったカルマルを政権につけました。ソ連の侵略は、自分のいいなりにならない政権を軍事介入でたおして、かいらい政権をおしつけ、アフガニスタンを自己の「勢力圏」に組み込もうとする覇権主義のあらわれでした。

日本共産党は、軍事介入を正当化しようとするソ連共産党中央委員会からの「通報」をうけ、事態の核心を明らかにするため独自の調査をおこない、ソ連にたいしても質問を送って回答を求めました。そしてソ連側の回答不能という事態をうけ、八〇年一月、常任幹部会声明「アフガニスタンの事態について」を発表し、事態の根本は外部からの干渉による政変のおしつけであり、ソ連の軍事介入は民族自決権を侵害すると批判して、ソ連軍のすみやかな撤退を要求しました。

八〇年一月の国連緊急特別総会では、外国軍のアフガニスタンからの即時・無条件・全面撤退などを求める非同盟諸国提出の決議案が可決され、ソ連は、国際社会でも孤立においこまれました。

党は、八〇年二月にひらいた第十五回大会で、出席していたソ連共産党代表の面前で、ソ連のアフガニスタン侵略を全面的に糾弾し、ソ連軍の撤退を強く主張しました。十二月には、アフガニスタン問題を主題にした日ソ両党会談をひらき、ソ連側を反論不能に追い込みました。当時、ソ連のアフガニスタン侵略にたいして正面から批判をおこなった共産党は、日本共産党だけでした。

八二年一月から二月にかけて「赤旗」で連載された不破書記局長の論文「スターリンと大国主義」は、スターリンの大国主義・覇権主義についての詳細な批判をおこないました。バルト三国の併合や戦後の東ヨーロッパへのスターリン型社会のおしつけなど、ここで告発された覇権主義の歴史的害悪は、いずれも世界政治のなかで解決すべき大問題となってゆきました。

八三年九月、ソ連空軍機が、ソ連領空に入った韓国の民間航空機を撃墜し、日本人乗客二十八人をふくむ二百六十九人が犠牲となる事件が起きたときも、党は、人命尊重の原則に反したソ連の蛮行をきびしく批判しました。

世界平和と核兵器廃絶をめぐる国際論争

一九八〇年代は、ソ連とアメリカによる核軍拡競争が重大な局面に突入し、核戦争を阻止し、核兵器廃絶に道をひらくことが、国際政治の一大課題となりました。

ソ連共産党は、第二十六回大会（八一年二〜三月）で決めた「八〇年代の平和綱領」と名づけた外交政策への支持を求める書簡を、各国の共産党や世界の平和団体・民主団体におくりつけてきました。ソ連の書簡は、アフガニスタン軍事介入を当然のこととしたうえ、「軍事力均衡」論にたち、核兵器全面禁止をはじめ、世界平和の重要問題を欠落させたものでした。

党は、八一年六月の返書で書簡への批判をしめすとともに、論文「真の平和綱領のために」を発表し、ソ連の「平和綱領」が、アフガニスタンにたいする民族自決権侵害の合理化と、アメリカとの核軍拡競争、軍事ブロックの対抗強化の悪循環を助長する「軍事力均衡」論という、二つの重大な誤りを前提としていることをきびしく批判しました。そして、①民族自決権の擁護、②核兵器全面禁止と核兵器使用禁止協定の締結、③通常戦力の大幅な削減、④外国軍事基地の撤去、外国軍隊の撤退、⑤軍事同盟、軍事ブロックの解消、⑥真の集団安全保障体制の確立、⑦紛争の話し合いによる解決、という七項目を、世界平和のための根本的かつ緊急の課題として提起しました。

論文「真の平和綱領のために」が、核兵器による「抑止の過程を通じての世界の平和、安定、均衡の維持という概念」にたいして、「もっとも危険な集団的誤謬《ごびゅう》」ときびしく批判したワルトハイム国連事務総長の報告に「全面的に同意する」と表明していることは、きわめて重要です。諸外国の共産党がソ連の「平和綱領」を支持するなかで、日本共産党が、核抑止論を明確に批判し、ソ連がこの「もっとも危険な集団的誤謬」におちいったことを正面から批判したことは、その後の国際情勢の展開にてらしても大きな意義をもつものでした。

一方、アメリカでは、八一年一月、「強いアメリカの再生」を掲げたレーガン政権が誕生しました。レーガン大統領は、ソ連のアフガニスタン侵略を絶好の口実に、「ソ連の脅威」にたいする西側全体の「集団的防衛努力の強化」を要求しました。ソ連が配備したＳＳ20中距離核ミサイルに対抗して、八二年には、戦略核大増強計画を発表し、ヨーロッパで「限定核戦争」がありうるとのべるなど、世界に衝撃をあたえました。八三年十一月、アメリカの核巡航ミサイルのヨーロッパ配備が開始され、ソ連も東ドイツ、チェコスロバキアへのあらたな核ミサイル配備準備を宣言しました。

八三年十月、レーガン政権は、カリブ海の島国グレナダで、反政府派のクーデターを支援し、民族独立の旗をかかげていた政権を打倒したうえ、二千の軍隊を送りこんで全土を制圧しました。党は、「グレナダ侵略を直ちに中止し全侵攻軍を撤退させよ」と主張しました。国連総会も武力介入の即時停止と軍隊の即時撤退を求める決議を採択しましたが、日本政府は棄権しました。

ソ連では、八二年十一月、ブレジネフの死去をうけて、アンドロポフが書記長に就任し、八四年二月にはチェルネンコがそのあとをつぎましたが、覇権主義や「軍事力均衡」論にたった核軍拡路線に変化はありませんでした。

党は、八三年から八四年にかけて、ソ連共産党とのあいだで、核兵器廃絶の課題をめぐって徹底した論争をおこないます。ソ連は、核軍拡競争を引き起こしているのはアメリカであり、国際緊張の根源もアメリカを先頭とする帝国主義だとして、ソ連の責任を棚上げにしようとしました。しかし党は、国際緊張や核軍拡競争にはソ連も共同の責任を負うときびしく批判し、核戦争阻止・核兵器廃絶の課題で共同できるすべての勢力を結集し、核兵器固執勢力を孤立化させるよう主張しました。

こうしたなかで、ソ連も核兵器問題での日ソ両党会談開催の提案にこたえざるをえなくなり、三回の予備会談を経て、八四年十二月、モスクワで、宮本議長を団長とする日本共産党代表団と、チェルネンコ書記長を団長とするソ連共産党代表団との会談が実現しました。この会談では、不一致点はわきにおいて、核戦争阻止、核兵器全面禁止・廃絶にかんする「共同声明」を発表し、核兵器問題を「人類にとって死活的に重要な緊急の課題、反核・平和運動、世界政治全体における中心課題」と位置づけました。そして、核兵器にしがみつく勢力を孤立させる「もっとも幅広い基盤に立つ平和・民主勢力の積極的行動」を呼びかけ、世界政治の場で核兵器廃絶の課題を提起し、積極的な部分的措置を実現することを表明しました。ソ連側の本心はともかく、日ソ両党共同声明で、核兵器全面禁止・廃絶のための協力を確認したことは、反核平和の国際世論を高めるうえで歴史的意義をもちました。

八五年二月、「核兵器全面禁止・廃絶のために――ヒロシマ・ナガサキからのアピール」国際署名提唱・推進の協議会が、十二カ国の反核平和団体の代表によって開催され、「ヒロシマ・ナガサキからのアピール」が発表されました。「アピール」は、核戦争阻止を訴え、核兵器廃絶を「全人類の死活にかかわる最も重要かつ緊急のもの」と位置づけ、「核兵器の使用、実験、研究、開発、生産、配備、貯蔵のいっさいの禁止」を求めました。

「ヒロシマ・ナガサキからのアピール」署名運動は、数回の「平和の波」国際共同行動などによって世界に広がり、核兵器全面禁止・廃絶の主張が、世界の反核平和運動の大きな流れとなりました。党は、原水協や民主団体、各界の人びとともに、「アピール」署名運動の発展に奮闘しました。この署名への国内での賛同は六千万人を超え、国連に報告されました。

「新しい思考」路線と干渉主義に抗して

一九八〇年代後半、党は、「新しい思考」の名でソ連が世界の運動にもちこもうとした誤りを理論的に清算するとともに、その対米協調路線のおしつけとたたかいました。

八五年十一月の第十七回大会では、綱領を一部改正し、「覇権主義の克服」や非同盟運動の意義を綱領上で明記するとともに、「資本主義の全般的危機」という規定を削除しました。この規定の由来には、ソ連が生まれたことが資本主義の危機の根源であり、ソ連の発展が資本主義を崩壊に導くという誤りがありました。これはのちに、「アメリカを中心とする帝国主義陣営」と「反帝国主義の陣営」の「二つの陣営」の対決が世界情勢を決めるという見方を克服してゆくことにつながる、重要な改定でした。

八五年三月、ソ連ではチェルネンコ書記長が死去し、新書記長にゴルバチョフが選出されましたが、覇権主義への本質的な反省はおこなわれませんでした。ソ連は、日ソ両党共同声明の実行に積極的な態度をとらず、「ヒロシマ・ナガサキからのアピール」署名運動の最初の実行委員会にも、代表を送ってきませんでした。

ゴルバチョフは、レーガン政権との交渉に一定の見通しがでてくると、アメリカの政策と行動を単純に変質したとみなし、対米協調路線を強めました。八七年十一月の米ソ首脳会談を前に英語版で発表された著書『ペレストロイカ』では、それまで多義的に使われていた「新しい思考」という考えを、世界諸国民の闘争を抑制し、無原則的な米ソ協調主義を表現するものとして使いはじめました。この著作は、ハンガリー事件、チェコスロバキア事件などで「適切な措置がとられた」とのべ、アフガニスタン問題でも、軍事援助の要請によるソ連の介入という従来の口実をくりかえすもので、覇権主義への無反省がきわだっていました。

重大だったのは、この対米協調路線が、世界の平和・民主運動にも現代の指導路線としておしつけられたことでした。しかも、ソ連の影響を強めるのに役立つなら、その団体が国内でどんな役割をはたしていようと平気で美化する干渉主義と結びついていました。

党は、八七年十一月に開いた第十八回大会で、この「新しい思考」路線への批判を開始します。八八年五月の日ソ両党定期協議では、不破副議長が、社会党を美化するソ連の干渉をきびしく批判しましたが、ゴルバチョフは「荷物をまとめて帰国してもらいたい」と言い放つなどの傲慢な態度をとりました。

ソ連共産党は八八年、「新しい思考」を党の公式の見地として採用し、レーニンの主張と行動をもちだして合理化しようとしたため、党は、不破副議長の「『新しい思考』はレーニン的か」（八八年九月）などの一連の論文で、「新しい思考」が「全人類的価値」の名のもとに、世界が直面している諸課題にたいする世界諸国民の闘争の抑制を説き、これを世界の運動におしつける点で、覇権主義の「古い思考」だと痛烈な批判を加えました。

「新しい思考」の対米協調路線は、国際政治にも悪影響をおよぼしました。

八九年十二月、マルタで開かれた米ソ首脳会談は、「世界は『冷戦』という一つの時代から脱出しつつあり、新しい時代に突入しつつある」（共同会見）と確認しましたが、軍事同盟の解体の方向は提起せず、あらゆる面でアメリカ主導の色彩が濃厚でした。マルタ会談直後、ブッシュ米政権はパナマを侵略し、ノリエガ政権を打倒して、アメリカが支持する政権をおしたてましたが、これはソ連がマルタ会談で暗黙の了解を与えていたことでした。

党は、「アメリカはパナマ侵略をただちに中止せよ」と要求。国連も緊急総会をひらいてアメリカを非難し、介入の即時停止を求める決議を採択しました（日本政府は反対）。

北朝鮮の国際的無法、中国・天安門事件と党の立場

一九八〇年代、北朝鮮の覇権主義も大きな問題となりました。

八三年十月、ビルマ（現・ミャンマー）を公式訪問中の韓国の全斗煥《チョン・ドゥファン》大統領一行が、ラングーン（現・ヤンゴン）市内で爆弾テロにあい、閣僚四人をふくむ二十一人の死者を出す事件が起きました。ビルマ政府は、これを北朝鮮の犯行と断定しました。党は「テロ行為には絶対に反対である」との見解を発表しましたが、在日朝鮮人総連合会（朝鮮総連）傘下の日本語新聞「朝鮮時報」が党の見解を

非難する一文を発表したため、党はさらなる反論を加えました。

八四年七月、北朝鮮が公海上に一方的に設定した軍事境界線内に日本漁船が侵入したとして、北朝鮮警備艇はこれを銃撃、拿捕《だほ》し、船長が死亡する事件がおきました（第36八千代丸事件）。党は、国際法上も、人道上も許されない「不法行為」と批判し、北朝鮮側に真相を明らかにして、責任ある措置を講ずるよう、きびしく要求しました。これにたいし、朝鮮労働党は、機関紙で「不当ないいがかり」「内政干渉」と乱暴に攻撃してきましたが、党は、北朝鮮側の主張を全面的に論破しました。こうした北朝鮮側からの乱暴な攻撃によって、八三年以降、日本共産党と朝鮮労働党との関係は断絶しました。朝鮮総連とは、二〇〇〇年に、たとえ意見が違う問題があっても敵対的な論争はくりかえさないことを確認し、正常な関係を回復しています。

その後、一九八七年十一月の北朝鮮特殊工作員による大韓航空機爆破事件に際しても、党はその蛮行をきびしく批判しました。

中国では八一年六月、中国共産党中央委員会総会で「文化大革命」の誤りを認める「建国以来の若干の歴史的問題についての決定」が採択されました。これは党の「文革」にたいする批判の正しさを当事者が認めたものでした。しかし、覇権主義を根本的に総括し、反省するまでには至りませんでした。

八五年九月、党は中国共産党からの申し出をうけ、関係正常化のための日中両党会談をおこないましたが、中国側は覇権主義的な干渉行為をおこなったことを認めず、「過去のことはお互いに水に流そう」という態度に終始し、八六年九月、中国側からの申し出で打ち切りとなりました。

八九年五月、中国の北京で、民主化を求める学生や市民の運動にたいして、戒厳令がしかれる事態が発生しました。党は、「赤旗」五月二十九日付の主張「中国の最近の事態について――戒厳令と社会主義的民主主義」で戒厳令の布告を批判し、武力弾圧を絶対にしないよう求めましたが、中国政府と軍は、六月三日深夜から四日早朝にかけて、天安門広場に集まった学生・市民たちに武力弾圧をくわえました。

党は、ただちに中央委員会声明「社会主義的民主主義をふみにじる中国党・政府指導部の暴挙を糾弾する」を発表し、「武力による血の弾圧はただちに停止するとともに、中国の憲法自身も保障している公民の権利の尊重、社会主義的民主主義の精神にもとづいて事態の解決に着手すべきである」と強く要求しました。天安門事件をきびしく批判した日本共産党の態度は、〝及び腰〟の対応にとどまった日本の他の諸政党とは対照的なものでした。

東欧諸国の激動にさいして

第二次世界大戦後、ソ連覇権主義によってスターリン型の政治・経済・社会体制がおしつけられてきた東欧諸国では、一九八九年から、覇権主義と結びついた国内の官僚主義に反対する人びとの不満が爆発しました。

ポーランドでは、八九年八月、ソ連に追従してきた統一労働者党政権にかわって、在野勢力「連帯」などが政権につきました。政府を批判する国民の運動は、ハンガリー、チェコスロバキア、ブルガリアにも広がり、ソ連に追従してきた政権がつぎつぎに倒れました。

東ドイツでも、八九年五月以降、ハンガリーなどを経由して西ドイツに出国する国民が急増し、十月以降は自由と民主主義を求める国民の運動が最高潮に達しました。十月、書記長が辞任に追い込まれ、十一月には「ベルリンの壁」がとりこわされます。

八九年七月、ワルシャワ条約機構首脳会議は、六八年のチェコスロバキア侵略を正当化した「制限主権論」を公式に否定しました。十二月には、ソ連、ポーランド、東ドイツ、ハンガリー、ブルガリアの五カ国の首脳が、チェコスロバキア侵略は「内政問題への干渉であり、非難されるべき」だと声明しました。チェコスロバキア侵略を当初からきびしく批判してきた日本共産党の正しさが、ここでも証明されました。

ルーマニアでは、チャウシェスク政権が、チェコスロバキア侵略の際にとった自主的態度を投げ捨て、八九年六月の天安門事件での中国当局の弾圧を支持し、八月にはポーランドの「連帯」主導政権の成立を阻止するため、ワルシャワ条約機構の「統一した行動」さえ求めました。日本共産党は、十一月のルーマニア共産党大会に、これらの動きへのきびしい警告をふくむメッセージを送りましたが、ルーマニア側は肝心の部分を一方的に削除して発表しました。十二月、ルーマニア当局が民主化を求める住民を武力弾圧した際にも、党は中央委員会声明で野蛮な人民弾圧を糾弾しました。その直後、チャウシェスク政権は国民によって打倒されました。

九〇年から九一年にかけて、ソ連のもとにあったバルト三国でも独立運動が高まり、ゴルバチョフ政権はこれに武力弾圧を加えました。党は、民族自決権を侵害するソ連の蛮行を徹底的に批判し、リトアニアの最高会議副議長から歓迎されました。

党は、九〇年七月の第十九回大会で、社会主義を「学説」「運動」「体制」の三つの見地に区別してつかむ意義を明らかにし、レーニンの死後、「ソ連の体制は対外的には大国主義・覇権主義、国内的には官僚主義・命令主義を特徴とする政治・経済体制」に変質したと解明しました。この解明は、ソ連・東欧の激動と旧体制の崩壊を材料にした「社会主義崩壊」論を攻勢的にうちやぶってゆくうえで、重要な意義をもちました。大会で選出された中央委員会は、議長に宮本顕治、幹部会委員長に不破哲三、書記局長に志位和夫を選びました。

第十九回党大会のさいに、重要な課題となったのが、日本共産党へのマスメディアを利用した反共攻撃、とりわけ宮本議長に矛先をむけ、退陣をせまる集中攻撃を打ち破ることでした。党は、日本共産党の指導体制がどのような試練を経て形成されたかを解明し、第十九回大会での「中央委員会の選出基準と構成」がしめした幹部政策の基本――「知恵と経験に富んだ試練ずみの幹部と有能な活力ある新しい幹部の適切な結合をはかりつつ、若い将来性ある幹部を大胆に抜擢《ばってき》登用する」という立場が、単なる世代の結合ではなく、「複雑な内外情勢に対応して、中央委員会の正確、機敏な指導性を保障する」こと、そして「革命的伝統にそって党のひきつづく確固たる発展を継続する」ことに、その核心があることを明らかにし、党の団結を強め、党指導部への攻撃をはねかえす力にしてゆきました。

歴史的巨悪の党、ソ連共産党の解体を歓迎

一九九一年八月、ソ連でクーデターが発生し、市民への武力弾圧で犠牲者も生まれました。クーデターは三日間で失敗し、ソ連共産党のクーデター関与の疑惑と責任を追及する世論が高まるなかで、ゴルバチョフは書記長を辞任し、ソ連共産党の解散に追い込まれました。

党は九月一日、常任幹部会声明「大国主義・覇権主義の歴史的巨悪の党の終焉《しゅうえん》を歓迎する――ソ連共産党の解体にさいして」を発表し、平和と社会進歩の事業に巨大な害悪を流しつづけた大国主義・覇権主義の党の終焉を、「もろ手をあげて歓迎すべき歴史的出来事である」と表明しました。そして、ソ連共産党の大国主義・覇権主義と生死をかけてたたかいぬいてきた党の値打ちが歴史によって証明されたことを強調するとともに、「世界の社会主義の代表者のような顔をしながら、社会主義の立場とはまったく無縁の大国主義・覇権主義の害悪を流しつづけてきたソ連共産党が解体するということは、世界で科学的社会主義の立場を堅持してすすもうとする勢力への妨害物がなくなるという点で、世界の平和と社会進歩の勢力にとっても、日本共産党のたたかいにとっても、巨大なプラスをもたらすものである」との展望を明らかにしました。党の態度表明は、フランスの国営テレビで紹介されたのをはじめ、世界的にも注目されました。

九一年十二月には、党は「科学的社会主義の世界的な運動の発展のために――日本共産党の見解」を発表して、旧ソ連の覇権主義ときっぱり絶縁した自主的な科学的社会主義の運動を発展させようと

世界に呼びかけました。

ソ連では、クーデターの失敗後、連邦を構成する各共和国の独立の動きが強まり、バルト三国は、九一年九月、ソ連共産党の解体直後に独立しました。さらに、九一年十二月、グルジア（現・ジョージア）をのぞく十一共和国が首脳会議を開いて、「独立国家共同体」の創設と連邦の廃止を決定しました。党は「ソ連邦の解体にあたって」と題する見解を発表し、ソ連邦解体の最大の根源が、スターリン以来の覇権主義と、その害悪にたいするゴルバチョフ指導部の無自覚と無反省にあったと指摘しました。

ソ連解体後、ソ連共産党の秘密資料が明らかとなり、かつて党指導部にいた野坂参三にかかわる一連の疑惑が報じられました。調査の結果、野坂が、戦前、コミンテルンで活動していた山本懸蔵らを敵につうじた人物とする根拠のない告発をおこなって、無法な弾圧に加担したこと、そして戦後、日本に帰国した後も、ことの真相を隠す工作までおこなって党と国民をあざむいてきたことが明らかとなり、野坂もこれらの事実を認めました。野坂の行為は、重大な党規律違反であり、党は、九二年十二月、野坂を党から除名しました。その後、ソ連側の資料によって、野坂が日本への帰国にあたってソ連側の内通者となっていたことも明らかになりました。

党は、公開されたソ連の秘密資料を分析し、日本共産党と日本の革命運動にたいする干渉攻撃の全貌を系統的に明らかにしました。「赤旗」には、不破委員長の論文「日本共産党にたいする干渉と内通の記録」（九三年一～六月）が連載され、ソ連覇権主義の醜悪な実態と、これにたちむかい、干渉作戦を破たんにおいこんだ日本共産党のたたかいの意義を明らかにしました。これは、その後のソ連問題を使った反共攻撃を事実で打ち破るうえで、大きな意義をもちました。

こうして、一九五〇年代から幾度となく続いてきた日本共産党のソ連覇権主義とのたたかいは、ソ連共産党の解体という形で終止符が打たれました。これは、自主独立の立場で覇権主義とたたかいぬいた日本共産党の不屈の歴史と、科学的社会主義の自主的な理論的探究の先駆的意義を、鮮明にうかびあがらせるものとなりました。ソ連覇権主義という歴史的な巨悪の崩壊は、大局的な視野でみれば、世界の平和と社会進歩の流れを発展させる契機となり、世界の革命運動の健全な発展への新しい可能性を開く意義をもつものでした。

(3) 一九九〇年代の政治状況と日本共産党の「第二の躍進」

一九九〇年代、自民党政治のゆきづまりと危機が深刻化するもとで、日本共産党が自民党への国民の批判の「受け皿」とならないよう、「オール与党」政治にかわって、今度は保守二大政党制をつくる動きがはじまり、「自民か、非自民か」の選択を国民におしつける「政界再編」がおこなわれました。

しかし、「非自民」政権の実態は、自民党政治の継承にすぎませんでした。「非自民」政権は、にわか仕立ての寄せ集めにすぎず、やがて自壊してゆきます。国民の目は、離合集散する政党と「総自民党化」ともいうべき政治への批判にむかい、九〇年代後半、自民党政治の古い枠組みの根本的改革を訴える日本共産党への期待が高まり、党は「第二の躍進」の時期をきりひらきました。「第二の躍進」で築いた峰は、「第一の躍進」を大きく超える党史上最高のものでしたが、同時に、党には大きな課題がありました。それは、党の政治的影響力の急拡大に、党の実力が追いついていないという問題でした。支配勢力は、党の躍進を押しとどめるために、激しい反共キャンペーンに訴えてゆきます。

湾岸戦争と自衛隊の海外派兵

一九九〇年八月、イラクによるクウェートへの侵略・併合で湾岸危機が勃発しました。党は、イラク軍の即時撤退を主張し、中央委員会名でイラクのフセイン大統領に抗議電報を送りました。国連安全保障理事会は、イラク軍の即時無条件撤退を要求する決議をおこない、つづいて、イラクへの経済制裁の実施を決議しました。ところが、アメリカはペルシャ湾に軍隊を派遣し、欧州や一部アラブ諸国の軍隊を集めて「多国籍軍」を組織し、国連にかわって軍事的制裁権があるかのようにふるまいはじめました。

九〇年十一月、国連安保理はイラクが九一年一月十五日までに撤退しない場合、「クウェート政府に協力している加盟諸国」に、「あらゆる必要な手段をとる権限を付与」する六七八号決議を採択しました。この決議は、国連憲章に反し、国連の指揮監督を受けずに武力行使をおこなうことを容認する重大な問題をはらんでいました。党は、六七八号決議を批判し、「多国籍軍」の性急な軍事攻撃に反対しました。

九一年一月に入り、フランスから和平提案がおこなわれました。しかし、アメリカの反対によって安保理の正式な協議にかけられずに葬り去られ、一月十七日未明、「多国籍軍」が、イラク軍への攻撃を開始しました。

党は、湾岸戦争の開始を批判し、国連事務総長に、早期停戦と中東の公正な平和をめざす国連の積極的なイニシアチブを要請する書簡をおくるとともに、安保理事国やアラブ諸国など二十六カ国の在日大使館を訪問して党の提案を説明し、対応を要請しました。

二月二十七日、イラクがすべての国連決議の受け入れを表明し、湾岸戦争は終結しましたが、戦争は多数の死傷者を生み、甚大な被害をもたらしました。

党は、三月、湾岸戦争にかかわる諸問題を全面的に解明した論文「国際政治は湾岸戦争から何を教訓にすべきか」を「赤旗」に発表するとともに、中東と世界の真の平和を実現するための「緊急平和・軍縮提案」を発表し、国連事務総長や三十カ国政府に送付しました。

この湾岸戦争をめぐるあらゆる場面でアメリカに追随したのが、自民党・海部内閣でした。

海部内閣が「国際貢献」と称して多国籍軍への軍事支援をおこなおうとする動きを強めるなか、党は、日本が国連の「平和維持活動」にたいしてとるべき原則的態度として、①憲法の平和原則を厳守し、協力の対象を非軍事的性格の活動に厳格に限定する、②国連の決定や活動のすべてを無条件に絶対化することなく、憲法と国連憲章の本来の精神にたって自主的に判断する、の二点を明らかにしました。

湾岸戦争がはじまると、海部内閣は、避難民輸送を口実にヨルダンへの自衛隊機派遣をくわだて、多国籍軍への戦費支出をきめました。戦争終結後の四月には、ペルシャ湾内の機雷除去を名目に、海上自衛隊の掃海艇を派遣し、史上はじめての自衛隊海外派兵を強行しました。九一年九月には、自衛隊海外派兵法案として「国連平和維持活動協力法案」（ＰＫＯ法案）を国会に提出し、いったんは継続審議に追い込まれますが、のちの宮沢内閣のもとで、九二年六月、強行成立させました。党は、自民党内閣による自衛隊海外派兵のくわだてをきびしく批判してたたかいました。

ゼネコン汚職、金権腐敗政治追及の先頭にたって

内政では、アメリカ従属、大企業中心の自民党政治のもとで、日本経済と国家財政の危機がもたらされ、さらに金権腐敗政治が明るみに出て、国民の批判が巻き起こります。

海部内閣は、一九九〇年六月の「日米構造協議」で、ＧＮＰ（国民総生産）の一〇％の公共事業というアメリカの要求に屈し、総額四百三十兆円もの「公共投資基本計画」（一九九一～二〇〇〇年度）を約束しました。これは「公共事業に五十兆円、社会保障に二十兆円」という〝逆立ち財政〟をもたらし、財政危機の大きな要因の一つとなりました。

九一年十月、自民党総裁が宮沢喜一にかわり、宮沢内閣が発足しました。宮沢内閣のもとで、鉄骨加工メーカー「共和」からの資金供与疑惑や、東京佐川急便による政界工作が次々発覚します。

党は、金権腐敗政治の追及と国民生活の向上、大企業への民主的規制をめざすたたかいをすすめ、九二年二月には、企業・団体献金を禁止する政治資金規正法改正などを求める「金権腐敗政治を根絶するための日本共産党の提案」、納税者の権利を明記した憲章の制定を呼びかける「『納税者憲章』の提案」、「一日拘束八時間、完全週休二日・週四十時間労働制」の実現などを提起する「労働基準法の抜本的改正についての提案」を連続的に発表しました。

九二年七月の参院選は、悪政への怒りが高まり、自民党は改選議席を維持できず、比例区で千四百九十六万票という、六〇年代以来最低の得票にとどまりました。日本共産党は六議席（比例四、選挙区二）を獲得し、八九年の参院選より議席と得票率を前進させました（比例三百五十三万二千票、七・九％）。

参院選後の九二年八月、東京佐川急便事件の裁判で、竹下政権の成立のさい、金丸信自民党副総裁らが佐川急便からの裏金と暴力団の力を借りたという、驚くべき反社会的行為と議会制民主主義の根幹にかかわる疑惑が表面化しました。金丸は、佐川急便からの五億円の献金を認めて副総裁を辞任し、十月には議員を辞職しました。この事件は、大手ゼネコンなどから献金と裏金をうけ、業界の利益をはかって公共事業を発注し、自民党にはゼネコンから献金が流れ込むという、金権腐敗政治の実態を明るみに出しました。

九三年、自民党は、金権腐敗政治への国民の怒りを逆手にとって、選挙制度の問題にすりかえ、「政治改革」の名で小選挙区制と政党助成金導入のくわだてをすすめました。これは選挙制度によって、保守二大政党による政権争いを無理やりつくりだし、日本共産党を政界から締め出そうとするものでした。

党は九三年四月、常任幹部会声明「金権・腐敗勢力が国会の絶対多数を占める小選挙区制導入策動は許されない」を発表し、議会制民主主義を根本から破壊するくわだてに、思想・信条の違いをこえて反対の世論と運動を広げることを訴え、国会内外でたたかいを広げました。六月、自民党は「政治改革」法案の成立を断念せざるをえなくなりました。

九三年六月、衆議院で、自民党の羽田孜《はたつとむ》・小沢一郎派の議員も賛成にまわって宮沢内閣不信任決議案が可決され、宮沢内閣は解散・総選挙に追い込まれました。自民党を離党したグループは「新党さきがけ」（武村正義代表）を、羽田・小沢派は「新生党」を結成し、自民党は五五年の「保守合同」以来の大分裂に至りました。

自民党政治の継承者――「非自民」政権との対決

一九九三年七月の総選挙では、日本共産党の躍進をおさえこもうと、「自民か、非自民か」の政権交代が最大の争点であるかのような、偽りの対決構図をふりまくあらたな作戦が展開されました。

選挙の結果、自民党が二百二十三議席と過半数を割り、社会党が議席を半減させる一方で、新生党、さきがけ、日本新党（細川護熙《もりひろ》代表）が大きく議席をのばしました。党は、自民党政治の継承を宣言する「非自民」勢力では悪政は変えられず、日本共産党の躍進こそが自民党政治を変える確かな力であることを訴えましたが、「日本共産党はカヤの外」という逆風にさらされ、前回から一議席減の十五議席となり、得票も後退させ、四百八十三万四千票、得票率七・七%にとどまりました。

選挙後、社会、新生、公明、日本新党、民社、さきがけ、社民連の七党と参院会派の「民主改革連合」を加えた八党派による党首会談で、日本新党の細川氏を首相に指名することを決め、細川連立政権が発足しました。自民党は、五五年の結党以来はじめて政権の座を失いました。しかし、八党派の党首会談では、「国の基本政策についてはこれまでの政策を継承」するという「合意事項」に署名しており、細川連立政権は、「非自民」の看板とは裏腹に、自民党政治の継承者にほかなりませんでした。

細川内閣は、自民党の長年の野望だった小選挙区制導入を最優先課題として引き継ぎ、関連四法案を提出し強行しました。この過程では、連立与党と自民党との「修正」や密室談合がおこなわれ、マスメディアもいっせいに小選挙区制導入に加担する大キャンペーンをおこないました。このとき、小選挙区制とセットで導入されたのが、政党の堕落と腐敗を進行させることとなる政党助成金制度でした。民主主義の根幹をゆるがすこれらの悪法に、衆参両院で反対したのは、日本共産党だけでした。

小選挙区制と政党助成金制度の導入の強行は、日本の政治史上の重大な汚点となりました。その後の衆議院選挙では、第一党が四割台の得票率で七~八割の議席を占めるなど、選挙のたびに民意をゆがめる小選挙区制の深刻な害悪が明るみに出ました。小選挙区制を廃止し、民意を正確に反映する比例代表中心の選挙制度への改革は、今日に至るまで大きな課題となっています。

九四年二月、細川首相は、「国民福祉税」に名前をかえて消費税の税率を七%に引き上げる方針をうちだしましたが、国民の強い批判をあび、撤回を余儀なくされました。

日本経済をどう立て直すのかも鋭く問われました。日本経済は、九〇年代に入ると、地価や株価が急落し、企業の倒産が相次ぎ、「バブル経済」が崩壊しました。景気の低迷と失業増大で、個人消費も大きく冷え込み、かつてない長期不況に見舞われていました。党は九四年四月、専門家の協力も得て準備をすすめてきた『新・日本経済への提言――国民本位の日本経済再建の道』を発表し、バブル経済の崩壊と不況の長期化のなかで、日本経済の民主的改革の方針をしめしました。

九四年四月、細川首相が突然退陣し、新生党党首の羽田孜が首相に選ばれました。その直後、新生、公明、日本新党、民社などが新会派「改新」をつくり、これに反発した社会党とさきがけが連立政権から離脱しました。六月、羽田内閣は、病院入院給食費を有料化する健康保健法改悪案を強行採決したうえ、九四年度予算の成立をまって、わずか二カ月で総辞職しました。

結局、細川、羽田と二代続いた「非自民」政権の一年間は、自民党政治の枠の中では、政党の組み合わせが変わっても、政治は何も変わらないということを証明しただけでした。

自社さ連立政権と国民負担増・大銀行救済への怒り

羽田内閣退陣後、政権復帰に執念を燃やした自民党主導の多数派工作で、社会党委員長の村山富市を首相とする、自民、社会、さきがけの三党連立政権が発足しました。一九五五年の左右社会党の合同以降、社会党が自民党と政権連合を組んだのはこれがはじめてで、社会党の変質と堕落をしめすものでした。

新生党、日本新党、民社党と公明党議員など、自民党政治をそのまま執行してきた旧連立諸党は、新進党（海部俊樹党首）を結成しました。公明党・創価学会は、衆議院議員を新進党に合流させながら、参議院議員や地方議員、党職員などを「公明」に分党する、政権入りをねらった「二股方式」をとりました。

村山内閣（九四年六月〜九六年一月）、橋本龍太郎内閣（九六年一月〜九八年七月）と続いた「自社さ連立政権」は、大企業中心主義によって、国民生活に苦難をもたらしただけでなく、日本経済のまともな発展への障害をつくりだし、財政を大破たんにおとしいれ、社会保障を大本から崩す連続改悪をすすめました。外交面でも、アメリカ追従をあらわにしていました。

この時期に、「グローバル化」の名によるアメリカ式の経営モデル、経済モデルが日本に持ちこまれ、日本を新自由主義で染め上げていったことは、日本経済の危機と矛盾をいっそう激化させました。九三年七月の日米首脳会談（宮沢・クリントン）の合意によって「日米包括経済協議」が開始され、以後毎年アメリカの通商代表部が日本政府に「年次改革要望書」をつきつけ、アメリカの市場開放・規制撤廃の要求にあわせて日本政府に具体化と必要な法改定をおこなわせ、執行状況まで提出させるという内政干渉のしくみがつくられました。このしくみによって、「人材派遣の自由化」「大型店舗法の廃止」「郵政民営化」などのアメリカの要求に、日本政府が唯々諾々と従い、実行してゆくことになります。

党は、九四年七月、第二十回大会をひらき、自民党政治とそれを継承する反国民的悪政のゆきづまりから日本を救い、国民生活と未来を救うために、「三つの転換」（①日米軍事同盟をやめ、自主独立の日本への転換、②大企業優先から、国民生活優先の経済発展への転換、③金権腐敗政治を一掃し、「国民が主人公」の日本への転換）を提起し、革新無党派の人びと、悪政に反対する広範な人びととの国民的共同を呼びかけました。

党は、このなかで「憲法問題と日本共産党の立場」をまとめて明らかにし、改憲策動の最大の焦点となっていた憲法九条について、「憲法九条は、みずからのいっさいの軍備を禁止することで、戦争の放棄という理想を、極限にまでおしすすめたという点で、平和理念の具体化として、国際的にも先駆的な意義をもっている」と高く評価し、将来にわたってこの条項を守り、生かす立場をあらたに明確にしました。また、日本が独立・中立の道をすすみだしたさいの安全保障について、中立日本の主権侵害を許さない政府の確固とした姿勢と、それを支える国民的団結を基礎に、急迫不正の主権侵害にたいしては、「警察力や自主的自警組織など憲法九条と矛盾しない」措置をとることを明らかにしました。この段階では、憲法九条と自衛隊の矛盾をどう解決していくか、その道筋についてはまだしめされておらず、この点は、六年後の第二十二回大会（二〇〇〇年）で解明されることとなります。

村山内閣は、海部内閣で約束させられていた「公共投資基本計画」の六百三十兆円への積み増し（一九九五～二〇〇四年度）、六十歳からだった年金支給を六十五歳にくり下げる年金改悪法、消費税率を三％から五％へ引き上げる消費税増税法、コメの輸入自由化に道をひらくウルグアイ・ラウンド合意協定（ＷＴＯ農業協定）と関連法などを、つぎつぎに強行しました。

一九九五年一月、阪神・淡路大震災が発生し、六千人を超える人びとが犠牲となり、被災者は数十万人にのぼりました。党は、被災者の救援活動に全力をあげ、被災者の生活再建への個人補償をはじめとする復興対策の基本を政府に要求しましたが、村山内閣は、「生活再建は自立自助で」とのべ、被災者への個人補償に背を向け続けました。

自社さ政権がとくに大きな怒りをかったのが、住宅金融専門会社（住専）の不良債権処理のための税金投入です。

九六年一月、村山内閣の政権投げ出しを受けて発足した橋本龍太郎内閣のもと、通常国会では、住専への税金投入が大問題となりました。党は、志位書記局長の国会質問（一月三十一日、二月六日）などで、住専の破たんの責任は母体行にこそあること、子会社の破たん処理は親会社の責任でおこなう「母体行主義」が日本の金融界の不良債権処理のルールであること、母体行にはその責任をとるだけの体力が十分あることを明らかにし、住専への税金投入の核心が、バブル経済で巨額の利益をあげた大銀行の乱脈経営の後始末を国民に負わせる大銀行救済にあることをえぐりだしました。橋本内閣は、住専への税金投入をふくむ予算案を強行し、六月には住専処理法を成立させましたが、大銀行・大企業中心政治と国民との矛盾の焦点に正面から切り込んだ党のたたかいは、日本共産党にたいする信頼と期待を急速に広げ、直後の十月の総選挙での躍進に道をひらきました。自民党は、十月の総選挙で、得票を激減させ、国民からきびしい審判を受けることになりました。

総選挙後発足した第二次橋本内閣は、経済・財政・行政・金融・社会保障・教育の各分野にわたる「六大改革」をうちだし、ゼネコン型公共事業の浪費や放漫財政はそのままに、社会保障・社会福祉の大改悪、消費税五％への増税、住民サービスの切り捨てによって、国民に巨額の負担増をおしつけました。

とくに九七年度予算案は、消費税の引き上げと医療保険の改悪などで、国民に九兆円ものあらたな負担をおしつけ、国民生活と日本経済に深刻な打撃を与えるものでした。党は、九兆円の負担増は前代未聞の暴挙であり、ただちに撤回するよう要求し、国民の消費購買力の拡大と中小企業の振興によってこそ、日本経済を活気づけることができることを提起してたたかいました。国会には、党が提案した消費税増税中止を求める請願署名が千二百万以上も寄せられ、世論調査でも国民の八割が増税に反対しました。

九〇年代後半、規制撤廃、市場開放を求めるアメリカと財界の強い要求を背景にした新自由主義路線の悪法に、国民の利益にたって対決したのが日本共産党でした。

日経連（日本経営者団体連盟）が「新時代の『日本的経営』」（九五年五月）で、労働者の圧倒的な部分を非正規雇用に置き換えていく戦略をうち出すと、この戦略に沿うように、あくまで例外的なものとされていた労働者派遣業務は、九六年六月の労働者派遣法の改悪（橋本内閣）で二十六業務に拡大され、九九年六月の改悪（小渕内閣）では派遣労働が原則自由化されました。派遣の原則自由化に反対をしたのは、日本共産党だけでした。

橋本内閣は、すでに大型店の進出によって中小小売店や商店街、地域経済が大打撃を受けていたにもかかわらず、大型店舗への規制をさらに大幅に緩和するため、九八年五月に大店法（大規模小売店舗法）を廃止し、大店立地法を成立させました。党は、ヨーロッパ諸国の大型店規制にも学びながら、九六年十月に出した政策提言「大型店の無秩序な出店ラッシュをおさえ、中小小売業の営業をまもり振興をはかります」を力に、商店街や地域経済を守るための改革案をしめしてたたかいました。

日米安保の地球的規模への拡大、海外派兵立法とのたたかい

一九九〇年代後半、自社さ政権がすすめた日米軍事同盟の地球的規模への拡大にたいして、党は、日米安保条約をなくし、アジア諸国、世界各国との友好・協力の道をすすむことを国民に訴えてたたかいを広げます。

九五年九月、村山内閣のもとで、沖縄で起きた米兵による少女暴行事件は、アメリカ絶対の政治の反国民的な姿を明るみに出しました。地位協定をたてに犯人の引き渡しを拒否したアメリカにたいし、政府はまともな対応をしませんでした。沖縄では、全自治体が抗議の決議・意見書を採択し、十月には、事件を糾弾し日米地位協定の見直しを要求する「県民総決起大会」が開かれ、八万五千人が参加しました。沖縄県は、米軍基地の強制使用の代理署名拒否を表明し、政府に地位協定の全面見直しを求めました。

しかし政府は、基地問題の解決をしめさないばかりか、九七年四月、逆に米軍用地特別措置法を改定し、使用期限が切れた後も、土地を地主に返還せずに強制使用を継続することを県民に強要しました。

沖縄県では、その後も、普天間基地の移設に名を借りたアメリカの最新鋭基地のおしつけに反対する住民運動が大きな高まりをみせ、九七年十二月には、新基地建設の予定地にあげられた名護市で、米軍海上基地建設の是非を問う住民投票がおこなわれました。投票の結果は、政府・防衛庁の激しい

介入・干渉をうちやぶって、建設反対の意思を明確にしめすものとなりました。

村山内閣を引き継いだ橋本内閣がおこなったのは、日米安保条約の対象の地球的規模への拡大と、自衛隊がアメリカの軍事行動に自動的に参戦していく体制づくりでした。

九六年四月、橋本首相は、クリントン米大統領との首脳会談で、「日米安全保障共同宣言」を発表しました。党は四月十七日、中央委員会声明を発表し、この「宣言」が、在日米軍基地を二十一世紀にわたって固定化するとともに、安保条約の対象地域をアジア・太平洋地域、さらには全地球的規模に拡大し、アメリカ有事のさいの海外での軍事行動に、日本の軍事力・経済力を総動員する枠組みをつくるものだと糾弾しました。

九七年九月、橋本内閣が、米クリントン政権との間で結んだ「日米防衛協力のための指針」――「ガイドライン」は、アメリカがアジア・太平洋地域で軍事介入を起こせば、「周辺事態」を名目に、日本が自動的に参戦する仕組みをつくるものでした。これは、「日本防衛」という日米安保のこれまでの建前を捨てて、軍事干渉のための軍事同盟への変質を公然とはかるもので、六〇年安保条約の改定を上回る大改悪でした。

この「ガイドライン」を立法化する周辺事態法の制定は、橋本内閣からかわった小渕恵三内閣に引き継がれ、九九年五月に強行されますが、周辺事態法反対の国民のたたかいは大きく広がります。

党は、この法案によって憲法違反の海外での自衛隊の活動を拡大し、自治体や民間もアメリカの軍事行動への協力に動員されることを追及して、草の根から悪法反対の世論と運動を広げるために力をつくしました。反対運動では、全労連、連合など組合の流れの違いを超えて、一致点での共同が前進しました。

九〇年代、侵略戦争と植民地支配への無反省も、アジア諸国との深刻な矛盾を引き起こしました。戦後五十年となった九五年、自民党や新進党のなかには、「終戦五十周年国会議員連盟」「正しい歴史を伝える国会議員連盟」など侵略戦争を礼賛する議員集団がつくられ、その後日本の政界に侵略戦争と植民地支配を肯定・美化する勢力を拡大していく役割を果たすようになりました。

国会では、侵略戦争を合理化する国会決議が採決されました。党は、侵略戦争への反省と、戦後の国際政治の原点が軍国主義・ファシズムを二度と許さないところにあることを明記した対案をしめし、決議には反対の態度をとりました。

日本共産党の「第二の躍進」のはじまり

「非自民」政権の失敗、自社さ政権による悪政に国民の怒りは高まり、支持政党をもたない無党派層が大きく広がるなかで、一九九〇年代後半から日本共産党の「第二の躍進」がはじまります。

九五年七月の参議院選挙で、党は、改選五議席を上回る八議席（比例五、選挙区三）、比例代表三百八十七万三千票、得票率九・五％に前進しました。社会党は三分の一の議席を失いました。党の躍進は、無党派層の人びととの対話と交流、共同を広げる努力が、実を結びつつあることをしめすものでした。

さらに、日本共産党をのぞく諸政党の「総自民党化」にきびしい審判を下し、党の躍進をかちとったのが、九六年十月の総選挙でした。党は、この総選挙で、住専問題、安保・沖縄問題、消費税増税問題などの争点を明確にし、悪政推進勢力への審判を呼びかけ、「財政再建十カ年計画」で財政危機打開の提案をしめしてたたかいました。

選挙の結果、自民党は前回総選挙の二千二百九十九万票（得票率三六・六％）から、千八百二十万票（比例、三二・八％）に得票を後退させ、小選挙区制によって議席数では復調したものの、過半数を大きく割り込み、二百三十九議席にとどまりました。新進党は四議席減の百五十六議席、社民党（九六年一月に社会党から党名変更）は十五議席に激減しました。総選挙直前の九月、さきがけや社会党の一部議員らが結成した民主党は、改選前と同じ五十二議席でした。

日本共産党は、改選前の十五議席から二十六議席へ前進し、得票を四百八十三万四千票から七百二十六万八千票（比例代表）へと大きく躍進させました。得票率一三・〇八％は、七〇年代を上回る達成でした。定数一の小選挙区選挙でも、京都三区（寺前巌議員）と高知一区（山原健二郎議員）で当選を果たしました。政権党である自民党との得票比が、前回の二一％から四〇％に前進したことは、日本共産党が自民党政治と対決する唯一の革新野党だという政治の実態とあわせて、本格的な〝自共対決〟の時代を予見させる成果でした。

九七年七月の東京都議選は、都民いじめの「オール与党」勢力と日本共産党との対決が、くっきりと浮かび上がるもとでたたかわれました。「オール与党」都政は、「財政健全化」計画の名の下で、途方もない無駄遣いの臨海計画はそのままに、シルバーパス（敬老乗車証）の廃止・削減、老人医療の助成廃止、教育、福祉などの大幅な切り下げを計画していました。党は、都民いじめの悪政を批判し、都民の立場で都政の立て直しを求め、選挙の結果、十三議席から二十六議席（議席占有率二〇・五％）に倍増し、都議会第二党に大躍進をとげました。党は、得票でも、自民党の約七割にせまるところまで前進しました。

東京・狛江市での党員首長の実現（九六年七月）など、革新・民主の自治体の広がりにも、日本共産党への期待と関心の広がり、無党派層との共同の流れがあらわれました。

党は、九七年九月の第二十一回大会で、党の躍進をきりひらいてきた情勢を分析し、「〝自共対決〟こそ、日本の政治対決の主軸」であることを明らかにして、二十一世紀の早い時期に民主連合政府を実現する方針を大きく打ち出しました。また、民主的政権への接近のために何が必要かについて、①それを担うにふさわしい党の量的・質的な前進、②無党派層との共同の発展、③国民各層のあらゆる分野での大衆運動の画期的発展、④自民党政治との政策的な対決を通じて、革新・民主の路線を国民のものにしていく事業の前進をはかることなど、重点的にとりくむ活動方向を明確にしました。新しい中央委員会は、幹部会委員長に不破哲三、書記局長に志位和夫を選びました。

一九九八年参院選での歴史的躍進と「総与党化」体制の崩れ

一九九八年七月の参議院選挙では、大企業中心、アメリカ中心の自民党政治か、日本共産党の提案する国民本位の新しい国づくりへの転換をめざすかが、大きな対決軸となり、自民党の大敗、民主党と日本共産党の躍進という結果になりました。

党は改選六議席の二倍を上回る十五議席を獲得し、非改選の八議席とあわせ、二十三議席となり、予算を伴う法律案の提案権を獲得する党史上最高の峰となる歴史的躍進をかちとりました。比例代表選挙では、八百二十万票（得票率一四・六％）を獲得し、参院では、得票数、議席数で、自民、民主につぐ第三党の地位を得ました。自民党は、都市部の三人区、四人区でさえ当選できず、改選議席を十六減らして、参院の半数を大きく割り込む百三議席となりました。また、比例代表選挙では千四百十三万票（二五％）にとどまり、得票率は自民党結党以来の最低（旧全国区をふくむ）でした。

九八年参院選後の首相指名にあたり、党は、自民党大敗という参院選での国民の審判を重視して、他の野党と衆参両院で共同する立場をとり、参院の決選投票では、民主党の菅《かん》直人代表が大差で首相に指名されました。これは、両院協議会で合意にいたらず、七月末、小渕恵三内閣が成立しました。

小渕内閣が最初におこなったことは、破たん銀行などにとめどなく税金を投入する金融関連法案の提出でした。党は、いち早く「金融機関の不良債権及び破綻処理問題についての日本共産党の提案」を発表し、金融機関が自己責任・自己負担原則をつらぬいて事態の打開にあたってこそ、銀行の乱脈経営を抑制し、処理すべき不良債権の適切な償却にあたるなど、国民の立場にたった金融システムの安定化がはかられることを明らかにしました。そして、とめどない税金投入にストップをかける野党共闘を呼びかけました。

党は、九八年八月、不破委員長の「しんぶん赤旗」のインタビュー「日本共産党の政権論について」を発表しました。不破委員長は、日本共産党は民主連合政府という目標を一貫して追求しているが、この政権ができる条件が成熟するまで政権問題に触れないという消極的な立場にはたたず、党が、政局を民主的に打開する政権構想を積極的に追求する立場にたっていることをしめしました。そして政党間の共闘について、それぞれの政党の理念やめざす日本社会の将来像が違っていても、社会発展の現在の段階で、国民の利益にかなう当面の一致点で力をあわせることができるという基本的な共闘の論理を強調し、日米安保条約にたいする立場の違いや社会主義へすすむという将来の社会像が、連合政権の障害とはならないことを明らかにしました。安保条約については、党としては安保廃棄の立場で主張し運動にもとりくむが、連合政権としては、①現在成立している条約と法律の範囲内で対応する、②現状からの改悪はやらない、③政権として廃棄をめざす措置をとらないという対応をとることになると表明しました。

九月にひらかれた中央委員会総会では、自民党政治の根本的な転換を求めるとりくみとともに、当面の国民の切実な要求にこたえて、現実政治を実際に前に動かすとりくみという、「二重のとりくみ」を強調し、政権論を現在の情勢と発展段階にふさわしい党の政治姿勢としてつかみ、身に付けて活動をくり広げることを呼びかけました。

九九年一月、新進党の解体をうけて結成されていた自由党（党首・小沢一郎）が自民党との連立に踏み切りました。九八年十一月に再編成された公明党（神崎武法代表）も、自民党との政策協議を表明し、九九年十月には正式に小渕政権に加わりました。参議院で少数与党に転落した自民党の数を補うために成立した「自自公」体制によって、九九年は、周辺事態法や、「日の丸・君が代」法案などの悪法が強行されました。

教育現場などに一方的におしつけられ、社会的な混乱を生み出していた「日の丸・君が代」問題で、党は、国旗・国歌についての国民的な討論を呼びかけ、「国民の合意を踏まえて決める」「法制化したからといって国民に強制しない」という二つの提唱をおこないました。そして主権在民の原則と侵略戦争の反省という点から、「日の丸・君が代」の国旗・国歌化に賛成しない党の立場を広く明らかにして、特別の号外も四千万枚作成し配布しました。

九九年四月の統一地方選挙で、党は道府県議選、政令市議選で史上最高の峰をきずき、全体で二百七十八議席増の二千四百十二議席の獲得という大きな躍進をとげ、党の地方議員数は四千四百三人（うち女性議員千二百五十一人）となりました。九〇年代冒頭、地方議員総数は、自民党が第一党で四千五百四十八議席でしたが、自民党はこの間に約千議席を減らして三千五百議席台となりました。一方、日本共産党は九五年の統一地方選挙以来、「地方議員第一党」となり、三千九百四十一議席から四千四百三議席へと躍進しました。

（4）世界の平和秩序をきずく課題と野党外交のはじまり

一九九〇年代、世界では、ソ連解体後、アメリカが軍事面でも経済面でも「一国覇権主義」の世界戦略をあらわにしてゆきました。党は、アメリカの世界戦略を具体的に分析、批判して、国連憲章にもとづく平和の国際秩序をきずくために、国際社会への働きかけを強めました。九〇年代末からは、新しい野党外交の方針を確立し、アジア諸国との新しい交流と連帯の関係がはじまりました。

ソ連解体後の世界とアメリカの「一国覇権主義」

一九九一年七月、ソ連中心の軍事ブロック＝ワルシャワ条約機構が解体し、十二月にはソ連が解体しました。しかし、アメリカは「世界の警察官」の役割を果たすという名目で、世界の軍事的制圧をめざす動きを強めました。

党は、九四年七月の第二十回大会で、ソ連の解体によって冷戦が終結したとする「冷戦終結」論の誤りを批判して、世界が米ソの二つの覇権主義が対抗しあうという情勢から、アメリカだけの覇権主義＝「一国覇権主義」の危険に直面していることを明らかにし、核兵器廃絶、軍事ブロック・軍事同盟の解消、民族自決権の擁護、南北問題の解決など、世界平和をめざす国際的課題を提起しました。また、深刻な失業問題や貧富の格差をはじめ資本主義諸国が直面する矛盾、「南北格差」による貧困・飢餓など、「資本主義万歳論」を急速に色あせたものにしている資本主義の現実を指摘し、未来への羅針盤としての科学的社会主義の生命力を解明しました。

第二十回大会では、党綱領の一部改定をおこない、とくに旧ソ連社会の内実のたちいった研究にもとづいて、旧ソ連社会論についても認識を発展させました。大会では、ソ連社会では、革命の出発点においては、社会主義をめざす努力をはじめたが、スターリン以後、指導部が誤った道をすすんだ結果、社会主義社会でも、それへの過渡期の社会でもない、社会主義とは無縁な人間抑圧型の社会に変質したという、党の結論的な認識を明らかにしました。この認識は、綱領路線と自主独立の立場をつらぬき、ソ連の覇権主義に対する歴史的闘争によって可能となったものでした。

九〇年代半ばから、アメリカは、イラク、イラン、北朝鮮など、アメリカの意にそわない国を「ならず者」と決めつけ、これらの国の核兵器や生物・化学兵器開発の「疑惑」や「テロ支援」を言い立てて、巨大な軍事力保持を合理化し、無法な軍事制裁をも辞さないとする「ならず者国家」論をたてに、軍事的覇権主義を正当化しました。国連などの国際機関を最大限に利用しつつも、必要なら単独でも行動するという方針も公言しました。

最初の標的は北朝鮮でした。九四年六月、クリントン米大統領は、北朝鮮への核査察問題を利用して、北朝鮮が核兵器開発をすすめているとして、「制裁」の名で先制攻撃を加えようとしました。この強硬路線には、国際世論だけでなく、アメリカ内部からも批判が起こり、カーター元大統領の北朝鮮訪問を経て、最悪の事態は回避されました。

九五年二月、米国防総省が発表した「東アジア戦略報告」では、ベトナム戦争を〝正義の戦争〟だったと礼賛し、米軍はアジア・太平洋地域でその伝統を引き継ぐことを強調しました。そして、東アジアでの米軍十万人態勢の維持を唱え、日本との二国間同盟の強化をうたいました。

九六年、アメリカは、〝台湾危機〟を口実に、横須賀を母港とする第七艦隊の空母インディペンデンスをはじめ、艦船と偵察機を台湾近海に派遣しました。また、国際法と国連の決定を無視して、イラク爆撃（九六年九月、九八年十二月）、アフガニスタン、スーダンへの軍事攻撃（九八年八月）をはじめ、数々の無法をくりかえしました。これらの行動は国際社会からも強い批判をあび、アメリカは孤立を深めてゆきます。

アメリカを中心とする軍事同盟体制の危険を、あらたな段階に高めたのは、九九年春につくられた、日米新「ガイドライン」にもとづく周辺事態法（九九年五月）と、NATO（北大西洋条約機構）の「新戦略概念」（九九年四月合意）でした。これによって、日米安保体制とNATOは、「侵略にたいする共同防衛」という大義名分をかなぐり捨て、干渉と介入の戦争に同盟国を動員する軍事同盟へと変質をとげました。これは、他国にたいする武力攻撃を、国連を無視しておこなうことを公然と宣言するものでした。

九九年三月に開始された、アメリカを中心とするNATO軍のユーゴスラビア空爆は、「新戦略概念」の先取り的な策動でした。党は、国際法違反の空爆の即時中止と紛争の平和解決を求め、NATO諸国、中国、ロシアをはじめ、四十数カ国の大使館に申し入れをおこないました。九九年九月の国連総会では、中国、ロシア、非同盟諸国などから、ユーゴ空爆にきびしい批判の声があがったのをはじめ、フランス、ドイツなどNATO諸国からも、国連憲章に反した問題点が指摘されました。

党は、「ガイドライン」と「新戦略概念」でアメリカが地球的規模で先制攻撃戦略の体制をとったことを批判するとともに、二十一世紀の世界は、アメリカが横暴をほしいままにする戦争と抑圧の国際秩序に反対し、国連憲章にもとづく平和の国際秩序をきずくたたかいが、国際的課題の中心となることを提起し、国際社会への働きかけに力をつくしました。

中国共産党との関係正常化（一九九八年）

一九九八年、日本共産党と中国共産党との関係が正常化されました。この年の一月、訪日した中国共産党の中央対外連絡部の関係者と不破委員長との話し合いがおこなわれ、六月には、北京での両党代表団の会談によって、関係正常化の合意が交わされました。

発表された合意文書には、中国側が「文化大革命」以後、内部問題相互不干渉の原則と相いれないやり方をとったことについて「真剣な総括と是正」をおこなったことで、両党間に存在した歴史問題が基本的に解決したことを明記しました。

中国が対外的な干渉問題での反省を明らかにした例は、ほかにありません。これは覇権主義的な干渉を許さない、日本共産党の自主独立のたたかいの成果でした。

九八年七月には、中国共産党・江沢民《こうたくみん》総書記（国家主席）と不破委員長との首脳会談が北京でおこなわれました。会談で、不破委員長は、二十一世紀に日中関係を律すべき原則として、①日本は過去の侵略戦争についてきびしく反省する、②日本は国際関係のなかで「一つの中国」の立場を堅持する、③日本と中国は互いに侵さず、平和共存の関係を守りぬく、④日本と中国はどんな問題も平和的な話し合いによって解決する、⑤日本と中国はアジアと世界の平和のために協力しあう、の五項目を提唱し、これを中国側も肯定的に評価しました。

この会談に先立つ胡錦濤《こきんとう》政治局常務委員との会談で、不破委員長は、中国の政治制度の将来という問題に言及し、「将来的には、どのような体制であれ、社会にほんとうに根をおろしたといえるためには、言論による体制批判にたいしては、これを禁止することなく、言論で対応するという政治制度への発展を展望することが、重要だと考えます」と提起しました。これは道理も節度もある提起であり、その後の中国での人権問題の深刻化に照らしても、重要な意義をもつものとなりました。

アジア外交の積極的展開

一九九〇年代末、党は外交分野でもあらたなとりくみをすすめました。

九七年九月の第二十一回大会では、アジアでの非核、非同盟、紛争の平和的解決の流れが広がっていることに注目して、アジア外交重視の方針を打ち出しました。柱は、①日本の非核化の実現をめざし、アジアにおける非核の流れを拡大する、②日本の非同盟化と非同盟首脳会議への参加を展望しながら、アジアでの軍事ブロックの解消に力をつくす、③憲法の平和原則をもつ国として、日本の大幅軍縮に率先してとりくむ、④あらゆる覇権主義を許さず、紛争の平和的解決に努力する、⑤日本軍国主義が過去におかした誤りへの反省を内外に明らかにする、⑥日本とアジア諸国の経済協力の民主化をはかる、の六つです。これは独立・中立の日本がとりくむべき外交方針であるとともに、党が野党としてもその促進のためにとりくむべき内容をしめしたものでした。

九九年六月に開かれた中央委員会総会では、外国の諸政党との関係の発展のために、相手が保守的な党か革新的な党か、与党か野党かにかかわらず、双方に交流開始の関心がある場合、自主独立、対等平等、内部問題相互不干渉の原則にもとづいて関係を確立し、率直な意見交換をおこない、可能な場合には、アジアと世界の平和のために共同の努力をおこなうことを決めました。

この方針にもとづき、九九年九月、不破委員長を団長とする党代表団が、マレーシア、シンガポール、ベトナム、香港を訪問し、東南アジア諸国の政府などと交流をすすめました。六〇年代からの交流をもつベトナム以外は、いずれもはじめての訪問でした。

「共産党は禁止」という立場をとっている国の政府、機関との会談は、いずれも事前に会談相手が決まっていないなど、予測不可能な要素を秘めていました。しかし、英文の「日本共産党のプロフィール」を名刺代わりに手渡すことからはじまった会談は、政治でも経済でも、自主性を大事にする各国政府の対外路線と党のアジア外交論が深いところで一致しているという共感を、お互いに広げるものとなりました。

党は、各国政府、政権党などとの交流によって、非核、非同盟、紛争の平和的な話し合いによる解決の強力な源泉が東南アジアにあることを確認し、外交活動の新しい境地をきりひらきました。それは二〇〇〇年代以降の、党の野党外交の発展、東アジアに平和を築く外交政策の発展へと実を結ぶことになります。

党は、北朝鮮問題についても、侵略戦争と植民地支配の清算、拉致問題、ミサイル問題の解決などをふくめた包括的な国交正常化交渉のルートを無条件で開くよう提案し、国政を動かしました。一九九九年十二月の政党代表訪朝団（団長・村山富市元首相）に参加し、訪朝団は、政府間交渉の再開を合意しました。その後、一連の中断はありましたが、この方向は、その後の日朝国交正常化交渉に引き継がれてゆきました。

こうした国際的道理をもった党の活動は、日本の問題でも、世界の問題でも、二十一世紀の平和と社会進歩への、大きな貢献となりました。

第五章　綱領路線の確立以後（三）——二〇〇〇年代～今日

（1）「二大政党づくり」とのたたかい――二〇〇〇年代

二〇〇〇年代は、一九九〇年代後半の日本共産党の躍進に危機感を抱いた支配勢力が、まず公明党・創価学会などを使った謀略的反共攻撃をおこない、続いて財界主導の反動的政界再編による「二大政党の政権選択」のおしつけで、日本共産党を有権者の選択肢から排除する、一大反共作戦が展開されます。それは、党にとって六一年綱領確定後、最大・最悪の逆風として作用し、党は、国政選挙で苦しいたたかいの連続を余儀なくされました。この苦しい時期に、党は、平和と暮らしを壊す悪政と、それを国民におしつけるための一大反共作戦と正面から対決し、平和と暮らしを擁護するたたかいを一貫して発展させ、自民党政治転換の旗印をかかげてたたかいます。また、政治路線の面では、二〇〇四年の第二十三回大会で綱領の全面的改定をおこないます。これらの党の不屈の大奮闘は、やがて二〇一〇年代中ごろからの党の「第三の躍進」へとつながり、党はそれを力にあらたな統一戦線の発展――市民と野党の共闘に挑戦してゆくことになります。

世界では、アメリカの軍事的覇権主義が猛威をふるうなか、国連憲章にもとづく平和の国際秩序か、独立と主権を侵害する覇権主義的な国際秩序かの選択が鋭く問われました。党は、一九九〇年代末に確立した新しい野党外交の方針を力にして、国連憲章にもとづく平和秩序や核兵器廃絶を求めるたたかいなどさまざまな国際的課題で平和外交を展開し、党の野党外交は本格的発展をとげることになります。

二〇〇〇年総選挙と謀略的な反共攻撃

二〇〇〇年一月、国会では自民党、自由党、公明党の与党三党が衆議院比例定数の削減を勝手に決め、「冒頭処理」をはかるという党略むきだしの策謀がおこなわれました。

野党は、選挙制度の具体的あり方については考え方を異にしましたが、選挙制度という議会制民主主義の根幹を、党略で左右することは許されないという一致点で共同し、日本共産党、民主党、社民党の三野党党首会談を開き、政権与党の横暴とたたかうことで合意しました。国会での共闘は、「小渕・自自公政権打倒」「議会制民主主義を守る」「早期の解散・総選挙を求める」の三項目の合意にまで発展しました。

二〇〇〇年四月、自由党が政権から離脱し、一部が保守党として政権に残り、自民党、公明党、保守党の連立政権が生まれました。その直後、小渕恵三首相が脳梗塞で倒れ、森喜朗内閣が発足します。森首相は五月、「（日本は）天皇を中心とした神の国」と発言するなど暴言をくりかえし、自民党の国民的基盤は大きく崩れてゆきました。

こうしたもとで、六月におこなわれた二〇〇〇年代最初の総選挙では、党の躍進を押しとどめようとする大規模な反共攻撃がおこなわれます。創価学会を中心に、悪質なデマ攻撃をならべた発行者不明の謀略ビラ・パンフレットが、全国で六十種類以上、一億枚を超える規模でまき散らされました。この攻撃は、年来の野望である自民党との連合政権にまで到達した公明党・創価学会が、自民党の反共戦略の主力部隊となっておこなったものでした。

党は、暮らしと経済をどう立て直すのか、憲法が花開く日本をどうつくるか、「日本改革」の提案をしめして共感を広げるとともに、謀略的な反共攻撃にたちむかい、日本の民主主義を守ろうと訴えて選挙戦をたたかいぬきました。選挙の結果、政権与党はいずれも後退し、自民党政治への審判が下されたものの、党は比例代表で、得票は前回総選挙の七百二十六万票（得票率一三・〇八％）から六百七十一万票（一一・二三％）へ、議席は二十六議席から二十議席に後退し、小選挙区で獲得していた二つの議席を失いました。

総選挙後、森内閣は、参院比例代表選挙での非拘束名簿式の導入、高齢者の負担を増大させる健康保険法の改悪、バラマキ型公共事業の大型補正予算などを強行し、民主主義も、国民の暮らしも、国の財政もかえりみない、自民党の政治路線のゆきづまりを一段と深めてゆきました。

第二十二回大会――党の新しい発展段階と規約改定

二〇〇〇年十一月にひらかれた第二十二回大会は、二十世紀から二十一世紀への世紀の転換点にたち、日本社会の変化と一九九〇年代のたたかいが開いた党の新しい発展段階にそくして、政策や方針の面でも、組織と活動の面でも、改革・発展をはかる重要な大会となりました。

大会決議では、二十一世紀の門口にたって、国民主権の民主共和制の政治体制への転換、人権保障の国際的ルールの確立、植民地や従属国の独立・自立の流れ、国際的な平和秩序の前進と戦争の違法化、資本主義への規制の定着など、はじめてまとまった形で二十世紀論を明らかにし、世界史における進歩の流れを太くしめすとともに、歴史の本流の促進者としての党の真価を解明しました。

また、自民党政治のゆきづまりと危機、党の政治的影響力の拡大、「日本共産党をのぞく」オール与党体制の亀裂など、九〇年代に起こった日本社会と党との関係の変化を明らかにするとともに、党大会ごとに具体化してきた「日本共産党はどんな日本をめざすのか」という改革の提案を集大成し、豊かに発展させて『「日本改革」の提案』としてまとめ、①軍事同盟中心から平和・中立の日本へ――安保・外交政策の転換、②大企業中心から国民生活中心へ――経済の民主的改革、③日本国民の二十一世紀の生存と生活の基盤をまもる政治を、④憲法を生かした民主日本の建設を、⑤民主的改革への国民的多数派の結集――視野を大きく広げて、という柱で日本の進むべき道をしめしました。

このなかで、第二十回大会（九四年）では未解明の課題として残されていた憲法九条の完全実施にむかう道筋――自衛隊の段階的解消をめざす党の立場を明確にし、「日米安保条約廃棄前の段階」「日米安保条約が廃棄され日本が日米軍事同盟から抜け出した段階」「国民の合意で、自衛隊の段階的解消にとりくむ段階」という三つの段階で、憲法違反の自衛隊の現実を改革していく立場をあらたにしめしました。また、自衛隊が一定期間存在する過渡的な時期に、急迫不正の主権侵害、大規模災害など必要にせまられた場合には、自衛隊を国民の安全のために活用することを明らかにしました。この立場は、憲法九条の完全実施を国民合意で段階的にすすめることと、国民の安全にたいして政治が責任をはたすことの両者にたいして統一的な答えを出すものでした。大会決議の内容は、二〇〇四年の綱領改定によって党綱領に明記されました。

党建設では〝党員拡大と機関紙拡大が党勢拡大の二つの根幹〟とされていた一時期の方針をあらため、党建設・党勢拡大の「根幹」は党員拡大であることを明記しました。そして「しんぶん赤旗」中心の党活動の意義と具体的内容をあらためて明確にしました。

大会では、党の組織と運営の民主主義的な性格をいっそう明瞭にする党規約の抜本的改定をおこないました（報告者・不破哲三）。「前衛政党」という規定については、「前衛」という言葉に込めた「不屈の先進的な役割をはたす」という党の特質を引き継ぎながら、「前衛」という言葉そのものは誤解されやすい要素があるため、規約から削除しました。党組織の相互関係では、中央委員会から支部にいたるまで、党に「上下関係」は存在しないことをふまえ、「上級・下級」という表現はできるかぎり取り除きました。それまでは民主集中制を、「民主主義的中央集権制」とも表現していましたが、「中央集権制」という表現を削除し、「『民主』というのは党内民主主義をあらわします。『集中』というのは統一した党の力を集めることをさします。これはどちらも近代的な統一政党として必要なことであります」と、民主集中制の内容をわかりやすくしめしました。

大会で選出された中央委員会は、中央委員会議長に不破哲三、幹部会委員長に志位和夫、書記局長に市田忠義を選びました。

小泉「構造改革」と本格的な「二大政党づくり」のはじまり

二〇〇一年四月、国民の支持を完全に失った森内閣が退陣し、小泉純一郎内閣が発足しました。小泉首相は、「自民党をぶっ壊す」と宣言し、「政治を変えたい」という国民の願いを逆手にとって偽りの改革への幻想をつくりだし、六月の都議選、七月の参院選の連続選挙で自民党は議席を増やしました。これは、自民党政治の枠内での改革を叫ぶことで自民党支配の危機を延命する作戦にほかなりませんでした。党は、参院選で改選八議席から五議席（比例四、選挙区一）に後退し、比例代表選挙は四百三十三万票（得票率七・九一％）の得票にとどまりました。

小泉内閣は、「構造改革」の名で弱肉強食の新自由主義の経済路線を推進し、倒産・失業を増大させる不良債権の最終処理、大企業のリストラ推進、医療・社会保障の連続改悪、社会保障費自然増分の削減（〇二年から）、製造業での派遣労働解禁（〇三年三月）などをすすめました。

党は〇一年十月の中央委員会総会で、党の政策活動を、国民のたたかいの大義を明らかにし、たたかいが正確な展望をもって発展することに貢献する観点から強化することを決め、党が「たたかいの組織者」として奮闘することを呼びかけました。

一九七六年以来、党が一貫して国会質問でとりあげてきた「サービス残業」は、二〇〇一年四月に、是正のための通達を厚生労働省に出させ、その後是正指導がおこなわれるようになり、毎年数十億～数百億円もの不払い残業代が支払われるようになりました。

〇二年三月、小泉政権が、健保本人の医療費三割負担などを内容とする医療大改悪法案を国会に提出すると、党は、「削られた国庫負担の割合を元にもどす」「高い薬価を欧米並みに引き下げる」「窓口負担の軽減、保健師の増員などで早期発見・早期治療の態勢を確立する」という三つの改革で安心できる医療制度をめざす提案をおこない、医療大改悪の中止を要求しました。反対運動は大きく高揚し、三千万人もの署名が集められ、民主団体、労働組合とともに医師会や看護協会などからも批判の声があがりました。法案は七月に強行されますが、実施の凍結・中止を求めるたたかいが続けられました。

〇二年の通常国会で、党は、「北方四島」支援事業を後援企業に受注させ、多額の献金を受け取っていた自民党議員の利権や、独自に入手した資料によって内閣官房機密費の使途を暴露するなど、「政治とカネ」の問題でも自民党政権を徹底的に追及しました。

小泉内閣は、異常な対米追従外交をおこない、〇一年九月のアメリカ同時多発テロと十月のアフガニスタンへの報復攻撃では、直後にテロ特措法を成立させ（十月二十九日）、十一月、米軍支援のためにインド洋に自衛隊を派兵しました。〇三年には、自衛隊の海外での武力行使に道をひらき、米国の戦争に国民を強制動員するしくみをつくる有事立法（六月）や、アメリカがはじめたイラク戦争へ参戦するイラク特措法（七月）を強行するなど、連続的な自衛隊の海外派兵法をおしすすめました。

党は、一連の海外派兵法に断固反対の論陣をはるとともに、国民的運動を起こすために力をつくしました。〇三年十二月には、中央委員会総会で国民へのアピール「イラクへの自衛隊派兵――この歴史的暴挙をくいとめる行動に立ちあがろう」を採択し、全国で宣伝、署名、集会などをくり広げ、世界五十六カ国の在日公館、本国主管庁、国連代表部などにもアピールを届けました。

〇三年、小泉政治の破たんが明らかになってくると、支配勢力は、「アメリカいいなり」「財界主役」の古い政治を続けられるように、保守二大政党による政権選択を国民におしつける「二大政党づくり」に本格的に乗り出しました。〇三年十月、民主党と自由党が合併しましたが、これは民主党を財界やアメリカから信頼されるもう一つの保守政党にしようと、財界が主導しておこなったものでした。さらに財界総本山の日本経団連（〇二年に経団連が日経連と統合）は、自民党と民主党の政策に財界の利益にかなうかどうかの「通信簿」をつけ、その評価によって政治献金をおこなうという、あからさまな買収工作まではじめました。

党は、「政権選択選挙」の本格的なキャンペーンのねらいもしめして総選挙にのぞみましたが、〇三年十一月の総選挙では、二十議席から九議席へと後退し、得票も前回総選挙の六百七十一万票（得票率一一・二％）から四百五十八万票（七・八％）への後退を余儀なくされました。

この「政権選択」キャンペーンは、一九九〇年代のキャンペーンとは比べものにならないほど大がかりで本格的な支配勢力による反共戦略でした。

「国連憲章を守れ」の国際世論と党の平和外交の発展

二〇〇〇年代、世界では、アメリカの軍事的覇権主義が平和秩序をおびやかしましたが、国連憲章にもとづく平和の国際秩序を守ろうという国際社会の動きも大きく発展し、世界の「本流」と「逆流」が鮮明になりました。

二〇〇〇年十一月の大統領選挙で選出されたアメリカのブッシュ政権は、テロや大量破壊兵器への対抗を名目にした「先制攻撃戦略」、国連の役割を否定する「単独行動主義」をむき出しにした行動をくりかえしました。

〇一年九月十一日、同時多発テロが起こると、ブッシュ政権はただちにアフガニスタンへの報復攻撃を開始し、以後二十年にもおよぶ泥沼の戦争にのめりこんでいきました。党は、テロはどんな政治的見解や宗教的信条があっても正当化できない犯罪行為であるとの見解をしめし、テロにたいしては国連を中心にした国際社会の大同団結が何よりも大切であること、軍事力による報復ではなく〝法にもとづく裁き〟こそ求められていることを提起し、各国首脳に書簡を送りました。

〇二年一月、ブッシュ政権は一般教書演説で、イラン、イラク、北朝鮮を大量破壊兵器の開発やテロ支援をおこなう「悪の枢軸」と名ざしし、先制攻撃戦略や新型核兵器の開発と核兵器の一方的な先制使用にまでふみこみました。イラクにたいしては、国連によって大量破壊兵器保持にかんする査察がおこなわれ、戦争回避の努力が続けられていたにもかかわらず、〇三年三月に一方的な先制攻撃をおこない、イラク戦争を開始しました。

しかし、イラク戦争をめぐっては、戦争開始前からアメリカは国際的孤立を深め、諸国民の反戦運動が世界中に広がり、〇三年二月には一千万人が参加する人類史のうえでも空前の行動がとりくまれました。

日本共産党は、ブッシュ政権のイラク侵略がせまる情勢のもとで、「国連憲章を守れ」の一点で、無法な侵略に反対する国際世論を広げるために全力をあげました。〇二年八月に不破議長が中国・江《こう》沢民《たくみん》総書記と会談をおこない、イラクへの軍事攻撃に反対することで一致しました。さらに中東六カ国への訪問（十月）やアジア政党国際会議総会へのはじめての代表派遣（十一月）、志位委員長の南アジア諸国（インド、スリランカ、パキスタン）訪問（十二月）などで、イラクへの軍事行動を止める国際世論を広げるために力をつくしました。〇三年には、非同盟諸国会議やイスラム諸国会議機構（ＯＩＣ）の閣僚会議、首脳会議にはじめて党の代表が参加しました。

〇三年三月二十日、ブッシュ政権がイラクへの軍事攻撃を開始すると、党はこの暴挙をきびしく糾弾し、軍事攻撃の即時中止を要求する中央委員会声明を発表して、国内外の平和を求める人びととの共同を強めるために全力をつくすことを表明しました。

〇二年九月、小泉首相が北朝鮮を訪問して、金正日国防委員長との日朝首脳会談をおこない、日朝国交正常化交渉の開始などの合意を記した「日朝平壌《ピョンヤン》宣言」に署名しました。これは、核、ミサイル、拉致、過去の清算などあらゆる諸懸案を包括的にテーブルにのせて交渉で解決するという道理ある内容のものであり、党は歓迎を表明しました。日朝間に対話のルートをつくることは、一九九九年に不破委員長が国会質問で提起した方向であり、この面でも「日朝平壌宣言」は大きな意義をもつものでした。

二〇〇三年八月、北朝鮮の核開発やＮＰＴ（核不拡散条約）からの脱退で緊張が高まるなか、北朝鮮、韓国、日本、中国、アメリカ、ロシアによる「六カ国協議」が開始され、〇五年九月には、北朝鮮が核兵器と核計画を放棄し、アメリカが朝鮮半島に核兵器を有せず北朝鮮への攻撃・侵略の意思のないことを確認する「共同声明」が採択されました。「共同声明」では、日朝両国政府が「平壌宣言に従って、不幸な過去を清算し懸案事項を解決することを基礎として国交正常化の措置をとる」ことや、六カ国が「北東アジア地域の永続的な平和と安定のための共同の努力を約束」したことも明記されました。

その後、六カ国協議は、北朝鮮による核実験や弾道ミサイル発射によって途絶えますが、北朝鮮問題を外交的に解決するための枠組みとしての意義は、ひきつづき重要です。

第二十三回大会――二十一世紀の社会進歩の事業の道しるべとなった綱領改定

二〇〇四年一月、党は第二十三回大会で綱領の改定をおこないます（綱領改定の報告者・不破哲三）。これは、日本共産党がどんな日本と世界をめざしているのか、その実現の道筋をどう考えているのかを、国民にわかりやすくしめすとともに、一九六一年の綱領確定以来の、新しい情勢の変化や党の理論的・政治的な発展を反映させる改定でした。

改定には、大きく三つの内容がありました。

第一は、民主主義革命の理論と方針を、より現実的かつ合理的に仕上げたことです。新しい綱領では、六一年綱領の路線を引き継ぎ、現在日本社会が必要としている変革を、社会主義革命ではなく、「異常な対米従属と大企業・財界の横暴な支配の打破――日本の真の独立の確保と政治・経済・社会の民主主義的な改革の実現を内容とする民主主義革命である」と規定するとともに、従来の「行動綱領」ではなく、民主主義革命によって実現すべき「民主的改革の内容」を列記しました。また民主的改革を実行する政府を「民主連合政府」とし、それまでの綱領にあったいくつかの政府の規定を、「民主連合政府」とそこにいたる過渡的段階での「さしあたって一致できる目標の範囲」での「統一戦線の政府」に整理しました。これは、六一年綱領確定以来のさまざまな国民の闘争、党の政策活動の発展を反映したものでした。

　天皇の制度については、日本国憲法で「国政に関する権能を有しない」とされていることをふまえ、「ブルジョア君主制の一種」「君主制の廃止」という規定をあらためて、現在の課題は「天皇の政治利用をはじめ、憲法の条項と精神からの逸脱を是正する」ことにあるとしました。そして将来の展望としては、党は民主共和制の実現をはかる立場に立つとしつつ、「天皇の制度は憲法上の制度であり、その存廃は、将来、情勢が熟したときに、国民の総意によって解決されるべきものである」と明記しました。この改定によって、現行憲法の全条項を守る立場が一貫したものとなりました。

　第二は、二十世紀に人類が経験した世界史的な変化を分析し、世界情勢の新しい特徴と発展的展望を明らかにしたことです。新しい綱領は、二十世紀の巨大な進歩として、「植民地体制の崩壊」「国民主権の民主主義の流れ」「戦争の違法化、平和の国際秩序の建設」をあげ、二十世紀に進行した人類史の巨大な変化の分析にたって、二十一世紀の世界の発展的な展望をとらえる世界論を確立しました。それは、ソ連が社会主義とは無縁な人間抑圧型の社会だったという結論的認識にたって、〝アメリカを中心とした侵略と戦争の政策を展開する「帝国主義の陣営」と、平和、独立、社会進歩のためにたたかう「反帝国主義の陣営」の対決が世界情勢を決めていく〟という、ソ連からもちこまれていた世界情勢論の国際的定説を基本的に克服したものでした。

世界資本主義の現状については、「貧富の格差の拡大」をはじめとする「七つの矛盾」を指摘するとともに、植民地体制の変化などをふまえて「独占資本主義＝帝国主義」という機械的な見方をあらため、その国の政策と行動に侵略性が体系的にあらわれていることをもって「帝国主義」と呼ぶことにしました。アメリカの現状については「帝国主義」と規定しましたが、同時にアメリカの将来を固定的に見ないことも表明しました。

第三は、未来社会の展望を創造的に開拓したことです。新しい綱領は、六一年綱領当時の国際的定説であった〝能力におうじてはたらき、労働におうじてうけとる〟という「第一段階」の「社会主義」社会、〝能力におうじてはたらき、必要におうじてうけとる〟という「第二段階」の「共産主義」社会という、分配問題を中心にした二段階論をあらため、社会主義的変革の中心を「生産手段の社会化」にすえ、労働時間の抜本的短縮によって、人間の自由で全面的な発展が可能となる未来社会の壮大な展望を明らかにしました。「社会主義」と「共産主義」は同じ未来社会の呼称であることを明確にしました。

これは、レーニンが『国家と革命』で展開し、さらにスターリンによってソ連社会を美化する道具として使われた国際的定説の誤りを是正したものであり、ソ連覇権主義とのたたかいの中で、科学的社会主義の未来社会論を、マルクスにたちかえって根源的にとらえなおす党の理論研究の成果でした。新しい綱領は、日本における社会主義への道のりにおいて守りぬく立場として、「生産者が主役」という原則を踏みはずしてはならないこと、市場経済を通じて社会主義へすすむことなどを明記しました。

これらの綱領改定は、党の歴史のうえでも画期的な改定となり、その後の二十一世紀における社会進歩の事業の道しるべとして、決定的な力を発揮することになります。

第二十三回大会では、新しい党綱領を、直面する国内外のたたかいにどう生かすかという見地から、世界の平和秩序を築くたたかいや野党外交の到達点と展望、当面する情勢と党のとりくみの課題、選挙闘争と党建設の目標と方針について、重点的に明らかにした大会決議を採択しました。

自民党政治の「三つの異常」をただすたたかい

二〇〇四年七月の参院選では、「二大政党づくり」の動きのもとで、党は比例で四百三十六万票（得票率七・八％）、比例での四議席の獲得にとどまりました。しかし党は、この困難な時期にも、新しい綱領を指針にして、「二大政党づくり」とのたたかいの中から教訓を導き出し、自民党政治にかわる新しい政治の流れをつくるために、幅広い国民との共同の発展をたえず追求しつつ奮闘します。

小泉政権は、「対米従属」「財界優先」の二つの異常に加えて、過去の侵略戦争と植民地支配を正当化する異常な政治をすすめ、アジア諸国はもちろん、世界中から批判をあびました。小泉首相は、就任以来毎年靖国神社に参拝し、〇六年八月には、総理大臣としては二十一年ぶりとなる終戦記念日の参拝を強行しました。さらに、過去の日本の侵略戦争を、「自存自衛の戦争」「アジア解放の戦争」として正当化する歴史教科書も検定合格させました。

党は、すでに「しんぶん赤旗」での論文「ここに『歴史教科書』問題の核心がある」（不破哲三議長・〇一年）などで批判をおこなってきましたが、〇五年五月の不破議長の講演「日本外交のゆきづまりをどう打開するか」で、靖国神社参拝と歴史教科書問題の核心をさらに踏み込んで明らかにし、歴史の偽造を許さないたたかいに力をつくしました。

「アメリカいいなり」の政治の異常は、さらに極端なものとなりました。アメリカ・ブッシュ政権は、米軍を先制攻撃の戦争のために世界のどこにでも迅速に展開できる軍隊につくりかえ、同盟国との本格的な軍事的協力体制をつくりあげるため、「米軍再編」に乗り出しました。〇五年十月の日米安全保障協議委員会（2プラス2）の共同文書は、「日米同盟の変革と再編」として「日米同盟」の地球的規模への拡大をすすめ、米軍と自衛隊が一体になって海外での共同作戦に乗り出す態勢づくりをおこなうことを宣言しました。

こうした日米の軍事一体化は、日本国憲法の平和原則といよいよ両立しえないものになり、憲法改悪への策動がかつてなく強められます。二〇〇〇年から憲法をめぐる「調査」に限定した目的で衆参両院に設置されていた憲法調査会は、〇五年四月、改憲への道筋をつけるための「調査報告書」をまとめ、党の反対をおしきって両院議長に提出しました。〇三年十一月の総選挙で選挙公約に改憲をかかげていた自民党は、〇五年十一月の自民党大会で「新憲法草案」を発表、民主党も〇五年十月に九条改憲をふくむ「憲法提言」を発表しました。

この時期には、「一点共闘」と言うべき課題ごとの協力が各分野で広がります。五月三日の憲法集会は、〇一年から日本共産党、社民党の両党首が参加しスピーチするようになり、共同の集会として発展し、今日の憲法集会に引き継がれています。〇四年六月、評論家の加藤周一氏、作家の大江健三郎氏ら九人の呼びかけで「九条の会」が発足し、一年間で三千、一〇年四月までに七千五百の草の根の「九条の会」がつくられ、憲法九条を守る国民的闘争が大きく広がりました。運動によって改憲をめぐる世論は大きく変化し、〇八年には各紙の調査で「改憲反対」が「賛成」を上回る逆転が起こりました。

小泉政権のもとで、異常な「大企業中心主義」の政治が一段とひどくなり、貯蓄ゼロ世帯や就学援助世帯が急増するなど、国民の暮らしと経済を破壊し、貧困と格差を広げる深刻な破たんがあらわになりました。小泉政権がすすめた年金改悪、生活保護削減、後期高齢者医療制度の導入、障害者自立支援法など、医療・社会保障の大改悪にたいして、党は抜本的対案をしめしてたたかいました。

〇四年二月、小泉内閣は、年金保険料の連続値上げ、マクロ経済スライドによる年金削減をもりこんだ年金改悪案を閣議決定し、法案を提出しました。党は三月、年金政策『『最低保障年金制度』を実現し、いまも将来も安心できる年金制度をつくる」を発表し、低額年金、無年金者が膨大に生まれている現状を打開し、月額五万円の最低保障年金制度をすみやかにはじめることを、財源もしめして提案しました。そして国会質問で政府案の「百年安心」の売り文句を突き崩す追及をおこないました。

小泉政権は「官から民へ」「公務員の既得権益打破」「自己責任」など、新自由主義路線の常とう手段である国民を分断する攻撃をおこなって、「構造改革」を断行しようとしました。〇五年九月の総選挙では、郵政民営化一本に争点をしぼり、国民をあざむく形で自民党の多数の議席を獲得しました。そのもとでも党は善戦・健闘し、比例で四百九十二万票、得票率七・二五％、改選九議席を確保しました。

〇六年一月の第二十四回大会で、党は新しい綱領にもとづいて内外情勢を分析し、小泉・自民党政治について、「それは自民党政治の一時の延命になっても、この政治のもつ異常な特質と国民との矛盾、世界の流れとの矛盾を解決するものではない。うそとごまかしが明らかになれば、政治の大きな激動はさけられない」と、情勢を根底からとらえた展望をさししめしました。また大会は、卑劣な国民分断の攻撃にたいして「社会的連帯をつくり社会的反撃を」と呼びかけ、各分野のたたかいで国民との共同をきずくために力をつくすことを訴えました。

自公政治に代わる新しい政治の中身の探求にこたえて

二〇〇六年九月、第一次安倍晋三内閣が発足すると、自民党政権の衰退過程がさらに進行し、民主党は対決型選挙に転じて、国民の要求を部分的に反映した政策も掲げるという、情勢の新しい変動が起こります。それは、国民生活の破壊と憲法九条の改悪をすすめる自民党にたいする国民の怒りと運動の高まりがつくりだしたものでした。

安倍内閣は、「戦後レジームからの脱却」「美しい国」を旗印に、過去の侵略戦争を正当化する人物を政権の中枢にすえるとともに、教育基本法の改悪（〇六年十二月）、国民投票法の制定（〇七年五月）などを次々強行し、任期中の憲法改定の野望をむきだしにしました。なかでも教育基本法の改悪は、「国を愛する態度」など「徳目」の強制で日本国憲法が保障する思想・良心・内心の自由を侵害し、国民の教育への権利と教育の自由を侵害し、子どもたちを競争においたて「勝ち組」「負け組」にふるいわける歴史的改悪でした。党は、志位委員長の国会論戦と講演「教育基本法改定のどこが問題か」（〇六年六月）などでその本質を明らかにし、この法改悪に反対する国民的運動を広げるために力をつくしました。

〇六年から〇七年にかけて、「ワーキングプア」「ネットカフェ難民」など日本の格差と貧困が一大社会問題になり、弱肉強食の「構造改革」路線にたいする国民の怒りがわき起こりました。

この暴走に国民がきびしい審判を下したのが、〇七年七月の参議院選挙でした。日本共産党は、比例で四百四十万票、得票率七・五％、三議席の獲得にとどまりましたが、選挙結果の全体は、自民党が改選議席から二十七議席も減らし、公明党も四人の現職を落選させるなど、「構造改革」路線や憲法破壊をすすめた自公政権に「ノー」の審判が下ったことは明白でした。

安倍内閣は、参院選後の九月に退陣に追い込まれ、改憲・侵略戦争美化勢力にとって大きな打撃になりました。その後も、自公政権はさまざまなポーズはとるものの、政治路線の反省もなければ打開策もしめせず、〇七年九月に福田康夫内閣、〇八年九月に麻生太郎内閣と、一年ごとに総理大臣が交代し、自民党政権の末期的な姿がいよいよ明瞭になりました。

党は、〇七年参院選の国民の審判をふまえ、九月に開いた中央委員会総会で、〝自公政治ノーの審判は明瞭となったが、それに代わる新しい政治とは何か、国民の選択が明らかになったわけではない〟〝自公政治に代わる新しい政治の中身を探求する新しい時代が始まった〟と日本の情勢を解明し、国民の探求にこたえて「綱領を語り、日本の前途を語り合う大運動」を提起しました。この提起に全党がこたえ、〇九年八月の総選挙までの二年間に、七三％の支部が「集い」を開催し、九十万人が参加する空前の運動に発展しました。

〇八年には三回にわたって志位委員長が労働者派遣法の抜本改正を求める国会質問をおこなうなど、党は国民運動と連携して、貧困と格差をただし、人間をモノ扱いする非人間的労働をなくすために奮闘しました。〇八年末から〇九年の年初にかけて、リーマンショックを契機にした「派遣切り」・雇い止めにあった人びとを支えるため、反貧困の市民運動とともに、労働運動のナショナルセンターを超えた共同で「年越し派遣村」がとりくまれました。

〇九年、憲法改悪と「構造改革」路線にたいする国民の批判は、ついに自公政権に退場の審判を下します。

八月、総選挙がおこなわれ、自民党・公明党が大敗し、民主党・鳩山由紀夫政権（九月発足）が誕生しました。この総選挙では、「自公政権ノー」の声が広がり、それが「二大政党の政権選択」キャンペーンによって野党第一党の民主党への支持に集中し、日本共産党の前進をはばむ圧力ともなりました。そのなかで、党は善戦し、比例で四百九十四万票、得票率七・〇％、現有九議席を確保しました。これは「二大政党の政権選択」によって日本共産党を政界から締め出すたくらみが失敗したことを意味するものでした。

世界資本主義の矛盾と党綱領の生命力

世界では、新しい党綱領に明記されたように、「巨大に発達した生産力を制御できないという資本主義の矛盾」が、「かつてない大きな規模と鋭さをもって現われ」はじめます。

二〇〇八年、サブプライムローンの焦げ付きで米投資銀行・リーマンブラザーズが経営破たんし、世界経済危機が勃発、投機マネーの暴走という資本主義の害悪が誰の目にも明らかになりました。「資本主義の限界」が社会的にも話題になり、若者の間では小林多喜二の小説『蟹工船』が年間八十万部の売り上げとなるブームが起こりました。日本共産党は、「大企業中心」の政治のゆがみをただす経済民主主義の改革とともに、新しい綱領の未来社会論を語って対話と交流を広げました。

地球温暖化問題では、党の調査団（団長・笠井亮衆院議員）をヨーロッパに派遣して研究をすすめ、〇八年六月、政策提言「地球温暖化の抑止に、日本はどのようにして国際的責任をはたすべきか」を発表し、温室効果ガスを大幅に削減する中期目標の明確化や、最大の排出源である産業界の実質的削減などを求めました。

党の外交活動でも新しい綱領が力を発揮しました。〇六年九月、志位委員長を団長とする日本共産党代表団が、韓国とパキスタンを訪問しました。日本共産党の党首が韓国を訪問するのははじめてのことでしたが、国会議長をはじめ韓国の政界・学界の有力者から、侵略戦争と植民地支配に反対をつらぬいた党の歴史が共感と信頼を呼び、韓国メディアも「日本政界　小さいけれど正しい声」「平和憲法擁護、歴史教科書歪曲《わいきょく》阻止、靖国神社参拝反対を一貫して主張している」(「東亜日報」)と紹介しました。

パキスタンの訪問は、政府の公式招待での訪問でした。志位委員長とアジズ首相との会談では、国連憲章を中心とした世界の平和秩序の構築、テロ根絶の方途、核兵器廃絶で一致しました。パキスタンでの交流では、ソ連・中国の干渉とたたかった「自主独立」のたたかい、新しい綱領の「異なる価値観をもった諸文明間の対話と共存」の立場が交流の土台となりました。

改定された綱領にもとづいて、アメリカの行動のすべてを「悪」と見るのではなく「複眼」でとらえるという立場からの積極的な働きかけもおこないました。アメリカでオバマ大統領が就任し、〇九年四月五日のプラハでの演説で「核兵器のない世界」を宣言すると、党はこの演説を歓迎し、四月二十八日、核兵器廃絶に向けた国際交渉へのイニシアチブを求める志位委員長の書簡をオバマ大統領に送付しました。書簡には、大統領側から五月五日付で「この問題にたいするあなたの情熱をうれしく思う」との返事が届きました。

中国共産党とは、世界の資本主義の現状やマルクスの理論など、中国側から提起された諸問題に日本共産党の見解を説明する形で、〇五年十二月、〇六年五月、〇九年四月と三回の理論会談がおこなわれました。ベトナム共産党とは、〇七年一月、志位委員長がベトナムを訪問し、ノン・ドク・マイン書記長との会談がおこなわれ、両党関係の発展で合意するとともに、会談での合意にもとづいて、平和構築への協力とともに両党による理論交流会談が発展し、二二年まで十回にわたって開かれています。

（2）「第三の躍進」とかつてない統一戦線の発展――二〇一〇年代

二〇一〇年代、日本共産党は、「二大政党の政権選択」キャンペーンの反共戦略をうちやぶり、一九六〇年代末から七〇年代の「第一の躍進」、九〇年代後半の「第二の躍進」につづく、「第三の躍進」をかちとります。この政治的躍進を力にして、党は、戦争法（安保法制）反対の国民的闘争から生まれた「野党は共闘」の運動とともに、党の歴史のうえでもかつてない統一戦線――市民と野党の共闘で政治を変える道にふみだしてゆくことになります。ただ、このあらたな躍進のさいにも、党の実力はともなっていませんでした。党は「実力以上の躍進」と総括し、そのギャップを埋めるための努力をつづけました。

世界では、植民地体制の崩壊という二十世紀の「世界の構造変化」が生きた力を発揮しはじめ、一握りの大国が世界政治を思いのままに動かしていた時代は終わり、世界のすべての国ぐにが対等・平等の資格で世界政治の主人公になる新しい時代の到来が明瞭になっていました。党は、核兵器禁止条約の成立（二〇一七年）をはじめ、世界で広がる未来ある流れに働きかける外交活動を大きく発展させてゆきました。

「過渡的情勢」のもと、建設的野党として

党は、二〇一〇年一月の第二十五回大会で、日本の政治の「過渡的情勢」――〇九年総選挙の結果、一方では、反動政治の一貫した担い手となってきた自民党政権に退場の審判が下り、大きな前向きの変化がおこったが、他方では、「異常な対米従属」「財界・大企業の横暴な支配」から抜け出す地点には到達しておらず、自民党政治に代わる新しい政治への国民的探求はまだその第一歩を踏み出したところであるという、日本政治の新しい時期の特徴を解明しました。そして、民主党政権の性格を「この情勢の過渡的な特徴を最初の局面で反映したもの」とし、建設的野党としての日本共産党の三つの任務――①国民要求にこたえて現実政治を前に動かす、②旧来の政治の「二つの異常」をただし、「国民が主人公」の新しい日本への国民的合意をつくる、③日本の政治の反動的な逆行を許さない――を明らかにしました。また、どの都道府県、自治体・行政区でも国政選挙で「一〇%以上の得票率」を獲得できる党をめざすという綱領実現への中期的展望にたった「成長・発展目標」と、「過渡的情勢」を前にすすめる質量ともに強大な党の建設の方針を決定しました。

その後、民主党政権は、数カ月のうちにアメリカ・財界に屈服し、古い自民党型政治の執行者となってゆきました。一〇年五月、「日米共同声明」で名護市辺野古での新基地建設を明記し、「県外・国外へ移設」という公約を投げ捨て、鳩山内閣は行き詰まり辞任しました。代わって発足した菅《かん》直人内閣は、今度は消費税一〇%への増税に言及し、国民の支持を急速に失いました。これらは、政治の

根本的転換には、「アメリカいいなり」「財界中心」の古い枠組みをただす立場が必要不可欠であることを浮き彫りにする動きでした。

七月の参議院選挙は、民主党が大きく議席を減らし、民主党政権へのきびしい審判となりました。しかし民主党政権への審判は、日本共産党の前進につながりませんでした。この選挙で日本共産党は、比例で改選四議席から三議席、得票は前回の四百四十万票から三百五十六万票（得票率六・一％）に後退しました。

党は、参議院選挙での後退をきわめて重大に受け止め、内外の声に真剣に学びながら、九月の中央委員会総会（二中総）で党の政治的対応、自力の問題点の両面から根本的な選挙総括をおこないました。「二大政党づくり」の流れの包括的な分析、政治論戦の反省点・教訓などを明らかにするとともに、「結びつき・要求アンケート」のとりくみや「綱領・古典の連続教室」（綱領教室の講師は志位和夫委員長、古典教室の講師は不破哲三社会科学研究所所長）の開催、党機関の指導改善など、党活動の抜本的な改革をすすめました。党は、民主党政権によせられた国民の期待が、幻滅、怒りに変わるもとで、参院選の教訓にもとづき、「国民の探求にこたえ、展望を示す」という基本姿勢をすえ、経済危機や財政危機の打開、米軍普天間基地の閉鎖・撤去、日ロ領土問題や尖閣《せんかく》諸島問題などでの解決策をしめす活動を、発展させてゆきました。「綱領・古典の連続教室」は、それぞれ全三巻の書籍にまとめられました。選挙戦のきびしい結果を踏まえ、全党の知恵を集めて教訓を引き出し、一連の努力をはかったことは、その後の躍進を準備する力となってゆきました。

東日本大震災・福島原発事故――「苦難軽減」の立党の精神で奮闘

二〇一一年三月十一日、三陸沖で日本の観測史上最大となるマグニチュード九・〇の東日本大震災が発生し、死者・行方不明者が二万人を超える、未曽有の大災害が起こりました。さらに津波によってすべての電源を喪失した東京電力・福島第一原発が炉心溶融（メルトダウン）を起こし、大量の放射性物質が広範囲に放出されるという、一九八六年のチェルノブイリ以来最悪の原発事故が発生しました。これは日本共産党国会議員団の警告を無視して、「安全神話」を続けた自民党政治が引き起こした政治的大災害でした。

党は、〝国民の苦難軽減〟という立党の精神を発揮し、被災地の救援・復興に全力をあげました。被災地の党員・党組織は、自らも被災しながら、避難所の生活を支え、物資を届ける活動に献身しました。全国に呼びかけた救援募金は十億七千万円を超え、のべ四万八千人の震災ボランティアがかけつけました。復興にあたっては、震災に乗じた「財界主導の上からの復興」ではなく、「住民合意を尊重した復興」で生活と生業《なりわい》を再建していくよう、政治の転換を求めました。

原発問題では、党は、放射能被害から国民の命と健康を守る活動や、政府・東京電力に被害者への全面賠償を求めるたたかいにとりくむとともに、二〇一一年六月、「原発からのすみやかな撤退、自然エネルギーの本格的導入を――国民的討論と合意をよびかけます」と題する「原発撤退提言」を発表し、「原発ゼロの日本」をめざす国民的合意をつくるために力をつくしました。

党は、一九五五年に日米原子力（研究）協定が結ばれ、原子力基本法が制定された当初から、原発のもつ危険性や政府・電力会社の「安全神話」のウソを追及し、各地の住民運動とも力をあわせて原発の建設にきびしく反対してきました。

二〇〇〇年十一月の第二十二回大会では、「低エネルギー社会の実現、再生可能エネルギーの開発をすすめながら、原発からの段階的撤退をめざす」との方針を確立していました。「原発撤退提言」は、その半世紀にわたる先駆的活動の蓄積のうえに、福島第一原発事故で明らかになった原発という技術のもつ、他の通常の技術にはない「異質な危険」――ひとたび重大事故が発生し、放射性物質が外部に放出されたならば、それを完全に抑える手段は存在せず、被害を、空間的、時間的、社会的に限定することは不可能になること――を突き詰めて明らかにし、党の方針を「段階的撤退」から「すみやかな撤退」へと発展させたものでした。

東日本大震災と福島原発事故は、国民の政治や社会への見方を変え、被災地支援の自主的な活動や、原発に反対する自発的な市民運動が広がりました。一二年三月から首都圏反原発連合が呼びかけた金曜官邸前行動は、夏には二十万人が参加する大行動に大きく発展しました。

政治の閉塞打開の展望をかかげて

民主党の「自民党化」がすすみ、「民・自・公」による事実上の「オール与党」体制という日本の政治の閉塞状況がつくられるもとで、党は、閉塞打開の道をさししめす政策的提起を連続的におこないました。これは「アメリカ従属」「財界中心」のゆがみを正し、国民に変革の展望をしめす党ならではの活動でした。

民主党政権は、それまでの児童手当に代わる子育て支援策として二〇一〇年四月に導入した「子ども手当」を一二年四月には廃止して児童手当に戻し、〇九年総選挙で公約した高校授業料無償化も見直すなど、前向きの政策を次々投げ捨ててゆきました。一二年六月には、消費税一〇％への増税と、年金支給開始年齢の引き上げと支給額の引き下げ、医療費の窓口負担増、保育への公的責任を放棄する「子ども子育て新システム」などが抱き合わせになった「税と社会保障の一体改革」について、民主党が自民党・公明党と「三党合意」を交わしました。

一一年九月に菅内閣が退陣し、野田佳彦内閣が発足しました。野田内閣は、「国家戦略会議」を発足させて財界直結の政治体制をつくり、アメリカの経済ルールを日本に持ち込み、食料・農業に壊滅的打撃を与えるＴＰＰ（環太平洋パートナーシップ協定）への参加や、沖縄辺野古新基地建設の手続きなどを推進しました。沖縄では、危険な低空飛行訓練で事故が頻発するオスプレイ配備に反対する島ぐるみの闘争が発展し、十万人の反対集会が開かれ、県内の全四十一自治体で配備反対決議が可決されたにもかかわらず、日米両政府は配備を強行しました。

党は、一二年二月、経済提言「消費税大増税ストップ！　社会保障充実、財政危機打開へ」を発表し、①消費税頼みから「応能負担」の原則への抜本的転換、②大企業応援の「成長戦略」から「国民の所得を増やす経済改革」への抜本的転換という「二つの転換」で、消費税に頼らずに社会保障充実と財政危機打開をはかれることを具体的にしめし、経済界や労働組合などとの懇談にとりくみました。

五月には、全国革新懇総会での志位委員長の記念講演――「日米安保条約をなくしたらどういう展望が開かれるか」で、①米軍基地の重圧から日本国民が解放される、②アメリカの〝戦争の根拠地〟から、憲法九条を生かした〝平和の発信地〟になる、③日本の経済主権を確立するたしかな保障がつくられる、という大きな展望をしめし、日米安保条約をなくす国民的多数派をつくろうと呼びかけました。

九月には、「即時原発ゼロの実現を」の提言、「外交交渉による尖閣問題の解決を」の提案、十一月には「いじめのない学校と社会を」の提案など、国民の要求にこたえた各分野での政策提言をおこない、各界の有力者や国民各層の運動団体との対話と懇談を重ねました。国民運動も原発、消費税増税、TPP参加、沖縄基地建設などに反対する「一点共闘」が各分野で大きく発展し、それぞれの課題で世論の多数が反対になる変化をつくりだしました。

党は、大阪・維新の会が突撃隊となった政治的な逆流の台頭とも正面からたたかいました。維新の会は、市職員の思想調査や大阪都構想など、大阪で独裁的手法での政治をすすめながら、国政進出の策動を強めました。党は、一一年十一月の大阪市長選（府知事選とダブル選挙）で独裁政治を許さない一点で他党派とともに現職市長を支援するなど、民主主義を守り抜くために奮闘しました。

世界のすべての国ぐにが世界政治の主人公に

二〇一〇年代、世界では、すべての国ぐにが対等・平等の資格で世界政治の主人公となる新しい時代への変化が、国際政治のさまざまな舞台で鮮明となりました。

一〇年五月に開かれたＮＰＴ（核不拡散条約）再検討会議は、核兵器禁止条約の成立につながる重要な成果をおさめました。会議では、「すべての国が、核兵器のない世界を達成し維持するために必要な枠組みを確立するための特別なとりくみをおこなう必要について確認する」とする最終文書を全会一致で採択しました。「核兵器のない世界」のための「必要な枠組み」とは、のちに再検討会議の議長が語ったように、「核兵器禁止条約」のことを指していました。一〇年の再検討会議では、途上国・新興国の代表が会議を運営する要職についており、国際政治の舞台では、もはや軍事力や経済力の大小ではなく、道理に立った主張こそが力を発揮することをしめしていました。

一九七〇年に発効したＮＰＴは、もともとは五大国に核軍備縮小・撤廃の交渉を義務づけつつ、核兵器保有の権利を保障する差別的で不平等な条約でしたが、九五年に五年ごとの再検討会議が制度化され、二〇〇〇年の再検討会議において、核保有国に「自国核兵器の完全廃絶」を約束させた最終文書を全会一致で採択するなど、「核兵器のない世界」をめざす枠組みへと、性格が大きく変わってきました。

一〇年の再検討会議に際して党は、志位委員長を団長とする代表団をアメリカに派遣し、①二〇〇〇年のNPT再検討会議で合意された「自国核兵器の完全廃絶を達成するという全核保有国の明確な約束」を再確認すること、②核兵器廃絶のための国際交渉を開始する合意をつくることの二点を、国連、会議運営の責任者、各国政府代表団に要請し、会議成功へ貢献しました。

志位委員長の訪米は、日本共産党の党首としては初の訪米となりました。代表団は、NPT再検討会議に参加したのち、ワシントンの国務省で米国政府と会談し、核兵器問題での協力を要請するとともに、沖縄県・普天間基地の無条件撤去を直接求めました。また、共和党、民主党の連邦議会議員と会談しました。さらに、核兵器禁止条約に賛成するなど、米国でも進歩的な州とされるバーモント州を訪問し、州議会と懇談するなど交流をおこないました。

二〇〇〇年代から前進してきた東南アジアやラテンアメリカの平和の地域共同体は、さらに目覚ましい発展をとげました。二つの地域は、①あらゆる紛争を平和的に解決する、②大国の介入を許さず自主性をつらぬく、③非核地帯条約（宣言）を結び、核兵器廃絶の世界的な源泉となっていることなどが共通していました。

とりわけ東南アジア諸国連合（ASEAN）は、東南アジア友好協力条約（TAC）、東アジアサミット（EAS）など、重層的な平和と安全保障の枠組みをつくりあげ、それを域外にも広げて、世界とアジアの平和の一大源泉として力強い発展をとげてきました。TAC加入国は、一三年には三十一カ国・一地域機構、人口で五十一・五億人、世界人口の七二％へと増大しました。一三年九月、党は、志位委員長を団長とする代表団を、ベトナム、インドネシアに派遣しましたが、この訪問は、ASEANで進行している平和の共同体づくりの現状を目のあたりにしてこれを深くつかむ機会となり、その後、党の東アジアの平和構想を策定していく力となってゆきました。

投機マネーの暴走や多国籍企業の「課税逃れ」、法人税引き下げ競争や人件費引き下げ競争への規制など、民主的な国際経済秩序をきずくことも、国際社会の大きな課題になりました。リーマンショックに端を発した世界経済危機を契機に、ニューヨーク・ウォール街から「一％の大金持ちが支配する社会でいいのか」「私たちは九九％だ」をスローガンとする貧困・格差是正の運動が起こり、世界中に連帯した行動が広がりました。

かつて内政問題として扱われていた人権問題では、二十世紀に国際的な人権保障の基準がつくられ、人権を擁護し発展させることが国際的な課題となりました。

党は、一〇年十一月の「赤旗まつり」の志位委員長の講演のなかで、劉暁波《りゅうぎょうは》氏のノーベル平和賞受賞にかかわって国際的注目を集めた中国の人権問題について、中国自身が賛成・支持してきた世界人権宣言（一九四八年）、国際人権規約（六六年）、九三年・世界人権会議の「ウィーン宣言」などの国際的到達点に立ち、人権と自由の問題で「国際社会の理解と信頼を高める対応をとることを強く望む」と表明しました。

安倍暴走政治と日本共産党「第三の躍進」

二〇一二年十二月、総選挙がおこなわれ、自民党・公明党が三分の二を超える議席を獲得して自公政権が復活し、第二次安倍内閣が発足します。これは自民党への期待が広がったものではなく、民主党政権への失望と怒りによる結果でした。日本共産党は、三百六十九万票（得票率六・一三％）、八議席の獲得にとどまりましたが、一〇年参院選からわずかながら得票をのばしました。

安倍政権は、投機と株価つり上げをあおる異次元の金融緩和、大型開発へのバラマキ、「成長戦略」の名による雇用ルールの弱体化や消費税増税、社会保障改悪を一体にした「アベノミクス」をすすめたほか、原発の再稼働や輸出、集団的自衛権行使容認の解釈改憲と九十六条先行改憲の策動、TPP参加、閣僚の靖国神社参拝・奉納など、あらゆる分野で平和と暮らしを破壊する暴走をはじめました。

沖縄では、オスプレイ配備撤回、普天間基地の閉鎖撤去と県内移設断念を求めた「建白書」に県内四十一の全市町村長・議会議長らが署名し、安倍首相に突きつけました。安倍首相は、沖縄の声を無視する一方、サンフランシスコ平和条約と日米安保条約が発効して六十一年目となる四月二十八日、政府主催で「主権回復の日」式典を強行しました。沖縄では、沖縄が本土から切り離された「屈辱の日」として一万人を超える抗議集会がもたれ、激しい怒りがわきおこりました。

党は、安倍政権によるこれらの暴走に正面から対決し、対案をしめし、国民との共同を広げて奮闘しました。民主党は、「三党合意」や政権時代の自らのふるまいに縛られて自民党批判の足場を持てず、内政でも外交でも、安倍政権と正面から対決した政党は日本共産党のほかにありませんでした。

暮らしと経済については、賃上げと雇用の安定をはかり、デフレ不況を打開する「賃上げ・雇用アピール」（一三年二月）や、消費税増税を中止し国民の仕事と所得を増やす「景気回復アピール」（一三年四月）をあらたに発表し、労働組合や経済界との懇談にもとりくみ、国民運動を広げました。

歴史問題では、「河野談話」（一九九三年八月）、「村山談話」（九五年八月）の見直しに言及する安倍政権にたいし、「歴史の偽造は許されない『河野談話』と日本軍『慰安婦』問題の真実」と題する志位委員長の見解を発表（二〇一四年三月十四日）、戦後七十年にあたっては、戦後五十年の「村山談話」の立場を事実上投げ捨てる「安倍談話」（一五年八月）をきびしく批判しました。

一三年夏、「自共対決」の新しい政治情勢のもとで、東京都議会議員選挙・参議院選挙の連続選挙がおこなわれました。党は、暮らしと経済、原発、沖縄米軍基地など、どの問題でも安倍内閣の暴走に立ち向かい、抜本的対案を掲げる党の値打ちを訴えてたたかいました。都議選では八議席から十七議席へ議席倍増の躍進を果たしました。直後の参院選では、比例代表で五百十五万票（得票率九・七％）・五議席、東京・大阪・京都の選挙区選挙で勝利し、改選三議席から八議席への大躍進を果たしました。これは、長期にわたって党の前進をはばむ猛烈な逆風となってきた「二大政党づくり」をついに破たんに追い込み、日本共産党の「第三の躍進」の時代をひらくものでした。

一四年一月にひらいた第二十六回大会は、日本共産党の不屈の奮闘が、「二大政党づくり」を打ち破り、「自共対決の時代」をひらいたことを解明し、自民党政治にたいする「対決」「対案」「共同」の三つの姿勢を堅持して、現実政治を動かすために奮闘することを明らかにしました。また国際政治の課題と党の任務をしめすとともに、東南アジアでの平和の地域共同体の発展をふまえ、これを北東アジアでも構築しようという「北東アジア平和協力構想」をあらたに提唱しました。

大会では、〇四年の改定綱領で「社会主義をめざす新しい探究が開始」されたと規定された国ぐにについて、「覇権主義や大国主義が再現される危険もありうるだろう」と指摘するとともに、日本で社会主義への道にすすんだ場合には、発達した資本主義のもとでつくられた巨大な経済力を引き継ぐ点でも、自由と民主主義、政治体制という点でも、まったく異なるものとなることを明らかにしました。党建設では、二〇一〇年代に「成長・発展目標」を実現するために、党勢倍加と世代的継承の二大目標に挑戦することを呼びかけました。

大会で選出された中央委員会は、志位和夫幹部会委員長、山下芳生書記局長を選びました。

党は、秘密保護法反対、集団的自衛権行使容認の閣議決定反対、労働者派遣法の大改悪阻止、一四年四月の消費税八％への増税中止など、躍進で得た地歩を生かし、安倍暴走政治とのたたかいの先頭に立ちました。沖縄では、「建白書」実現の一点で保守・革新の枠組みを超えた「オール沖縄」のたたかいが発展し、一四年十一月の沖縄県知事選で、辺野古新基地建設反対を掲げた翁長雄志《おながたけし》氏が圧勝しました。

安倍政権は、秘密保護法の制定（一三年十二月）、集団的自衛権行使容認の閣議決定（一四年七月）、消費税八％への増税（一四年四月）などを強行したものの、国民の世論と運動に追い詰められ、消費税一〇％への増税延期を表明し、突然解散・総選挙にうってでました。党は、一四年十二月の総選挙で、比例代表で六百六万票、得票率一一・三七％、八議席から大きくのばして二十議席を獲得し、小選挙区でも「オール沖縄」の共同でたたかった沖縄一区（赤嶺政賢議員）で勝利し、画期的な躍進を果たしました。

「第三の躍進」の流れはその後もつづき、一五年四月の統一地方選挙では党史上はじめてすべての都道府県議会で議席を確保する躍進を果たしました。一六年七月の参議院選挙では、比例で六百一万票（得票率一〇・七％）を獲得し、改選三議席から六議席への躍進をかちとりました（比例五、選挙区一）。

戦争法（安保法制）反対の国民的闘争と市民と野党の共闘の発展

二〇一五年は、戦争法（安保法制）反対の国民的闘争が発展し、日本共産党が市民と野党の共闘という新しい統一戦線の道に踏み出した、日本の政治史においても歴史的な年となりました。

五月、安倍政権が、集団的自衛権行使の閣議決定を具体化する安保法制＝戦争法案を国会に提出したのにたいし、志位委員長が二日間にわたって衆院安保法制特別委員会の質問に立ち、戦争法案が、自衛隊の活動地域を「戦闘地域」にまで広げ「殺し、殺される」危険が決定的に高まること、戦乱が続いている地域の治安維持活動に自衛隊を参加させる危険、集団的自衛権の発動で米国の無法な先制攻撃に参戦する危険などを追及しました。党は六月の幹部会で、国会論戦をふまえて法案の「違憲性」「対米従属性」「歴史逆行性」という三つの危険性を明らかにし、国会論戦と国民的共同で安倍政権を包囲し、このくわだてを阻止するために党の総力をあげてたたかいぬくことを訴えました。党国会議員団は、戦争法案の危険性を明らかにする論戦に全力でとりくみました。

戦争法案反対の市民的・国民的たたかいは、二つの画期的な特徴によって、歴史的な大闘争に発展しました。一つは、戦後の平和運動、労働運動を担っていた潮流が過去のいきがかりを乗り越えて、「戦争させない・九条壊すな！総がかり行動実行委員会」を発足させ、共同のとりくみを広げたことでした。もう一つは、国民一人ひとりが、主権者として自覚的・自発的に声をあげ、立ち上がるという、戦後かつてない新しい市民運動がわきおこったことでした。「ＳＥＡＬＤｓ《シールズ》（自由と民主主義のための学生緊急行動）」、「安保関連法に反対するママの会」、「安全保障関連法に反対する学者の会」などが結成され、国会前でも全国各地でもデモが大きく広がりました。空前の運動の広がりは、戦後七十年を経てつくりだされた日本国民の平和と民主主義を希求するエネルギーが、いかに巨大なものかをしめすものでした。国民的運動の広がりは、国会内外での野党の協力を後押しし、デモや集会で野党各党が並んでスピーチする状況をつくりだしてゆきました。

自公与党は、九十五日間という戦後最長の通常国会の延長をおこない、国民の激しい怒りの声に包囲されながら、九月十九日未明、戦争法を成立させました。党は、戦争法が強行されると、十九日のうちにただちに中央委員会総会を開き、「戦争法廃止の『国民連合政府』の実現をよびかけます」との提案を採択し、戦争法廃止・安倍政権打倒のたたかいをさらに発展させ、「戦争法（安保法制）廃止、立憲主義をとりもどす」の一点で一致する政党・団体・個人が共同して「国民連合政府」をつくること、そのために来るべき国政選挙で野党間の選挙協力をおこなうことを呼びかけました。党のこの提唱は、それまでの方針を大胆に発展させたものでした。党は戦後一貫して国政選挙での選挙協力は内政・外交の基本政策の一致を前提にしてきましたが、立憲主義が破壊されるという非常事態のもとで、立憲主義をとりもどすという一点での協力の道に踏み出したのです。

党のこの提案は、戦争法（安保法制）の強行に深い怒りをつのらせていた人びとに強い共感をもって迎えられました。党はこの提案をもとに、野党各党と党首会談をおこなって話し合い、各界の団体、個人とも懇談にとりくみました。一五年末には、戦争法に反対してきた諸団体の市民有志が、「安保法制の廃止と立憲主義の回復を求める市民連合」を結成し、一六年参院選での野党共闘実現のために活動を開始しました。また、「総がかり行動実行委員会」などが二千万人を目標に呼びかけた「戦争法の廃止を求める統一署名」が全国でとりくまれ、約一年の間に千五百万人まで到達しました。

こうした市民運動の後押しをうけ、一六年二月十九日、日本共産党、民主党、維新の党（現在の維新の会とは別の党）、社会民主党、生活の党による五野党党首会談がおこなわれ、党首間で四点の合意――①安保法制の廃止と集団的自衛権行使容認の閣議決定撤回を共通の目標とする、②安倍政権の打倒をめざす、③国政選挙で現与党およびその補完勢力を少数に追い込む、④国会における対応や国政選挙などあらゆる場面でできる限りの協力をおこなう――を確認し、国政選挙での選挙協力の協議に入ることになりました。これは日本共産党のあゆみのなかでも、国政選挙ではじめて全国的な規模での選挙協力に踏み込むことになる歴史的な合意でした。

この合意後、三月に維新の党が民主党に合流して民進党が発足し、四野党間の協議が重ねられ、三十二ある参議院選挙一人区のすべてで野党統一候補が実現しました。五月には野党四党の党首会談が開かれ、「安保法制廃止、立憲主義回復」「アベノミクスによる国民生活の破壊、格差と貧困を是正する」「TPPや沖縄問題など、国民の声に耳を傾けない強権政治を許さない」「安倍政権のもとでの憲法改悪に反対」という四点の共通の政治的立場が確認されました。

一六年七月の参議院選挙は、「自公と補完勢力」対「四野党プラス市民」という対決構図が鮮明となり、野党と市民が力をあわせてたたかう、戦後かつてない選挙となりました。選挙の結果、全国三十二の一人区のうち十一の選挙区で激戦を制して自民党候補に勝利、多くのところで無党派層の六割、七割の得票を獲得し、統一候補の得票が野党四党の比例票の合計を上回る〝共闘効果〟が発揮されました。党は、野党共闘の勝利と日本共産党躍進という二つの大目標を掲げてたたかい、比例代表で六百一万票（得票率一〇・七％）を獲得、東京選挙区の勝利とあわせて改選三議席から六議席へ倍増させました。

党は、野党共闘のはじめての挑戦が最初の成果をあげるよう、ほとんどの一人区で候補者をおろし、統一候補の勝利のために、誠実に真剣に力をつくしました。こうした党の姿勢は、共闘でたたかった野党関係者や市民との新しい信頼の絆を広げるものとなりました。

野党共闘発展への献身的奮闘——逆流と分断に抗して

二〇一七年一月、日本共産党は第二十七回大会をひらきました。この大会では、他の国政野党が党史上はじめて党大会で来賓あいさつをおこないました。大会決議は、新しい政治対決の構図——「自公と補完勢力」対「野党と市民の共闘」を明らかにし、安倍政権を打倒し野党連合政権をつくろうと呼びかけました。また、内外情勢と日本共産党の立場をしめすとともに、来たるべき総選挙の目標——①「改憲勢力三分の二体制」を打破、自公と補完勢力を少数に追い込む、②日本共産党の「第三の躍進」を発展させる——を提起し、野党共闘の前進と日本共産党躍進の一体的追求をめざす選挙方針、党活動・党建設の強化方針を明らかにしました。

大会決議では、「安保廃棄、自衛隊解散の党と共闘するのか」といった政府・与党の攻撃をふまえ、いま問われている真の争点は「海外で戦争する国」づくりを許さない点にあり、党が日米安保条約や自衛隊にたいする態度の違いをこえて一致点で共闘に結束することを押し出すとともに、日米安保条約や自衛隊にたいする党独自の立場を広く明らかにしていく「二重のとりくみ」の基本姿勢を堅持・発展させて、攻撃を打ち破ることを提起しました。

大会で選出された中央委員会は、幹部会委員長に志位和夫、書記局長に小池晃を選びました。

一七年一月からはじまった通常国会では、学校法人「森友学園」に国有地を破格の安値で払い下げた問題、学校法人「加計《かけ》学園」の獣医学部新設をめぐって官邸側から便宜をはかった問題など、安倍政権による「国政私物化」が論戦の焦点となり、党国会議員団が他の野党とも協力して真相究明に力をつくしました。「テロ対策」を口実に、「心の中」まで処罰する共謀罪法案には、弁護士会や刑法学者、広範な市民による反対運動が広がりました。共謀罪法案は六月に強行採決されましたが、安倍政権への国民的批判は大きく高まりました。

一七年七月の東京都議会議員選挙では、自民党が五十九議席から二十三議席への後退という歴史的惨敗となった一方、日本共産党は十九議席を獲得し、一三年に続く連続前進をかちとりました。

危機感をつのらせた支配勢力は、一七年十月におこなわれた総選挙で野党共闘をつぶそうと逆流と分断の一大謀略策動にうったえます。

一七年九月、衆院解散の日に、市民と野党の共闘は、突然の逆流と分断に襲われました。民進党（代表・前原誠司）が突然、「安保法制容認」と「九条をふくむ憲法改定」の政治的主張を踏み絵にしてつくられた「希望の党」（代表・小池百合子）――自民党の補完勢力への「合流」を両院議員総会で決定したのです。これは、二年間の共闘を反故にする重大な背信行為でした。

この危機にさいして、党は、「逆流とは断固としてたたかう」「共闘を決して諦めない」という態度表明をおこない、勇気をもって共闘の道をしっかりすすもうという政党、議員、候補者とは共闘を追求する立場を表明しました。社民党とは候補者の一本化をはかる合意をおこないました。こうしたもとで民進党に参加していた議員の一部――「希望の党」への参加を排除された議員によって、立憲主義の回復を目的に立憲民主党（代表・枝野幸男）が結成されるという動きが起こりました。党はこの動きを歓迎し、共闘勢力一本化のために全国六十七の小選挙区で予定候補者を降ろすことを決断し、共闘勢力を勝利させ、市民と野党の共闘を守るために奮闘しました。その結果、党候補を擁立しなかった八十三選挙区のうち、三十二選挙区で共闘勢力が勝利しました。沖縄一区の党の議席を守り抜いたことは、党と「オール沖縄」の力を総結集した大きな勝利でした。

日本共産党は、比例代表では四百四十万票、得票率七・九％、十一議席への後退となりましたが、共闘が崩壊の危機に瀕《ひん》した非常事態のもとで、党が一方的に候補者を降ろしてでも共闘を守るという判断をおこなったことは、日本の民主主義を守り抜く意義をもつ対応でした。各界の多くの識者からも、「共産党は、市民と野党の共闘が破壊の危機に瀕したさいに、身を挺《てい》して逆流を止め、日本の民主主義を守った」との評価が寄せられ、市民のみなさんとの信頼の絆は一段と強まりました。

逆流から共闘を守ったことの意義は、その後、目に見える形で明らかになりました。一八年の通常国会から、野党の国会共闘が目覚ましい発展をとげ、野党合同ヒアリングや合同院内集会が頻繁に開催されるようになりました。原発ゼロ基本法案、選択的夫婦別氏法案など一致する課題での法案を共同提出しました。最大の成果は、安倍首相が二〇年までの改憲を公言するもとで、憲法審査会における改憲策動を封じたことでした。九月には、八月に死去した翁長知事の遺志を受け継ぎ、沖縄県知事選で「オール沖縄」の玉城デニー候補が勝利しました。

一九年五月に天皇・明仁の生前退位にともなう新天皇・徳仁の即位と「代替わり」儀式がおこなわれました。「代替わり」を政治利用する動きもおこりました。志位委員長は六月の「しんぶん赤旗」のインタビューで天皇の制度にたいする党の見解をまとめてしめし、「天皇条項については、『国政に関する権能を有しない』などの制限規定の厳格な実施を重視し、天皇の政治利用をはじめ、憲法の条項と精神からの逸脱を是正する」という綱領の立場から、その問題点を明らかにしました。

国内外でジェンダー平等を求める運動が発展するなか、一九年六月、党ははじめてジェンダー平等政策「個人の尊厳とジェンダー平等のために――差別や分断をなくし、誰もが自分らしく生きられる社会へ」を発表しました。

国際社会では、初の世界女性会議の開催（一九七五年・メキシコ）、国連総会での女性差別撤廃条約の採択（七九年）、「女性に対する暴力撤廃宣言」の採択（九三年）など、女性差別をなくし、その尊厳を保障する国際規範や、女性への暴力撤廃を求める流れが発展してきました。こうした発展のなかで、九五年の第四回世界女性会議の行動綱領で「ジェンダー平等」「ジェンダーの視点」を掲げたことが大きな契機となり、国連ミレニアム総会で確認された「ミレニアム開発目標」（二〇〇〇年）や「持続可能な開発目標」（一五年）で、ジェンダー平等が目標にすえられるようになりました。

日本でも戦後、女性にたいする結婚退職制や若年定年制、男女の賃金差別や昇進・昇格差別をなくす裁判闘争など、女性たちのねばり強いたたかいがくり広げられました。このたたかいと国際的な女性差別撤廃の流れを背景にして男女雇用機会均等法（一九八五年）が制定されましたが、さまざまな問題点や不十分さをはらんでおり、党は女性の権利擁護と実効ある差別禁止を求めて、国会論戦や運動にとりくみました。九〇年代からは、セクシャル・ハラスメントをはじめ、ハラスメントを許さないことが大きな社会的課題となりました。

こうしたたたかいのうえに、二〇一八年から一九年、「ＭｅＴｏｏ」「ＷｉｔｈＹｏｕ」を合言葉にした世界的な運動の高まりのなかで、日本においても、性暴力の根絶を訴えるフラワーデモ、同性婚の実現を求める「結婚の自由をすべての人に」訴訟、政治分野における男女共同参画・パリテ（男女議員同数化）を求める世論の広がりなど、ジェンダー平等を求める大きなうねりが起こり、党は連帯してたたかいを広げました。

一九年七月の参院選は、四年間の積み重ねのうえに、共闘が豊かに成長・発展しました。過去二回の国政選挙では、党が一方的に候補者を降ろしましたが、この参院選では、相互に支援しあう共闘へと大きく前進し、日本共産党が擁立した候補者が野党統一候補となった選挙区が、三年前の香川一県から、徳島・高知、鳥取・島根、福井の三選挙区五県に広がりました。実際の選挙戦も、野党各党の国会議員が、市民のみなさんと肩を並べ、相互に支援しあうたたかいに発展しました。野党間の政策的な一致点が大きく広がり、市民連合との十三項目の「共通政策」では、安保法制廃止のほか、一九年十月からの消費税率一〇％への引き上げの中止、辺野古における新基地建設の中止、原発再稼働を認めず原発ゼロの実現をめざすことなどが明記されました。こうして市民と野党の共闘が、お互いにリスペクト（尊敬）しあい、国民の切実な願いにそくして一致点で協力するという民主主義的な協力・共闘へと前進していくなかで、党は他の野党や市民のみなさんとの相互理解を深めてゆきました。

選挙の結果は、市民と野党の共闘は十の選挙区で大激戦を制して勝利をかちとり、改憲勢力三分の二割れに追い込み、自民党は参議院での単独過半数を大きく割り込みました。日本共産党は比例で四百四十八万票（得票率八・九五％）、改選五から四議席へ後退しましたが、得票は一七年総選挙から前進させ、選挙区選挙では東京、埼玉、京都で勝利し、比例と選挙区であわせて七議席を獲得しました。

安全保障政策をめぐっては、党は、日本共産党が参加する民主的な連合政権ができた場合の自衛隊の憲法判断についての方針を明確にしました。一七年十月の総選挙での党首討論会で、志位委員長は〝日本共産党としては一貫して「自衛隊＝違憲」の立場をつらぬくが、党が参加する連合政権の対応としては、自衛隊と共存する時期は「自衛隊＝合憲」の立場をとり、国民多数の合意なしに「合憲」から「違憲」への憲法解釈の変更はおこなわない〟と表明しました。この立場は、第二十二回大会（二〇〇〇年）で決めた自衛隊の段階的解消の方針を具体化・発展させたものであり、二〇年の第二十八回大会・第一決議に明記されることになります。

党活動・党建設――世代的継承が緊急で死活的な課題に

二〇〇〇年代～二〇一〇年代、党建設においては、「二大政党づくり」という反共戦略のもとで、長期の後退傾向を脱することができず、党の世代的継承が、日本社会と党の未来を左右する緊急で死活的な課題となりました。

同時に、二〇〇〇年の党規約改定、〇四年の新しい党綱領を力に、党づくりの開拓と探求を重ねたことは、「二大政党」キャンペーンという最強・最悪の反共作戦をうちやぶり、党の「第三の躍進」と野党共闘で政治をかえる新しい時代をひらくうえで、重要な意義をもちました。

すべての支部が「政策と計画」を持ち、国民の要求実現にとりくみつつ、党建設・党勢拡大の独自の追求をはかる「車の両輪」の活動や、党員拡大を党建設・党勢拡大の根幹にすえ一貫して追求すること、党規約どおりの入党の働きかけと新入党員教育・「党生活確立の三原則」の徹底、「しんぶん赤旗」中心の党活動、「双方向・循環型」の党活動など、改定された党規約にもとづく党活動・党建設の基本方針が、全党の血肉となってゆきました。一〇年から一年四カ月間にわたって開催された「綱領・古典の連続教室」は、インターネット中継で全国をむすび、二万八千人が受講する党史上かつてない大規模な学習運動となりました。

後退したとはいえ、自前の組織と財政をつくり支える努力を続け、草の根の支部や地方議員が地域・職場・学園にねざして活動していることは、野党共闘で力をあわせた他の野党関係者や市民のみなさんから新鮮な驚きと敬意をもって受け止められ、分断と逆流に抗して統一戦線を発展させる力となりました。

党の世代的継承の課題でも探求を重ねました。

職場での党づくりの前進をめざして、〇六年から「職場問題学習交流講座」を開催し、労働者をめぐる情勢の変化をふまえた職場支部の法則的前進の方針をしめすとともに、職場支部援助委員会をつくって支部への親身な援助をつくす新しい努力を開始しました。

青年・学生では、「まともに生活できる仕事を！　人間らしく働きたい！」をスローガンに発展した「全国青年大集会」（〇三年～）、「声をあげよう！　私たちの命と自由のために」と立ち上がった「若者憲法集会」（一四年～）など、民青同盟や労働組合青年部らの共同の運動が発展しました。党は対話と交流、「集い」など双方向の活動を重視し、科学的社会主義と党綱領の学習を中心とした民青同盟への援助、青年・学生党員の拡大と青年支部、学生支部確立の系統的なとりくみを強めました。

〇六年から若手幹部育成のための「特別党学校」を開設し、一八年までに四期にわたって開催され、受講生が国政選挙・地方選挙の候補者や党機関幹部として活躍しています。一八年七月には、「しんぶん赤旗」電子版の発行を実施し、新しい層や若い世代へ読者を広げています。

選挙活動では、党員のもつあらゆる結びつきを生かす「結びつき・マイ名簿」のとりくみ、支持者・後援会員に支持を広げてもらう「折り入って作戦」、一三年のインターネット選挙解禁にともなう斬新なＳＮＳ発信など、「選挙革命」ともいうべき改革にとりくみました。一八年二月には、野党共闘を通じて党に信頼をよせてくれた市民の要望にこたえ、ＪＣＰサポーター制度を発足させ、登録者は一年あまりで一万人を超えました。

これらの党活動・党建設上の新しい努力は、まだ本格的な党勢の前進へと実っているとはいえませんが、党の未来をひらくうえで重要な意義をもつ努力となりました。

〇五年二月、二〇〇〇年に着工した十一階だての新しい党本部ビルが完成しました。建て替えの計画発表から竣工《しゅんこう》までの五年余の間に、全国の党員、「しんぶん赤旗」読者、支持者から、建設費用の約半分にあたる四十三億四千万円の建設募金（協力金をふくむ）が寄せられ、二十一世紀の社会変革の事業を担う活動拠点をつくることができました。

核兵器廃絶への働きかけと新しい大国主義・覇権主義とのたたかい

二〇一〇年代、世界では逆流や複雑な問題も起こり、「不確実性の時代」「世界は混沌《こんとん》」という論調が多くみられるようになりましたが、党は、二十世紀の「構造変化」が平和と社会進歩を促進する生きた力を発揮しているという世界の本流の見方にたって、国際社会に働きかけました。

核兵器廃絶をめぐっては、一六年十二月の核兵器禁止条約の締結交渉開始の国連決議にもとづいて、一七年に二回にわたる核兵器禁止条約の国連会議が開かれ、七月、百二十二カ国の賛成で条約が採択されました。人類史上はじめて核兵器を違法化、悪の烙印《らくいん》をおす画期的な核兵器禁止条約の採択は、日本の被爆者をはじめ「核兵器のない世界」を求める世界各国と市民社会の多年にわたる共同のとりくみが結実した歴史的な壮挙でした。

この国連会議に、党は、志位委員長を団長とする代表団を派遣し、かりに最初は核保有国の参加が得られなかったとしても、賛成する諸国の政府によって核兵器禁止条約を早期に締結することが、核兵器全面廃絶への決定的な突破口を開くとして、その道をすすむことを求める要請文をまとめ、国連、会議主催者、各国政府と懇談をおこないました。また、市民社会の代表の一人として、会議で志位委員長がスピーチしました。国連の場で日本共産党代表が発言したのは歴史上はじめてのことになりました。日本政府は会議に参加しないという情けない態度をとり、アメリカなどの核保有国は議場の外から非難しましたが、どちらが世界の本流で、どちらが逆流か、鮮やかに浮き彫りになりました。核兵器禁止条約は、その後、二一年一月に発効しました。

一方、こうした世界の平和の流れに逆行する、中国の新しい大国主義・覇権主義があらわになりました。

核兵器問題で深刻な変質が起こりました。中国はある時期までは核兵器禁止の国際条約をくりかえし求めていましたが、核兵器廃絶は「究極的目標」としてははるかかなたの未来の課題に追いやるようになりました。また、東シナ海と南シナ海での力による現状変更をめざすなど覇権主義的行動があらわれてきました。さらに一六年九月、マレーシアで開催されたアジア政党国際会議総会の「クアラルンプール宣言」の採択にいたる過程で、「核兵器禁止条約の速やかな交渉開始の呼びかけ」を宣言に盛り込む修正案を日本共産党代表団が提起し、中国を含め全員一致で党の修正案を受け入れることをいったん確認したにもかかわらず、宣言採択の直前になって、中国共産党代表団がこの部分の削除を強硬に求めたために削除されるという事態がおこりました。これは、覇権主義的なふるまいそのものであり、一九九八年に日中両党関係を正常化したさいに確認した両党関係の原則にも背くものでした。党は、二〇一七年の第二十七回大会で、これらの中国の問題点について、事実と道理に立って包括的な分析と批判をくわえ、「今日の中国に、新しい大国主義・覇権主義の誤りがあらわれていることを厳しく指摘しなければならない」と明記した決議を採択しました。

党大会の直前、一七年一月、中国の駐日大使が、志位委員長との面会を求め、「中国共産党中央委員会の指示で来た」として、党の決議案でのべた「新しい大国主義・覇権主義」など中国にたいする批判的内容の削除を求めました。志位委員長は、この要求をきっぱりと拒否し、党の決議案の立場を中国側に全面的にのべ、誤りの是正を求めました。またマレーシア・クアラルンプールの国際会議での中国共産党代表団の横暴なふるまいをきびしく批判しました。

ロシア・プーチン政権の大国主義・覇権主義の動きも強まり、一四年三月、ウクライナの領土であるクリミア自治共和国とセバストポリ特別市の併合を強行しました。各国の主権、独立、領土保全の尊重という国連憲章、国際法の原則を踏みにじる明白な侵略行為であり、党は、クリミア併合の撤回を強く求めました。

アメリカでは、一六年十一月の大統領選挙の結果、トランプ政権が発足し、「自国第一主義」を掲げて、イランとの「核合意」や地球温暖化防止の「パリ協定」、国連人権理事会などから一方的に脱退するとともに、シリア空爆など軍事的挑発行為をくりかえしました。

こうした大国主義・覇権主義の逆流をなんら批判せず、対米・対ロ屈従外交に終始したのが、安倍自公政権でした。米国・トランプ政権とは、農業、畜産業をはじめ日本の地域経済、国内経済へはかりしれない打撃となる日米FTA交渉をすすめ、一九年四月、一方的譲歩の内容で合意しました。

ロシア・プーチン政権とは、たびたび日ロ首脳会談をおこないましたが、事実上〝歯舞《はぼまい》・色丹《しこたん》の二島返還でおしまいにしよう〟という、だらしない領土交渉をすすめました。党は、「日ロ領土交渉の行き詰まりをどう打開するか」の提言（一六年十二月）をはじめ、節々で党の見解を明らかにし、政府への申し入れや国会質問などでの提起をおこないました。

激動するアジア情勢と野党外交

二〇一八年、朝鮮半島では、平昌《ピョンチャン》五輪（二月）を契機に、南北間、米朝間で、対話による朝鮮半島問題の平和的解決の流れがつくりだされました。四月、南北首脳会談がおこなわれ、韓国・文在寅《ムン・ジェイン》大統領と北朝鮮・金正恩《キム・ジョンウン》国務委員長が「朝鮮半島の完全な非核化」と「年内の朝鮮戦争の終結」をうたった「板門店宣言」に署名しました。さらに六月、シンガポールで史上初の米朝首脳会談がおこなわれ、トランプ大統領と金正恩委員長が共同声明を発表、「新しい米朝関係の確立」を約束し、朝鮮半島の平和体制の構築と完全な非核化で合意しました。

北朝鮮による核実験、ミサイル発射が続いていたもとで、党は「対話による平和的解決が唯一の道」「米朝は無条件で直接対話を」との態度表明をおこない、関係国への働きかけをおこなってきました。その方向で大きく情勢が動いたのが、一連の南北首脳会談、米朝首脳会談でした。党は、対話による問題解決の動きを歓迎し、それが実るよう関係国に働きかけを強めました。その後、一連の合意に逆行する事態が続き、北朝鮮の核・ミサイル開発がエスカレートしていますが、各国が一連の合意を土台にして、外交的解決の努力をつくすことが強く求められます。

一八年末、志位委員長がベトナムを訪問し、ベトナム共産党のグエン・フー・チョン書記長と会談して、核兵器禁止条約の早期発効、朝鮮半島の平和のプロセスの進展、南シナ海問題の国際法にもとづく解決のための協力の強化などで一致しました。また、ハイレベルの交流の維持・促進、理論交流の継続・発展、急速に変化する国際情勢についての機動的な意見交換、国際会合での緊密な連携など、両党関係をあらたな高みに引き上げることで合意しました。

『新版　資本論』の刊行

この二十年余、党は、理論分野でも大きな事業をおこないました。党創立八十周年にあたる二〇〇二年、不破議長を講師に、『資本論』全三部を一年間で読む学習会――「代々木『資本論』ゼミナール」がとりくまれ、全七冊の講義集『「資本論」全三部を読む』（新日本出版社）が発刊されました。

一九年、党は、社会科学研究所の監修で、エンゲルスによる編集事業の成果を生かしながら、『資本論』の執筆者であるマルクスの理論的到達点をより正確に反映した『新版　資本論』（同前）の刊行をスタートし、二一年までに全一二冊が刊行されました。一九年九月の刊行記念講演会では、志位委員長があいさつし、不破社会科学研究所所長が「『資本論』編集の歴史から見た新版の意義」と題して講演しました。

さらに、二一年、『新版　資本論』を踏まえて、『「資本論」全三部を読む　新版』（同前）が刊行されました。これらは科学的社会主義の事業における党の重要な理論的貢献をなすものです。

（3）世界と日本の激動のなかで――二〇二〇年代

二〇二〇年代、日本共産党は、第二十八回大会（二〇年一月）で改定した綱領を指針として、市民と野党の共闘で新しい政権をつくるという政治的な大攻勢に踏み出しました。支配勢力は、この動きに強い恐怖を抱き、激しい共闘攻撃、共産党攻撃でこたえ、党はその攻撃に果敢に立ち向かって奮闘し、「政治対決の弁証法」は、いちだんと鋭い形で展開しました。そうしたたたかいの最中、世界と日本の激動のなかで、党は、二〇二二年、創立百周年を迎えました。

第二十八回大会――新しい視野を開いた綱領一部改定

二〇二〇年一月、党は第二十八回大会を開催しました。この党大会は、綱領第三章・世界情勢論と第五章・未来社会論を改定する党綱領一部改定案、市民と野党の共闘の発展と日本共産党躍進という二大任務を統一的にやりぬく方針を明らかにした第一決議案、党創立百周年をめざす党建設の目標と方針を明らかにした第二決議案の三つの議案を審議し、決定した歴史的大会となりました。

綱領一部改定（報告者・志位和夫）の出発点は、中国にかんする規定の見直しにありました。第二十七回大会以降の三年間、中国はわが党が批判した問題点をいっそう深刻にする行動をとりました。核兵器廃絶に逆行する変質、東シナ海と南シナ海での覇権主義的行動がいっそう深刻になったうえ、一六年のアジア政党国際会議での覇権主義的なふるまいにたいしても是正の態度をとろうとしませんでした。これらの諸問題にくわえて、香港、ウイグル自治区などでの人権侵害が重大な国際問題となり、党は、中国自らが賛成した人権保障の国際的取り決めに反する行動としてきびしく批判しました。

こうした事実をふまえて、第二十八回大会では、〇四年綱領の「今日、重要なことは、資本主義から離脱したいくつかの国ぐにで、政治上・経済上の未解決の問題を残しながらも、『市場経済を通じて社会主義へ』という取り組みなど、社会主義をめざす新しい探究が開始され、人口が一三億を超える大きな地域での発展として、二一世紀の世界史の重要な流れの一つとなろうとしている」という規定について、中国の覇権主義、人権問題などをふまえ、「社会主義をめざす新しい探究が開始」された国とする根拠はもはやなくなったと判断し、削除しました。

この規定の削除は、綱領全体の組み立ての根本的な見直しにつながり、綱領に豊かな内容を付け加え、三つの新しい視野を開くものとなりました。

第一は、二十世紀に進行し、二十一世紀に生きた力を発揮している「世界の構造変化」の最大のものが、植民地体制の崩壊と百を超える主権国家の誕生にあることを、綱領上明確にしたことです。〇四年の綱領には、「社会主義をめざす新しい探究が開始」された国と資本主義体制との「二つの体制の共存」という世界論が残っていましたが、改定綱領はこの見方を完全に清算し、植民地体制の崩壊を「世界の構造変化」の中心にすえました。そしてあらたに、核兵器禁止条約、平和の地域協力、国際的な人権保障などの動きを、「世界の構造変化」がもたらした希望ある変化として具体的に記述しました。

さらに、「ジェンダー平等の国際的潮流の発展」を分析し、「ジェンダー平等社会をつくる」「性的指向と性自認を理由とする差別をなくす」ことを綱領の民主的改革の課題に太く位置づけました。綱領一部改定案についての討論の結語では、大会議案の全党討論で出された意見に答え、一九七〇年代、「赤旗」に掲載された論文などで、同性愛を性的退廃の一形態だと否定的にのべたことは間違いであったことも明確に表明されました。

第二は、資本主義と社会主義の比較論から解放されて、二十一世紀の世界資本主義の矛盾そのものを正面からとらえ、この体制をのりこえる本当の社会主義の展望を、よりすっきりとした形でしめしたことです。覇権主義や人権と自由、格差拡大などで深刻な問題を抱えている中国を〝社会主義をめざす国〟とみなすことによって、「中国に比べれば、欧米諸国がまし」と、資本主義の矛盾や社会主義の本当の魅力が見えづらくなってしまっていた問題を、改定綱領は解決しました。そして「貧富の格差の世界的規模での空前の拡大」「地球的規模でさまざまな災厄をもたらしつつある気候変動」を、「資本主義体制が二一世紀に生き残る資格を問う問題」として特記しました。

また、アメリカだけでなく、中国とロシアにも覇権主義が強まっていることを念頭に、「どんな国であれ覇権主義的な干渉、戦争、抑圧、支配を許さず、平和の国際秩序を築く」との立場を明確にしました。

第三は、未来社会論で、「発達した資本主義国での社会変革は、社会主義・共産主義への大道」という命題を綱領に明記し、堂々とおしだせるようになったことです。これはマルクス、エンゲルスの本来の立場でしたが、それまでの綱領では、資本主義的発達が遅れた状態から出発して、「社会主義をめざす新しい探究を開始」した国が、「世界史の重要な流れの一つとなろうとしている」という認識であったために、簡単にその断定をくりかえすわけにいかない状況がありました。しかし、中国の規定の見直しでその状況は根本から変わりました。

改定綱領では、「発達した資本主義国での社会主義的変革は、特別の困難性をもつとともに、豊かで壮大な可能性をもった事業である。この変革は、生産手段の社会化を土台に、資本主義のもとでつくりだされた高度な生産力、経済を社会的に規制・管理するしくみ、国民の生活と権利を守るルール、自由と民主主義の諸制度と国民のたたかいの歴史的経験、人間の豊かな個性などの成果を、継承し発展させることによって、実現される」と、資本主義の高度な発展によってその胎内につくりだされ、未来社会へすすむ客観的条件、主体的条件となる五つの要素を明記しました。

第二十八回大会・第一決議（報告者・小池晃）では、市民と野党の共闘の発展と日本共産党の躍進という総選挙の二大目標を提起するとともに、安倍政権を終わらせ、野党連合政権をつくる展望を明らかにしました。このなかで、四年間の共闘の到達点をふまえ、野党連合政権実現にむけて、①憲法にもとづき、立憲主義、民主主義、平和主義を回復する、②格差をただし、暮らし・家計応援第一の政治にきりかえる、③多様性を大切にし、個人の尊厳を尊重する政治を築く――の三つの方向で、安倍政治からの転換をはかることを提起しました。同時に、日本共産党ならではの役割をあらゆる分野で発揮し、来たるべき総選挙で躍進をかちとって、日本と世界の進路を切りひらこうと呼びかけました。

党大会第二決議（報告者・山下芳生）は、一九八〇年の「社公合意」によって「日本共産党を除く」壁が築かれたことが長期にわたる党建設の後退の客観的条件となったものの、いまやその「日本共産党を除く」壁が崩れたこと、ソ連・東欧諸国の崩壊は党に逆風として作用したが、今日の世界では植民地体制の崩壊による「世界の構造変化」が平和と社会進歩を促進する生きた力を発揮しだしていることなど、党建設をめぐる歴史的情勢を分析しました。そして、党綱領一部改定を力に、野党連合政権と党躍進を実現するために、党員と「赤旗」読者の「三割増」と、青年・学生、労働者、三〇～五〇代の党勢を倍加する目標を提起し、世代的継承を軸にすえた党建設の改革・発展の方向を打ち出しました。

改定綱領と第一決議、第二決議は、大会直後からはじまった新型コロナ危機のもとで、日本と世界の進路を照らす確かな羅針盤となり、野党共闘や党活動・党建設の前進への生きた力を発揮しました。

新型コロナ・パンデミックと日本共産党の活動

二〇二〇年、人類は新型コロナ・パンデミックの危機に直面し、日本でも戦後かつてない感染症の危機に見舞われました。

政府が、たびたびの「緊急事態宣言」で人びとにイベントや外出の自粛を強いながら、検査を抑制する「科学無視」、補償をしない「自己責任」の姿勢に終始するなか、党は、自粛と一体の十分な補償、医療体制への抜本的な支援強化、大規模なＰＣＲ検査の実施などを求める緊急提案をおこない、政府に申し入れました。全国各地でも国民の苦難軽減に献身し、医療現場や飲食店などの切実な声を受け止め、地方自治体での対策を求めて活動しました。党活動においても、人と人との接触を避け、十分な感染対策をおこないながらの活動を探求し、オンラインの活用、支部の連絡・連帯網の強化など、党員の命と健康を守りながら、知恵と工夫をこらして党活動にとりくみました。

二〇年、国会では緊急のコロナ対策とともに、一九年十月の「しんぶん赤旗」のスクープと党の国会論戦が暴露した「桜を見る会」への安倍晋三後援会の招待が大問題になり、安倍首相は国民の怒りの声に包囲されます。五月には、政府の一存で、幹部検察官の定年延長の是非を決めることができるようにして、その政治的独立性・中立性を侵害し、三権分立と法治主義を危うくする検察庁法改定案が、反対世論の急速な広がりによって廃案となりました。

二〇年八月、コロナ対応でも、内政・外交でも行き詰まった安倍首相が辞任し、九月、菅義偉《すがよしひで》内閣が発足しました。菅政権は、コロナ対応では無為無策と逆行に終始し、感染拡大の波がくりかえし国民生活を襲いました。また、政権発足直後におこなった日本学術会議にたいする人事介入、辺野古新基地建設強行など、強権をふるったうえ、七十五歳以上の医療費二倍化（二一年五月に法案可決）をはじめ「自己責任」をおしつける冷酷・非道な政治をすすめました。党は、菅政権の暴政をゆるさない国会論戦にとりくむとともに、コロナから国民の命を守るための提案や各地方での相談活動に力をつくしました。

コロナ・パンデミックは、政治と社会の矛盾をくっきりとうつし出すものとなりました。公立病院の統廃合や保健所の削減が医療崩壊を招き、労働法制の規制緩和による非正規雇用の拡大のもとで無権利な労働者が仕事を失うなど、公共サービスを縮小し、規制を取り払って市場原理にゆだねる新自由主義の破たんが明らかになりました。コロナ禍のもとで女性への暴力が増大し、ケア労働を女性に押し付けるジェンダー平等の遅れの矛盾も噴き出しました。

志位委員長は、二〇年七月におこなわれた党創立九十八周年記念講演で、改定綱領を指針に、コロナ・パンデミックが明るみに出した内外の諸矛盾を分析し、「コロナ危機をのりこえ、新しい希望ある日本と世界を」と呼びかけました。

二〇年十二月の中央委員会総会（二中総）では、新型コロナ危機をふまえて、「新しい日本をつくる五つの提案」――①新自由主義から転換し、格差をただし、暮らし・家計応援第一の政治をつくる、②憲法を守り、立憲主義・民主主義・平和主義を回復する、③覇権主義への従属・屈従外交から抜け出し、自主・自立の平和外交に転換する、④地球規模の環境破壊を止め、自然と共生する経済社会をつくる、⑤ジェンダー平等社会の実現、多様性を大切にし、個人の尊厳を尊重する政治を――を打ち出し、この提案が野党共通の政策となり、野党連合政権が実行する政策となるよう力をつくしました。

二一年、菅政権にたいする国民の不満と批判が大きく高まります。二一年七月、菅政権は、「緊急事態宣言」を出しておきながら、「中止」の世論が多数であったにもかかわらず東京五輪の開催を強行しました。党は、国民の命を最優先にする立場から、いち早く東京五輪の中止を求めて国会論戦で追及し、最後まで「五輪より命」の立場をつらぬきました。二一年七月の東京都議会議員選挙では、「五輪をやめてコロナ収束に全力を」の訴えと都政転換の論戦が共感を広げ、党は現有十八議席から十九議席に前進する三回連続の都議選での勝利をかちとりました。

二一年九月、国民世論と運動に追い詰められた菅首相は、一年で政権をなげだしました。自民党は、衆議院の任期満了、総選挙を目前に、岸田文雄政権を発足させました。岸田政権は、安倍・菅政権への国民の批判・不満を取り込もうと「聞く力」「新しい資本主義」などの看板で「違い」をうち出しましたが、その中身は、弱肉強食の新自由主義の継続・強化、強権・腐敗政治そのものでした。

二一年九月、党はさまざまな市民団体のとりくみ、世界の先進的経験に学び、二〇三〇年度までにCO_2を五〇～六〇％削減し、省エネルギーと再生可能エネルギーを組み合わせて大規模に推進する「気候危機を打開する日本共産党の二〇三〇戦略」を発表し、気候危機問題を政治の重要課題に押し上げるよう力をつくしました。

政権協力の合意と野党連合政権をめざす挑戦——支配勢力との激しい攻防に

二〇二一年十月の総選挙は、支配勢力との激しい攻防の選挙となりました。

総選挙に向けて、党は、九月八日に他の野党と市民連合の共通政策に署名するとともに、九月三十日、立憲民主党との党首会談（志位和夫委員長・枝野幸男代表）をおこない、「新政権」において「合意した政策を実現する範囲での限定的な閣外協力」をおこなうことを合意しました。野党共闘がついに政権問題での合意にいたった、重要な党首会談でした。共通政策と政権合意を土台に、党は、はじめて政権交代に正面から挑戦する歴史的なたたかいにのぞみました。

これは支配勢力から見れば、史上はじめて共産党が政権に参加するかもしれないという心底恐ろしい展開でした。かれらは、一部メディアも動員し、必死の野党共闘攻撃、日本共産党攻撃を展開しました。日本共産党の日米安保条約廃棄、自衛隊違憲などの主張をとりあげて、「安保・外交政策が違う政党が組むのは野合」という攻撃が吹き荒れました。選挙戦の性格を「（自公の）自由民主主義政権か、共産主義政権かの体制選択選挙」と根本からねじ曲げる攻撃も大々的におこなわれました。選挙中には自民党の「緊急指示」が出され、街頭からいっせいに共闘攻撃、党攻撃がふりまかれました。

こうした猛烈な攻撃に見舞われたもとで、共闘勢力で一本化した五十九選挙区で勝利するなど、市民と野党の共闘は重要な成果をあげましたが、党は、比例で四百四十万票から四百十六万票（得票率七・二五％）に、十一議席から九議席に後退する結果となりました。小選挙区では、沖縄一区の議席を守り抜きました。

党は二一年十一月の中央委員会総会で、総選挙のたたかいから教訓をひきだし、支配勢力の必死の共産党攻撃にたいして、それを上回る必死さで反撃する点での弱点があったことを反省し、日本共産党への疑問に答えるリーフ（「はてな」リーフ）を発行するなど、攻撃を打ち破るあらたな活動に乗り出すことをきめました。また、野党共闘の対応の弱点を分析し、前向きの解決がはかられるべき諸課題を提起しました。

翌年二二年七月の参議院選挙は、総選挙後にさらに強まった「野党共闘は失敗」「共産党の綱領は現実離れ」という攻撃に加え、ロシアのウクライナ侵略に乗じた軍事力増強・憲法九条改憲論の大逆流が加わり、「二重の大逆流」との激烈なたたかいとなりました。

党は、四月の「参議院選挙勝利・全国総決起集会」への幹部会報告や「大学人の集い」での志位委員長の講演で、党の安全保障論の全体像を明らかにするとともに、自民党などによる党綱領への攻撃への全面的な回答として『新・綱領教室』（志位和夫著）を発刊し、全党が学習して、逆流を押し返す奮闘をおこないました。しかしこれを押し返しきって前進するところまでにはいたらず、参議院選挙の結果は、比例代表で三百六十一万八千票（得票率六・八％）、改選五議席から三議席への後退となりました。選挙区選挙では、東京選挙区の宝の議席を守り抜きました。

党は二二年八月の中央委員会総会（六中総）で、参院選の結果を「『二重の大逆流』によって、総選挙の到達点よりもさらに大きく押し込まれた地点から、全党の大奮闘によって押し返す過程での一断面」と総括しました。

参議院選挙における野党の選挙協力は、一人区での当選が三議席にとどまるなど、従来の到達点からも大幅に後退しました。党は、共闘破壊の妨害にたいして野党がどういう姿勢をとるべきかを提起し、野党共闘の再構築のために力をつくすことを表明しました。

こうして二一年の総選挙、二二年の参院選と、党は激しい反共攻撃に遭遇しましたが、そのどれにたいしても果敢に立ち向かい、攻撃に屈することなくたたかいぬきました。選挙戦では悔しい後退を喫しましたが、全国の党員・党組織が党綱領を学習し、党の真の姿を国民に語り、「軍事対軍事」への動きに抗して堂々と平和の対案を訴えて立ち向かい、反戦平和の党の歴史的使命を果たすなど、大逆流とのたたかいは、日本共産党自身も鍛えられ成長してゆく重要な契機となりました。

二〇一〇年代中ごろの「第三の躍進」から今日までの経過は、党が躍進した力を背景に、市民と野党の共闘の態勢を構築し、一連の国政選挙、とくに二一年の総選挙で政治的大攻勢をかけたことにたいして、支配勢力が激しい反共闘、反日本共産党の攻撃でこたえ、それとのたたかいで新しい前途を開くことに挑戦するという、激しい攻防のプロセスとなりました。この攻防のプロセスは決着がついておらず、現在進行形で続いています。

ロシアのウクライナ侵略と軍事ブロック強化に反対するたたかい

二〇二二年二月、ロシアによるウクライナ侵略が、世界に大きな衝撃を与えます。

党は、志位委員長の声明「ウクライナ侵略を断固糾弾する　ロシアは軍事作戦を直ちに中止せよ」を発表し、ロシアに軍事行動をただちにやめるよう求めるとともに、国際社会が侵略反対の一点で団結し、侵略をやめさせることを呼びかけました。

ロシアのプーチン政権は、原発、病院、民間人への無差別の攻撃という、ジュネーブ条約などの国際人道法に反する戦争犯罪をおこなったうえ、核兵器大国であることを誇示し、核兵器の先制使用の威嚇までおこなう暴挙を続けました。

一方、国連では、ロシアの軍事行動を「侵略」と断罪し、ロシア軍の即時無条件撤退を求める総会決議（三月二日）、ロシアの戦争犯罪を告発し、国際人道法の順守を求める総会決議（三月二十四日）の二回の決議が、国連加盟国の七割を超える百四十カ国以上の賛成で採択されました。これは国連憲章にもとづく平和秩序を求める流れこそ、国際社会の圧倒的多数であることをしめすものでした。

このウクライナ侵略の危機に乗じて、世界でも日本でも軍事同盟強化の動きが起こりました。バイデン米大統領は「民主主義対専制主義のたたかい」というスローガンを打ち出し、特定の「価値観」で世界を二分する態度をとりました。党は、こうした世界を分断する議論を批判し、「国連憲章を守れ」の一点で世界が団結することこそ解決の根本的方向だということを主張し続けてきました。

二二年五月の日米首脳会談で岸田首相は、「敵基地攻撃能力」の保有検討、軍事費の「相当な増額」をバイデン大統領に誓約し、核兵器の「拡大抑止」の強化や沖縄辺野古新基地建設推進を確認するなど、アメリカに追従し、「力対力」の危険な大軍拡の道にのめりこんでゆきました。

党は、二二年一月の「党旗びらき」での志位委員長のあいさつで提唱した東アジアに平和をつくる

「外交ビジョン」――ASEAN十カ国と日米中ロなど八カ国で構成する東アジアサミット（EAS）を強化し、東アジア規模の友好協力条約を展望する「ASEANインド太平洋構想（AOIP）」（一九年・ASEAN首脳会議）を実現するために、日本政府に真剣な外交努力を求めるという平和の対案――を掲げて、大軍拡に反対する国会論戦や野党外交を展開しました。「外交ビジョン」は、米中の覇権争いや、軍事ブロック強化の動きが強まるもとで、あれこれの国を排除する排他的なアプローチでなく、すべての国を包み込む形での包摂的なアプローチで東アジアの平和をつくろうという、現実的で合理的な提案として、国内外の関係者や識者からも賛同の声が広がりました。

核兵器禁止条約発効後のはじめてのNPT再検討会議（二二年八月）では、党は、笠井亮衆院議員（国際委員会副責任者）を団長とする代表団を派遣し、党の要請文を議長や各国代表団に提出し、笠井議員が日本原水協の代表として発言しました。

十一月、トルコ・イスタンブールでおこなわれた第十一回アジア政党国際会議総会に、党は志位委員長を団長とする代表団を派遣し、志位委員長が会議で発言しました。総会では、党の提案が取り入れられ、「ブロック政治を回避することの重要性を強調し、競争よりも協力を強調した」と明記された「イスタンブール宣言」が採択されました。これは党の「外交ビジョン」の方向がアジアの政党の総意として確認された重要な意義をもつものでした。

十一～十二月には、党は、ヨーロッパの左翼・進歩政党との交流にとりくみ、緒方靖夫副委員長を団長とする代表団が、欧州六カ国を訪問、欧州左翼党の大会には来賓で出席し、国連憲章にもとづく平和秩序の擁護、軍事ブロック・軍事同盟反対、核兵器禁止条約の推進、気候正義、ジェンダー平等などの課題での連帯と協力の強化を確認しあいました。

（4）むすび――党創立百周年を迎えて

二〇二二年七月十五日、日本共産党は、創立百周年を迎えました。

創立以来の日本共産党の百年の歩みは、日本国民の利益を擁護し、平和と民主主義、国民生活の向上、自由と平等、社会進歩をめざして、その障害になるものにたいしては、どんなに強大な権力であろうと、勇気をもって正面から立ち向かってきた歴史でした。この百年、党にとって順風満帆な時期はひと時もなく、たえまのない攻撃にさらされ、それを打ち破りながら前途を開く――開拓と苦闘の百年でした。この歩みは、日本共産党が社会の根本からの変革をめざす革命政党であることの証しにほかなりません。

党は、二二年九月、党創立百周年記念講演会を開き、志位委員長が、「日本共産党百年の歴史と綱領を語る」と題して講演しました。記念講演は、百年におよぶ党の開拓と苦闘の歴史には、今日と未来に生きる三つの特質がつらぬかれていることを明らかにしました。

第一は、どんな困難があっても国民を裏切らず、社会進歩の大義をつらぬく不屈性です。戦前、日本共産党は、命がけで国民主権と反戦平和の旗を不屈に掲げてたたかいぬき、多くの先輩たちが迫害で命を落としました。党の主張は、戦後の日本国憲法に、「政府の行為」によって戦争をひきおこしたことへの反省と、国民主権が明記されることによって実りました。

戦後、アメリカの対日支配を打破する「反帝独立」と、財界・大企業の横暴な支配を打ち破る「反独占」の課題を、革命の戦略的任務として位置づけたことは、世界のなかでも独特の革命戦略でした。この道を揺るがずにつらぬいたことは、日米両国政府が一体となってすすめる今日の大軍拡路線を阻止するたたかい、新自由主義がもたらした日本経済の構造的なゆがみをただすたたかいに生きています。

第二は、科学的社会主義を土台に、不断の自己改革の努力を続けてきたことです。党の歴史のなかでも最大の危機は、戦後ソ連のスターリンなどによって乱暴な干渉がおこなわれ、党が分裂するという事態が起こったこと（「五〇年問題」）でしたが、党は、この危機を乗り越える過程で巨大な自己改革をおこない、自主独立の路線――自らの国の社会進歩の運動の進路は、自らの頭で考え、どんな大国でも干渉や覇権は許さないという路線を確立しました。自主独立の路線は、一九六〇年代以降のソ連と中国・毛沢東派の覇権主義による乱暴な干渉に反対する闘争のなかでさらに鍛えられ、全党の確信となってゆきました。このなかで党は、アメリカ帝国主義論、議会の多数を得ての革命、党の世界論と野党外交の発展など、今日の綱領路線につながる大きな理論的・政治的発展をとげてゆきました。

第三は、国民との共同――統一戦線で政治を変えるという姿勢をつらぬいたことです。六一年綱領確定以後の六十年余は、「政治対決の弁証法」と呼ぶべき支配勢力との激しいたたかいの攻防の連続でした。日本共産党は、一九六〇年代以降、これまでに三回の躍進の時期を経験しましたが、そのたびに支配勢力は、反共キャンペーンと反動的政界再編でこたえました。党はその反共作戦に正面から立ち向かい、統一戦線で政治を変える立場をつらぬいて乗り越え、日本の前途を開く役割を果たしてきました。

この攻防は決して同じことのくりかえしではありません。反共と反動のくわだての一歩一歩が矛盾を広げ、支配体制をもろく弱いものにしています。自民党政治と国民との矛盾は限界に達しています。「財界中心」の政治によって、格差が拡大し、日本は世界でも他に例をみない「賃金が上がらない国」「成長できない国」に落ち込んでいます。「対米従属」の政治によって、憲法との矛盾、国民の平和の願いとの矛盾が一段と激しくなっています。大局的・客観的に見るならば、日本はいま新しい政治を生み出す〝夜明け前〟とも言える歴史的時期を迎えています。

しかし、どんなに客観的条件が成熟しても、社会を変える主体的条件をつくらなければ、社会は自動的には変わりません。〝夜明け〟をひらく最大の力となり、保障となるのが、強く大きな日本共産党の建設です。

六一年綱領確定以後の激しい攻防のプロセスのなかで支配勢力による攻撃と正面から切り結び、党は鍛えられ、理論的・政治的に新しい発展をかちとり、組織的にも時代にそくした成長と発展のための努力を続けてきました。同時に、「社公合意」以来の四十年あまりにわたった「日本共産党をのぞく」壁、くりかえされる各種の反共攻撃は、党建設の前進にとっての大きな障害となりました。全国各地で奮闘が続けられてきたものの、党はなお長期にわたる党勢の後退から前進に転ずることに成功していません。ここに党の最大の弱点があり、党の現状は、いま抜本的な前進に転じなければ情勢が求める任務を果たせなくなる危機に直面しています。いま党は、この弱点を根本的に打開し、強く大きな党をつくる事業、とりわけ世代的継承――党の事業を若い世代に継承するとりくみに、あらたな決意でとりくんでいます。

いま党には、前進に転じる大きな可能性と条件が存在しています。

党は、科学的社会主義の本来の生命力を現代に全面的に生かし、世界と日本の情勢の正確な分析のうえに、未来への展望をさししめす党綱領をもっています。そして一世紀にわたって平和と社会進歩に貢献してきた比類ない歴史をもっています。

党の政治的影響力は、党づくりで飛躍的前進を開始した一九六〇年代に比べるならば、はるかに大きくなっています。全党のたゆまぬ努力によって、一万七千の支部、約二十六万人の党員、約九十万人の「しんぶん赤旗」読者、約二千四百人の地方議員を擁し、他党の追随を許さない草の根の力に支えられた党となっています。

一九六〇年代、七〇年代に入党し、幾多の試練を乗り越えて頑張ってきた同志が活動していることは、党の誇りであり強みです。新しい世代が、国政でも地方政治でも、清新な力を発揮し、党の前進の先頭に立っていることは、大きな希望です。

世界では、核兵器禁止条約の成立が象徴するように、国際政治の主役は、一握りの大国から、世界の多数の国ぐにの政府と市民社会へと大きく代わり、日本共産党はこの新しい世界において本流のど真ん中を歩んでいます。

この巨大な変化を生かすならば、未来をひらく強く大きな党をつくることは可能であり、そのために全力をつくすときです。

日本共産党は、百年の歴史をつらぬく「三つの特質」を受け継ぎながら、次の百年を、日本国民にとっても、世界諸国民にとっても、大きな進歩と発展の百年にするために、強く大きな党をつくり、新しい世代に社会進歩の事業を継承し、希望ある未来をひらくためにあらたな挑戦を開始しています。

日本共産党《にほんきょうさんとう》の百年《ひゃくねん》　1922 ～ 2022

2023年10月5日　初　版
2023年12月5日　第6刷

著　者　日本共産党中央委員会
発行者　角　田　真　己

郵便番号　151-0051　東京都渋谷区千駄ヶ谷4-25-6
発行所　株式会社　新日本出版社
電話　03（3423）8402（営業）
03（3423）9323（編集）
info@shinnihon-net.co.jp
www.shinnihon-net.co.jp
振替番号　00130-0-13681

印刷・製本　光陽メディア

落丁・乱丁がありましたらおとりかえいたします。

ISBN978-4-406-06770-6 C0031　Printed in Japan